TSCHAMLER
WISSENSCHAFTSTHEORIE

WISSENSCHAFTSTHEORIE

Eine Einführung für Pädagogen

von

Herbert Tschamler

3., erweiterte und überarbeitete Auflage

1996

VERLAG JULIUS KLINKHARDT · BAD HEILBRUNN

Die Deutsche Bibliothek – CIP-Einheitsaufnahme

Tschamler, Herbert:
Wissenschaftstheorie : eine Einführung für Pädagogen / von
Herbert Tschamler. - 3., erw. und neubearb. Aufl. - Bad
Heilbrunn : Klinkhardt, 1996

ISBN 3–7815–0822–6

1996.9.Ii. © by Julius Klinkhardt
Gesamtherstellung: WB-Druck GmbH & Co. Buchproduktions-KG, Rieden
Printed in Germany 1996
Gedruckt auf chlorfrei gebleichtem alterungsbeständigem Papier
ISBN 3–7815–0822–6

Vorwort zur 1. Auflage

Der vorliegende Band widmet sich der Diskussion um den Wissenschaftscharakter der Pädagogik. Wenn nach der Pädagogik als Wissenschaft gefragt wird, thematisieren sich sogleich zwei Problemkreise:

1. Die Frage nach der Bestimmung von Wissenschaft im allgemeinen Sinn oder nach dem Begriff der Wissenschaft. Dies ist Aufgabe und Inhalt der Wissenschaftstheorie oder der Wissenschaftslehre. Jegliche Auffassung von Wissenschaft geht Hand in Hand mit dem Verweis auf das Problem der Erkenntnis und die Erkenntnistheorie steht im Zusammenhang mit den anderen philosophischen Disziplinen. Daher reicht jegliche wissenschaftstheoretische Arbeit in das Gebiet der Philosophie.
2. Die Frage nach dem Wissenschaftscharakter der Pädagogik, wie sie explizit oder implizit von ihren Vertretern aufgefaßt wird. Man kann diese Fragestellung auch als metatheoretisches Problem der Einzelwissenschaft auffassen und so als nicht zugehörig zur Einzelwissenschaft selbst ansehen. Das entbindet den Einzelwissenschaftler nicht von ihrer Beantwortung.

Die Verflochtenheit der Diskussion um den Wissenschaftscharakter der Pädagogik mit der allgemeinen Wissenschaftstheorie verweist auf die verschiedenen wissenschaftstheoretischen Positionen und ihre Konzeption von Wissenschaft. Diese wechselseitige Beziehung liegt in einem weiteren Sinn in der heute von manchen Pädagogen voreilig geschmähten Verbindung von Philosophie und Pädagogik. Die Richtungen der Pädagogik in Geschichte und Gegenwart bilden den besten Beweis für die positiven und negativen Auswirkungen dieser gegenseitigen Angewiesenheit. Deswegen kann es kein von außen an die Pädagogik herangetragenes Anliegen sein, sich mit den Strömungen der heutigen Wissenschaftstheorie auseinanderzusetzen. Die Versuche der Gegenwartspädagogik, sich der wissenschaftstheoretischen Problematik zu stellen und die Resonanz in der pädagogischen Diskussion, zeigen deutlich die Notwendigkeit dieses Beginnens. Dies darf weder zu einer Modeerscheinung im Sinne eines Wissenschaftsglaubens führen noch zu einer Resignation angesichts eines mangelnden einheitlichen Wissenschaftsbegriffs. Wissenschaft als Wissen über einen Gegenstandsbereich vermittelt dem Menschen nie ein absolutes, nicht mehr überholbares Wissen, sondern verweist als Forschungsprozeß auf die immer erneute notwendige Anstrengung, den Erkenntnisprozeß in Gang zu halten.

Der vorliegende Band versteht sich als Problemaufriß dieser Fragestellung und gliedert sich in zwei Teile. Im ersten Teil wird versucht, Aufrisse der für die Pädagogik relevanten wissenschaftstheoretischen Richtungen zu geben, um durch den Überblick zu einem ersten Verständnis der Diskussion um den Wissenschaftsbegriff hinzuführen. Der zweite Teil zentriert sich um die wichtigsten pädagogischen Richtungen und ihr Verständnis der Pädagogik als Wissenschaft. Um eine Konzentration zu erreichen, werden die verschiedenen Konzeptionen manchmal an einem Vertreter dargestellt, weil sie als typisch für gewisse Richtungen ihre Geltung beanspruchen können. Darüber hinaus wurde versucht, in einem einführenden Kapitel zentrale Kriterien für die Diskussion um den Wissenschaftsbegriff herauszustellen, um an ihnen die Antworten der verschiedenen Positionen leichter aufzeigen zum können. Die verschiedenen Auffassungen von Wissenschaft erfordern einen systematischen Raster, um die Konzeptionen miteinander vergleichen zu können. Auch in den pädagogischen Richtungen wird das Wissenschaftsverständnis der Einzelwissenschaft daraufhin befragt. Hinzu kommt aber noch das Problem der Beziehung zwischen Theorie und Praxis, das für das Wissenschaftsverständnis der Pädagogik konstitutiv ist.

Für die gute Zusammenarbeit danke ich vor allem meinen Mitarbeitern Herrn Dipl. -Päd. Albert SCHMIDT und Herrn Josef GRABLER sowie den Lektorinnen, des Goldmann Verlages Frau DR. Gertrud WIMMER und Frau Rottraud SCHWOERER.

Eichstätt, im März 1977   HERBERT TSCHAMLER

Vorwort zur 3. überarbeiteten und erweiterten Auflage

Die vorliegende Auflage der Wissenschaftstheorie geht auf die anhaltende Nachfrage zurück und die ursprüngliche Konzeption, den Ort in einer Reihe zu finden, die die verschiedenenen Bereiche der Pädagogik in ähnlicher Weise aufschlüsselt. Die Neuauflage begleitet der Wunsch, daß dies Realität werden kann. Die Korrekturen, Erweiterungen und Weglassungen, die sich besonders aus der veränderten Diskussion in der Wissenschaft ergaben, erwiesen sich als notwendig. So fielen vor allem die Kapitel weg, die sich mit den ideologisch ausgerichteten Ansätzen des östlichen Wissenschaftsbetriebs als Marxismus-Leninismus befaßten. Dies betraf die Marxistische Wissenschaftstheorie im allgemeinen Teil, wie auch die marxistisch-leninistische Pädagogik im besonderen Teil. Als neue Kapitel kamen in beiden Teilen die Auseinandersetzungen mit dem radikalen Konstruktivismus hinzu, der zwar in der Pädagogik bis zur Gegenwart noch marginal diskutiert wird, in den Nachbardisziplinen der Psychologie und der Soziologie bereits zu interessanten Auseinandersetzungen Anlaß gab. Diese Diskussion um das Wissenschaftsverständnis aus der Sicht der Autopoiese erscheint vor allem auch deswegen wichtig zu sein, weil in der konstruktiven Wissenschaftstheorie der Erlanger Schule eine ähnlich lautende Position vorliegt, die auch den Begriff des Konstruktivismus verwendet, ihn jedoch inhaltlich anders versteht als dies im radikalen Konstruktivismus geschieht. In der Pädagogik ist die Erlanger Schule schon länger vertreten und damit auch als eine Richtung etabliert. Dies steht im radikalen Konstruktivismus noch aus.
In dieser überarbeiteten Form, die auch in den übrigen Abschnitten Anregungen und Korrekturen aufgenommen hat, wird die 3. Auflage der kritischen Lektüre empfohlen. Das gute Echo im In- und Ausland möge auch diesem Bändchen beschieden sein.
Ich danke auf diesem Wege allen Kolleginnen und Kollegen für ihre konstruktive Kritik an der letzten Auflage. Mein besonderer Dank aber richtet sich an meinen Mitarbeiter lic. theol. Peter Beer und meine Sekretärin Frau Annemarie Pfretzschner und last not least an den neuen Verlagsleiter Herrn Andreas Klinkhart, der eine neue interessante Dynamik in das Verlagsleben mit einbringt, die den Herausforderungen der vor uns stehenden Zukunft sicherlich gewachsen sein wird.

München, den 25. Juli 1996   HERBERT TSCHAMLER

Inhalt

Vorwort zur 1. Auflage   5
Vorwort zur 3. Auflage   7

Teil 1: Allgemeine Wissenschaftstheorie

1.1   Wissenschaftstheorie   15
1.1.1   Die Diskussion um den Wissenschaftsbegriff   15
1.1.2   Wissenschaft und Sprache   17
1.1.3   Inhalt und Aufgabe der Wissenschaftstheorie   21
1.1.4   Die Konstruktiva von Wissenschaft   22
1.1.4.1   Der Objektbereich der Wissenschaft   23
1.1.4.2   Die Methoden der Wissenschaft   24
1.1.4.3   Wissenschaft als System   26
1.1.4.4   Das Begriffssystem als Inhalt von Wissenschaft   27
          Zusammenfassung   29

1.2   Verschiedene Ansätze von Wissenschaftstheorie   29
1.2.1   Die phänomenologisch-hermeneutische   33
          Wissenschaftstheorie
1.2.1.1   Die Einteilung der Wissenschaften   35
1.2.1.2   Die Hermeneutik als Methode des Verstehens   38
1.2.1.3   Die Phänomenologie als Methode   41
1.2.1.4   Hermeneutik als universale Auslegungslehre   43
          Zusammenfassung   46

1.2.2   Die empirisch-analytische Wissenschaftstheorie   47
1.2.2.1   Der Aufbau wissenschaftlicher Theorien in den   50
          Realwissenschaften
1.2.2.2   Die Konstitution einer empirisch-fundierten   51
          Begriffssprache
1.2.2.3   Die Wissenschaftslogik als Syntax der Wissenschafts-   55
          sprache
1.2.2.4   Das Problem einer induktiven Logik   56
          Zusammenfassung   57

1.2.3   Die Wissenschaftstheorie des kritischen Rationalismus   58
1.2.3.1   Theorien, Hypothesen und Basissätze   59
1.2.3.2   Objektivismus der wissenschaftlichen Aussagensysteme   62
1.2.3.3   Das Problem der Wertfreiheit   64
          Zusammenfassung   66
1.2.4   Die konstruktive Wissenschaftstheorie der Erlanger Schule 66
1.2.4.1   Wissenschaft und Sprache   67
1.2.4.2   Die Einteilung der Wissenschaften   69
1.2.4.3   Die Konstruktion der Orthosprache und die Funktion   71
          der Parasprache
          Zusammenfassung   72

1.2.5   Der radikale Konstruktivismus als Wissenschaftstheorie   73
1.2.5.1   Die Konstruktion des Wissens als geschlossenes System   75
          und seine kybernetischen Implikationen
1.2.5.2   Autopoiese, Kommunikation und Sprache aus der Sicht   76
          selbstreferentieller Systeme
1.2.5.3   Die Konstitution von Bewußtsein, Ich, Selbst   78
          und Identität
1.2.5.4   Subjektivismus kontra Objektivismus   79
          Zusammenfassung   80

1.2.6   Die kritische Theorie der FRANKFURTER SCHULE   81
1.2.6.1   Theorie der Gesellschaft   82
1.2.6.2   Die Unterscheidung von traditioneller und kritischer   84
          Theorie bei Max Horkheimer
1.2.6.3   Die kritische Wissenschaftstheorie von J. Habermas   88
          Zusammenfassung   91

Teil 2: Das Wissenschaftsverständnis in der Pädagogik

2.0   Die Pädagogik als Wissenschaft   93
2.1   Die Diskussion um den Wissenschaftscharakter der   93
          Pädagogik
2.1.1   Normative und deskriptive Pädagogik   93
2.1.2   Der Objektbereich der Pädagogik   97

2.1.3	Die wissenschaftlichen Methoden	101
2.1.4	Pädagogik als System	102
2.1.5	Die drei Aufgaben der Pädagogik als Wissenschaft	103
	Zusammenfassung	105
2.2	Das Theorie-Praxis-Problem als Grundbeziehung für die Bestimmung des Wissenschaftscharakters der Pädagogik	107
2.2.1	Das Theorie-Praxisverhältnis in der empirisch-analytischen Pädagogik	110
2.2.2	Die wechselseitige Vermittlung von Theorie und Praxis	110
2.2.2.1	Die lineare Vermittlung in Form eines Stufenschemas im Bereich der geisteswissenschaftlichen Pädagogik	111
2.2.2.2	Die dialektische Verbindung von Theorie und Praxis	114
2.2.3	Versuch einer Neubestimmung des Theorie-Praxis-Verhältnisses	117
	Zusammenfassung	119
2.3	Die geisteswissenschaftliche Pädagogik	120
2.3.1	Die geisteswissenschaftliche Pädagogik W. Diltheys und der GÖTTINGER SCHULE	122
2.3.1.1	Pädagogik als Geisteswissenschaft	124
2.3.1.2	Die Erziehungswirklichkeit als Objektbereich der Pädagogik	125
2.3.1.3	Teleologie des Seelenlebens	129
2.3.1.4	Die Methoden der geisteswissenschaftlichen Pädagogik	132
2.3.1.5	Objektiver Geist und Sprache	133
2.3.1.6	Die GÖTTINGER SCHULE	135
	Zusammenfassung	137
2.3.2	Die Kultur- und Wertpädagogik E. Sprangers und G. Kerschensteiners	138
2.3.2.1	Der Entwurf einer Kultur- und Wertpädagogik	138
2.3.2.2	Die Bildungstheorie G. Kerschensteiners	143
	Zusammenfassung	145
2.3.3	Die Pädagogik als dialektisch-hermeneutische Wissenschaft	147
2.3.3.1	Sachallgemeines und Sinnallgemeines	148

2.3.3.2   Die Pädagogik als Geisteswissenschaft   149
2.3.3.3   Die Methoden der Pädagogik   150
2.3.3.4   Die Bildungstheorie J. Derbolavs   152
           Zusammenfassung   154

2.3.4   Die hermeneutisch-existenzphilosophische Richtung   156
2.3.4.1   Die Pädagogik als anthropologische Wissenschaft   157
2.3.4.2   Das Problem der Sprache als anthropologisches Phänomen   160
           Zusammenfassung   162

2.4   Der Transzendentalphilosophische Wissenschaftsbegriff   162
           als Grundlage einer normativen Pädagogik
2.4.1   Philosophie und Pädagogik   164
2.4.2   Bildung als subjektive Seinsweise der Kultur   167
2.4.3   Pädagogik als Unterricht und Erziehung   168
           Zusammenfassung   171

2.5   Die phänomenologisch-deskriptive Pädagogik   171
2.5.1   Pädagogik als Wissenschaft von der Tatsache der   173
           Erziehung (Tatsachenforschung)
2.5.2   Pädagogik als Strukturwissenschaft   176
           Zusammenfassung   178

2.6   Der empirisch-analytische Ansatz der Erziehungs-   178
           wissenschaft
2.6. 1   Die Erziehungswissenschaft als empirische Wissenschaft   181
2.6.2   Die Begründung der Erziehungswissenschaft als Real-   184
           wissenschaft durch die Metatheorie der Erziehung
2.6.2.1   Das Aussagensystem der Erziehungswissenschaft   185
2.6.2.1.1 Der nomothetische Aufgabenbereich der Erziehungs-   186
           wissenschaft
2.6.2.1.2 Die Historiographie der Erziehung   189
2.6.2.2   Das Aussagensystem der Philosophie der Erziehung   190
2.6.2.2.1 Die normative Philosophie der Erziehungziele   191
2.6.2.2.2 Die Metatheorie der pädagogischen Mittel   192
2.6.2.3   Die Satzsysteme der 'Praktischen Pädagogik'   192
           Zusammenfassung   193

2.7	Erziehungswissenschaft als konstruktiv-normative Theorie für die Praxis	195
2.7.1	Die erkenntnisleitenden Metanormen der Wissenschaft	196
2.7.2	Erziehungswissenschaft als normativ-deskriptive Theorie	198
2.7.3	Rahmentheorie und Individualtheorie	202
	Zusammenfassung	204
2.8	Der radikale Konstruktivismus und seine Rezeption in pädagogischen Fragestellungen	205
2. 8. 1	J. Piaget's Handlungstheorie als Grundlage seines Verständnisses menschlicher Entwicklung	205
2.8.2	Die Konsequenzen für eine Erziehungstheorie	207
2.8.3	Der Entwurf einer reflexiven Erziehungswissenschaft	208
2.8.4	Lehren und Lernen als Unterricht aus der Sicht des radikalen Konstruktivismus	210
	Zusammenfassung	211
2.9	Das Wissenschaftsverständnis der kritischen Erziehungswissenschaft	211
2.9.1	Erziehungswissenschaft als kritische Theorie	214
2.9.2	Bildung und Emanzipation	219
2.9.3	Sprache als Diskurs	221
	Zusammenfassung	224
Literatur im Text verwendet		226
Weiterführende Literatur		232
Autorenverzeichnis		249
Sachverzeichnis		252

TEIL 1:

ALLGEMEINE WISSENSCHAFTSTHEORIE

1.1 Wissenschaftstheorie

Das folgende Kapitel informiert Sie über
- *den Unterschied zwischen dem klassischen und dem modernen Wissenschaftsbegriff*
- *die Bedeutung der Sprache für die wissenschaftliche Erkenntnis*
- *die drei verschiedenen Auffassungen von Wissenschaftstheorie*
- *den Objektbereich, die Methoden und den Systembegriff als inhaltliche Entfaltung des Wissenschaftsbegriffs*
- *das Problem der Begriffsbildung in der Wissenschaft.*

1.1.1 Die Diskussion um den Wissenschaftsbegriff

Die gegenwärtige Diskussion um die Aufgabe und den Inhalt von Wissenschaft spiegelt sich in der wissenschaftstheoretischen Literatur und in den verschiedenen Ansätzen zur Bestimmung des Wissenschaftsbegriffs wider.

Historisch gesehen geht wissenschaftstheoretisches Denken im Abendland auf ARISTOTELES zurück und verweist auf den engen Zusammenhang zwischen der Philosophie und den aus ihr hervorgehenden Einzelwissenschaften. Für die gegenwärtige Konzeption des Wissenschaftsbegriffs sind die Vertreter der Transzendentalphilosophie, vor allem I. KANT und J.G. FICHTE, die Wegweiser für verschiedene wissenschaftstheoretische Ansätze. J.G. FICHTE versuchte in seiner Wissenschaftslehre den Inhalt und die Form des Wissens aus der Einheit des Bewußtseins zu entfalten. Zu Beginn unseres Jahrhunderts kommt es dann zu einer weiteren Strömung, die sich im Anschluß an den Positivismus A. COMTES, den Empirismus D. HUMES und den Pragmatismus von Ch. MORRIS und CH. S. PEIRCE als Philosophie der Wissenschaft (philosophy of science) versteht und sich vor allem methodologischen und logischen Fragen der Wissenschaft widmet.

So kann man mit A. DIEMER zwischen einem klassischen und einem modernen Wissenschaftsbegriff unterscheiden. Im Sinne des klassischen Wissenschaftsbegriffs wird Wissenschaft als ein System verstanden, das „nach Prinzipien der (klassischen) Logik" ein „geordnetes Ganzes allgemeiner, d. h. begründeter und wahrer Sätze über einen thematischen Bereich" enthält. (DIEMER 1964, 22). Diese Auffassung kennzeichnet ein "kategorisch-deduktives System". (DIEMER

1970, 20). Der Systemcharakter der Wissenschaft berücksichtigt die geordnete Ganzheit, in der wissenschaftliche Aussagen untereinander in einem Beziehungszusammenhang erscheinen. Die heutige Verwendung des Systembegriffs in modifizierter Form durch die Wissenschaftstheoretiker verschiedener Provenienz zeigt die Bedeutung dieses Begriffs bis in die gegenwärtige Diskussion. A. DIEMER versucht einen aktuellen Begriff der Wissenschaft folgendemaßen herauszuarbeiten.

„Wissenschaft ist ein Gesamt von Sätzen über einen thematischen Bereich, die mit diesem in einem Begründungszusammenhang stehen. Sie zerfallen in die Klasse der Basis- und die der theoretischen Sätze; von den ersten wird gefordert, daß sie wissenschaftlich wahr, von den zweiten, daß sie berechtigt sind." (DIEMER 1964, 67)

In dieser Definition sind Gemeinsamkeiten verschiedener wissenschaftstheoretischer Positionen enthalten, vor allem aber wird gezeigt, daß theoretische Aussagen hypothetischen Charakter besitzen und Wahrheit nur den Basissätzen zukommt. So kann man als Auffassung der modernen Wissenschaftstheorie von einem "hypothetisch-deduktiven System" (DIEMER, 1970, 20) sprechen.

Darüberhinaus kann die Bestimmung von Wissenschaft nur einen Aspekt beinhalten. Allerdings muß man auch den genetischen Aspekt mit einbeziehen, d.h. die Frage nach der Entstehung und Entwicklung von wissenschaftlichen Sätzen, wie sie sich in der Forschung als Prozeß zeigt, sowie die Sicherung der Ergebnisse der Forschung und ihre Beziehungen zu den bereits vorhandenen Theorien.

Weiters muß über die wissenschaftliche Disziplin hinaus nach ihrer Geschichte gefragt werden und die gesellschaftlichen, geistesgeschichtlichen und kulturellen Wurzeln herausgearbeitet werden. Die Wissenschaften sind immer in andere Zusammenhänge eingebettet.

Im Universitätsbetrieb der Gegenwart zeigt sich dieser Doppelaspekt der Wissenschaften in der Artikulation der Aufgaben wissenschaftlicher Diziplinen: in der Forschung und in der Lehre.

Beide gehören zusammen, weil eine Trennung zu einem Anachronismus führen muß. Die Lebendigkeit des Suchens und Fragens (Forschung) darf nie über der Darstellung des Wissens (Lehre) einer Disziplin und umgekehrt vergessen werden. Erst beide zusammen machen eine Disziplin zu einer Wissenschaft im abendländischen Sinne.

1.1.2   Wissenschaft und Sprache

Das Zentralproblem der Vermittlung wissenschaftlicher Erkenntnisse liegt in der Sprache. Dies kommt in einer anderen Definition von Wissenschaftstheorie noch deutlicher zum Ausdruck. "Die Wissenschaftstheorie ist jener Teil der allgemeinen Erkenntnislehre, der sich mit der Aufstellung, der Rechtfertigung und der Analyse wissenschaftlicher Sätze befaßt." (FEYERABEND 1965, 331) Daher kann man Wissenschaft als die Vermittlung von Erkenntnissen und Erfahrungen in und durch die Sprache verstehen. Wenn man aber die Sprache mit einbezieht, dann ergibt sich sofort die Frage nach ihrer Bedeutung. So kann Wissenschaftssprache als logisch verarbeitete Umgangssprache oder Alltagssprache verstanden werden oder als konstruierte Kunstsprache in Gestalt formalisierter Sprachkalküle.

Daher geht die Bedeutung und der Stellenwert der Sprache konstitutiv in die Auffassung von Wissenschaft mit ein.

> *Sprache*
> Sprache im ganzheitlich-philosophischen Verständnis bedeutet Sprachlichkeit als Bedingung der Möglichkeit der Vermittlung von Welt und ihrer Erkenntnis und weist für den Menschen eine doppelte Beziehung auf: den Bezug zu sich selbst und die Beziehung zum Anderen mit dem gesprochen wird.

Wenn man über die Sprache nachdenkt, ergeben sich zwei grundsätzliche Positionen:

1.   Sprache im umfassendsten Sinn als Sprachlichkeit verweist auf die Möglichkeit der Vermittlung von Sinn und Welt sowie auf die doppelte Beziehung des Sprechenden, einerseits auf den Bezug zu sich selbst, andererseits auf die Beziehung zum anderen, mit dem gesprochen wird. Sinnorientierung und Weltauffassung begründen sich in und durch die Sprache, wie folgendes Zitat GADAMERs es zum Ausdruck bringt.

„Denn in einer sprachlichen Welt leben, wie man das als Angehöriger einer Sprachgemeinschaft tut, heißt nicht, in eine Umwelt eingelassen zu sein, wie es die Tiere in ihren Lebenswelten sind. Man kann nicht die sprachliche Welt in entsprechender Weise von oben her einsehen wollen. Denn es gibt keinen Standort außerhalb der sprachlichen Welterfahrung, von dem her sie selber zum Gegenstand zu werden vermöchte." (GADAMER 1960, 429)

Das Nachdenken über die Sprache führte zu einem Selbstverständnis des Menschen, das man als Sprachlichkeit bezeichnen kann. Richard HÖNIGSWALD versteht die Sprache als „Ort aller möglichen Sinnbezüge" (HÖNIGSWALD 1970, 104). Diese Ermöglichung und Eröffnung von Sinn trifft den Menschen in seiner Existenz. Die Verbindung von Sprache und Sinn liegt schon in der einfachsten sprachlichen Äußerung. „In allen Weltbegegnungsweisen geht der Mensch den Weg zu sich selbst über den anderen Menschen und die Dinge, das heißt über beide in ihrer geschichtlichen Gewordenheit". (LIEBRUCKS 1964, Bd.1, 364)

Sinn und Begegnung verbinden sich so mit der Sprache, der Sprache als Vollzug, als Theorie, als *Energeia* als Prozeß. Dies meint W. v. HUMBOLDT in seinen sprachphilosophischen Schriften, wenn er von der Weltansicht, die durch die Sprache gegeben und vermittelt wird, spricht. So ist menschliche Sprache Chance und Grenze für den Menschen und seine Beziehung zur Welt.

Am Phänomen des Sprechens einer Sprache läßt sich phänomenologisch die Doppelbeziehung der Sprache aufweisen.

„Ich kann zwar zwei Prozesse in der Vorstellung trennen, den des Artikulierens und den des mir dabei Zuhörens. Ich durchschaue dabei, daß diese Trennung im wirklichen Sprechen nicht einen Augenblick vorgenommen sein kann. Die Erkenntnis der Sprache beginnt mit dem Augenblick der Einsicht in diese ihre Idealrealität. Innerhalb ihrer sind die Trennungen wie die Ungetrenntheit der Trennungen durchleuchtet. Ebenso erscheint in der Sprachbetrachung die Ungetrenntheit der Getrennten." (LIEBRUCKS 1966, Bd. 3, 256) Dieser Doppelbezug zu sich selbst und zum anderen Menschen macht im eigentlichen Sinn die Sprachlichkeit des Menschen aus. Sie verweist auf die Komplexität, die damit in allen Situationen mit angesprochen ist, in denen sich Menschen begegnen. Sie wehrt aber auch die Eindeutigkeit ab, die durch eine vereinfachte Sicht der Sprache als Zeichen nahegelegt wird. „Das Zeichen ist festgelegt, fixiert. Dieser Fixationscharakter der Sprache macht sie zum Instrument." (LIEBRUCKS 1964, Bd. 1, 421)

2.   Ein anderes Verständnis von Sprache geht vom Zeichencharakter aus und versteht sie als ein Organon, ein Werkzeug. Dafür stehen die Sprachtheoretiker CH. MORRIS, CH.S. PEIRCE und K. BÜHLER. Die Zeichentheorie oder Semiotik im Anschluß an CH. MORRIS differenziert das Zeichen in seiner Dreistrahligkeit:

- als Syntaktik oder Syntax der Sprache, d.h. als Beziehung der Zeichen untereinander (Z-Z)
- als Semantik, d.h. als Beziehung zwischen den Zeichen und den Dingen, Handlungen und Eigenschaften (Z-O)
- als Pragmatik, die die Beziehungen zwischen den Zeichen und denen, die sie verwenden (Menschen) umfaßt. (Z-M)

O = Objektbereich
M = zeichenverwendende Gemeinschaft
Z = Zeichen

K. BÜHLER sieht die Sprache als "dem Werkzeug verwandt; auch sie gehört zu den Geräten des Lebens, sie ist ein Organon wie das dingliche Gerät, das leibesfremde materielle Zwischending; die Sprache ist wie das Werkzeug ein geformter Mittler" (BÜHLER 1965, 21).

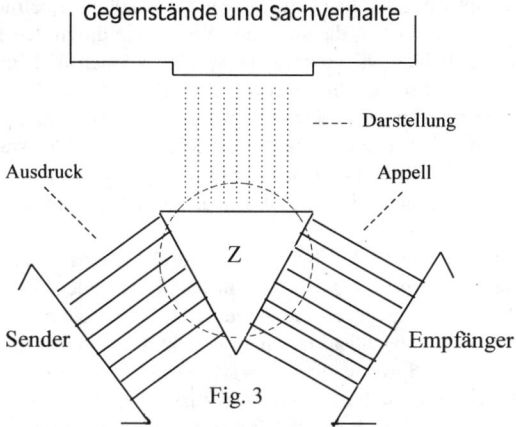

Fig. 3

Das Zeichen ist festgelegt, ist fixiert. Es drückt seine Eindeutigkeit in seiner Zuordnung aus, so wird es ein Organon, ein Werkzeug. K. BÜHLER geht von der Zeichenhaftigkeit der Sprache aus, zeigt aber in seinem Sprachmodell, wie die

Eindeutigkeit des Zeichens in jenen Bereichen durch den Kreis aufgesprengt wird, die über den Kreis hinausgehen.

Sprachanalyse

Sprache ist ein System von Zeichen (Organon = Werkzeugcharakter der Sprache). Der Zeichencharakter (Semiotik) der Sprache beinhaltet drei Dimensionen: Der syntaktische Zeichenaspekt bezeichnet die Beziehung der Zeichen untereinander (Ausrichtung an der Grammatik).

Das Zeichen unter semantischen Aspekt stellt die Beziehung zwischen dem Zeichen und dem zu bezeichnenden Gegenstand her (erkenntnistheoretischer Aspekt).

Der pragmatische Zeichencharakter beinhaltet die Beziehung der Zeichen zu den Menschen, die sie gebrauchen (kommunikativer, pragmatischer Aspekt).

Dreieck und Kreis symbolisieren das Zeichen und das Schallphänomen. Die menschliche Sprache als „Darstellung läßt allenthalben Spielräume der Bedeutungsunbestimmtheit offen, die auf keine Weise wie durch den Hinblick auf die 'objektiven Möglichkeiten' geschlossen werden können und in jeder menschlichen Rede auch faktisch geschlossen werden" (BÜHLER 1982, 66).

Das ist die Absage an die Eindeutigkeit einer *mathesis universalis* d.h. an ein Ideal an Wissenschaftlichkeit, das seit DESCARTES seine Ausrichtung an der Mathematik nimmt, wodurch es zu einer Öffnung in Richtung auf die Mannigfaltigkeit der Bedeutungen, die letztlich die artikulierte Sprache tragen (BÜHLER 1982, 28) kommt.

Syntax, Semantik und Pragmatik bilden so drei Dimensionen, die sich aus der Zeichentheorie (*Semiotik*) ergeben und in den verschiedenen wissenschaftstheoretischen Ansätzen eine je eigene Akzentuierung bekommen. So ergeben sich auch Unterschiede, je nachdem welchem Aspekt der Vorrang eingeräumt wird.

Die Bedeutung der Sprache für die Wissenschaft weist so auf die Verbindung philosophischer Fragestellungen mit der Wissenschaftstheorie hin. Der Stellenwert der Sprache wird noch deutlicher durch die Einbeziehung von Kommunikationstheorien, in denen z.B. in Anlehnung an den Pragmatismus die Forschung als „eine Institution zusammen handelnder und miteinander sprechender Menschen" verstanden wird und so durch die Kommunikation der Forscher hindurch das 'bestimmt' wird, was theoretisch Geltung beanspruchen kann. (HABERMAS 1965, 305)

1.1.3   Inhalt und Aufgabe der Wissenschaftstheorie

Die heutige 'Wissenschaftstheorie' ist von ihrem Inhalt her die Fortsetzung der Erkenntnistheorie, die wiederum ihren Platz im Ganzen eines philosophischen Denksystems hat. Vor allem aber sind es heute die Erfahrungswissenschaften, die nach einer philosophischen Begründung von Erfahrung fragen. (STEGMÜLLER 1994, 8)

Die Auffassungen von Wissenschaftstheorie lassen sich in drei verschiedene - nicht immer strikt voneinander getrennte - Positionen differenzieren:

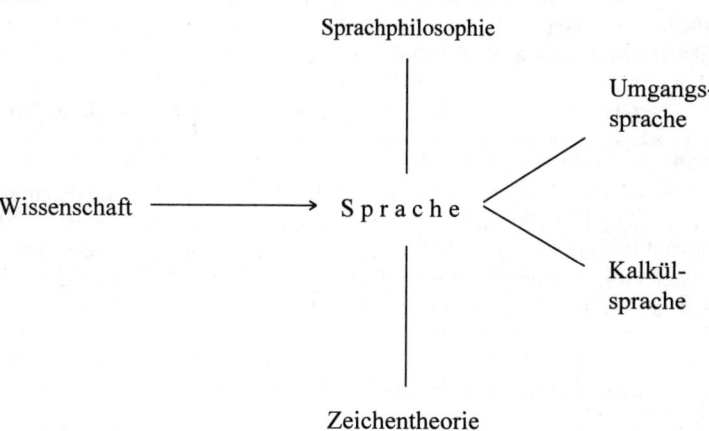

1.   Wissenschaftstheorie wird in den Begründungszusammenhang mit der ganzen Philosophie gestellt. Sie besitzt als Metatheorie der Einzelwissenschaften eine umfassende, allgemeine und begründende Aufgabe. Im Mittelpunkt steht dabei das Konstitutionsproblem des jeweiligen Objektbereichs der Einzelwissenschaften sowie das Verständnis der Relation zwischen dem Erkenntnisubjekt und dem Erkenntnisobjekt.

2.   Wissenschaftstheoretische Entwürfe, die ihre Hauptaufgabe in der Sprachanalyse und der Wissenschaftslogik sehen, messen die Ergebnisse und Verfahren der Einzelwissenschaften an den Gesetzen der klassischen Logik, der mathemati-

schen Logik oder Logistik und versuchen je nach Konzeption eine induktive Logik zu begründen. Als wichtigste wissenschaftslogische Methoden werden die Deduktion, die Induktion und die Abduktion diskutiert.

3. Im Mittelpunkt dieser wissenschaftstheoretischen Position stehen die Forschungsmethoden der Einzelwissenschaften. Sie werden als konstituierend für eine Wissenschaftsauffassung verstanden. So wird die Hermeneutik als Methode des Verstehens den Geisteswissenschaften, das Erklären (Aufweis von Ursache-Wirkungsbeziehungen) den Naturwissenschaften zugeordnet. Verstehen und Erklären markieren die Andersartigkeit der jeweiligen wissenschaftlichen Fragestellung. So gibt es bis heute noch immer den Standpunkt, daß es geisteswissenschaftliche Methoden gibt, die den naturwissenschaftlichen oder empirisch-quantitativen Methoden gegenüberstehen.

Die einzelnen Positionen unterscheiden sich darin, welche Probleme als der Wissenschaft zugehörig betrachtet und welche Problemkreise als außer- oder vorwissenschaftlich angesehen werden.
Diesen Dualismus, der noch aus der Zeit DILTHEYs stammt, wurde durch die Phänomenologie E. HUSSERLs, die Hermeneutik als Daseinsauslegung bei M. HEIDEGGER und G. GADAMER aufgesprengt. Die moderne Differenzierung von quantitativen und qualitativen Methoden versucht auch diese Sackgasse des dualistischen Denkens zu überwinden.

1.1.4 Die Konstitutiva von Wissenschaft

Unabhängig von den verschiedenen Verständnisweisen der Wissenschaftstheorie kann man als Gemeinsamkeit der verschiedenen Auffassungen folgende Konstitutiva von Wissenschaft zu erkennen. In dieser Umschreibung bleibt der Objekbereich der sogenannten Formalwissenschaften (z.B. Mathematik) ausgeklammert.
Jede Wissenschaft umfaßt drei Bereiche:
-   Den Objektbereich, die Beziehung zwischen dem Erkenntnissubjekt und dem Erkenntnisobjekt.
-   Die Methoden als die Wege zur Erfassung dieser Wirklichkeit.
-   Das System als Ordnungszusammenhang, in dem sich die Ergebnisse einordnen oder vernetzen lassen

> **Wissenschaft**
> Wissenschaft ist das methodisch gewonnene, systematisierte, durch die Sprache
> vermittelte Wissen über die Wirklichkeit. Dabei werden die Interdependenzen
> dessen, der Wissenschaft betreibt, des Wissenschaftlers, mit einbezogen.

1.1.4.1 Der Objektbereich der Wissenschaft

Jede Wissenschaft erforscht einen mehr oder weniger umgrenzten und abgegrenz-
ten Objektbereich (Material- und Formalobjekt). Dazu gehört die immer schon
mitgesetzte Grundbeziehung zwischen dem forschenden Subjekt und dem Objekt
oder die Subjekt-Objekt-Beziehung. In dieser Grundrelation vollzieht sich der
Erkenntnisprozeß in Wechselbeziehung. Das erkennende Subjekt geht in den
Forschungsprozeß immer mit ein. Erst durch die abstrakte Aufhebung dieser
Relation kann von einem Objektivismus auf der einen Seite und einem Subjektivismus auf der anderen Seite gesprochen werden. Subjektivismus bedeutet dabei
unkontrollierbare Beliebigkeit, Objektivismus subjektunabhängiges nachprüfbares Wissen über den Objektbereich. Die intersubjektive Nachprüfbarkeit wird zu
einem Wissenschaftskriterium. Da aber diese Beziehung nie vernachlässigt werden darf, sollte man konsequenterweise von Subjektbezogenheit und Objektbezo-
genheit sprechen, will man die Grundrelation, auf der jegliche Forschung beruht,
nicht negieren.

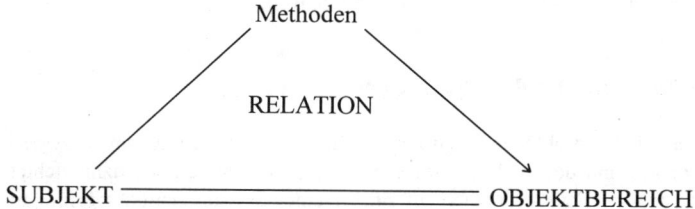

Wissenschaftler
Kommunikationsgemeinschaft (K.O.Apel)
Experimentiergemeinschaft (Ch.Peirce)

Wissenschaftstheoretische Ansätze müssen daraufhin befragt werden, welchen Stellenwert sie dieser Relation zumessen. In pointierter Weise faßt dies W. SCHULZ folgendermaßen zusammen.

"Wirklichkeit ist ... weder eine vorgegebene Objektwelt, noch beruht sie auf einer Setzung des Subjektes. Wirklichkeit ist vielmehr ein Geschehenszusammenhang, in dem Objekt und Subjekt miteinander verflochten sind in der Weise gegenseitiger Bedingung: das Subjekt wird ebenso vom Objekt bestimmt, wie es dieses bestimmt. Dieses Geschehen stellt einen Prozeß dar, dessen Grundmerkmal die Dialektik ist." (SCHULZ 1972, 841)

Der Einbeziehung der Dialektik werden z. B. analytisch ausgerichtete Wissenschaftstheoretiker skeptisch gegenüberstehen und sie als unwissenschaftlich ablehnen, weil sie der Logik widerspricht. W. SCHULZ versteht hier unter Dialektik einen Prozeß der

"die Aufhebung fester Wesensbestimmungen zugunsten eines Prozesses der doppelt zu reflektieren ist, sowohl in bezug auf die zu untersuchende Gegenstandswelt, als auch in bezug auf den bisherigen und zukünftigen Entwicklungsgang der Forschung selbst 'darstellt'. Der dialektische Forschungsprozeß ist nicht willkürlich er ist kontrollierbar und stellt, insofern das forschende Subjekt sich nun als forschendes mitthematisieren muß, eine erhöhte Weise der Reflexion dar" (SCHULZ 1972, 848).

Es kommt so zu verschiedenen möglichen Interpretationen des Subjekt-Objektverhältnisses oder der S-O-Relation. Sie kann als ein polares Spannungsverhältnis oder als dialektische Beziehung verstanden werden. Dabei spielt die Frage nach der Gegenstandskonstitution als einer Leistung des Subjekts, wie sie die Transzendentalphilosophie auffaßte, eine zentrale Rolle.

1.1.4.2   Die Methoden der Wissenschaft

Wenn Methoden erprobte und bewährte Wege zur Erforschung eines Gegenstandsbereiches und der in ihm vorkommenden Sachverhalte sind, dann richtet sich das Interesse des Anfängers auf die in einer Wissenschaftsdisziplin gebrauchten Forschungsmethoden. Doch jegliche Wissenschaft hat nicht nur Ergebnisse über einen erforschten Gegenstandsbereich zu präsentieren, sondern verweist auch auf das Denken, das diese Inhalte erst verarbeitet. Daraus aber ergibt sich die Frage, an welchen Methoden sich das Denken ausrichtet. In diesem

Sinne können wir von einer doppelten Fragerichtung ausgehen, wenn man von Methoden spricht:
- den Methoden des Denkens oder den Denkmethoden sowie
- den Forschungsmethoden, die einem Objektbereich gemäß sind, um Wissen über diesen zu erlangen.

Für die Methoden des Denkens im wissenschaftlichen Bereich interessiert sich die Wissenschaftslogik. Zu den klassischen Methoden wissenschaftlichen Denkens gehört die Deduktion und die Induktion.

Als zentrale Methode fungiert dabei die Deduktion oder jener klassische logische Schluß, der das Allgemeine mit dem Besonderen so verbindet, daß es im Allgemeinen enthalten ist (Subsumption). Dies kommt in jedem axiomatischen Theoriensystem vor. Das Besondere wird unter das Allgemeine subsumiert und legitimiert so die Erfahrungen im Zusammenhang der bestehenden Theorie. Zweiwertige Logik (wahr-falsch) und Subsumptionsverfahren sind die Hauptoperationen dieses Denkens.

Die Induktion geht den umgekehrten Weg vom Besonderen zum Allgemeinen. Sie kann sich nicht auf einen eindeutigen Schluß berufen, weil sie vom Einzelnen ausgeht und Aussagen formulieren soll, die über das Besondere hinausreichen: Induktion bedeutet keineswegs, wie dies K.R. POPPER mißverstanden hat, daß das denkende Erfassen quasi ausgeschaltet wird („Kübeltheorie"), sondern an den einzelnen Erfahrungen setzt immer schon das Denken ein, das eine Verarbeitung dieser so gewonnenen „Daten" vollzieht. In diesem Sinne handelt es sich immer um im Erkenntnisprozeß integrierte Daten. Das nackte Faktum gibt es für den Menschen nicht. Eine uninterpretierte Wirklichkeit ist eine Fiktion.

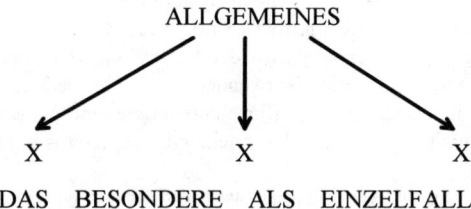

Im Pragmatismus des 19. und 20. Jahrhunderts kommt die Abduktion hinzu. Auch bei der Abduktion handelt es sich um ein Schlußverfahren in dem aufgezeigt werden soll, daß sich ein Objekt oder ein Sachverhalt vermutlich so oder so verhalten wird. Dadurch wird eine Hypothese formuliert, die neue Einsichten erbringt. Daher spricht man auch von einer synthetischen Form des Schließens. Dieser durch die Abduktion gewonnenen Vermutung, wird zum Ausgangspunkt einer Vorhersage genommen, um sie schließlich durch Induktion zu testen. So verbinden sich im Pragmatismus bei CH. S. PEIRCE CH. MORRIS und J. DEWEY diese drei Schlußverfahren miteinander.

Die Phänomenologie spricht von verschiedenartigen Reduktionen und erweitert damit den Bereich der Induktion, indem sie versucht, ausgehend von einzelnen Erfahrungen das Wesen einer Sache herauszuarbeiten.

Neben diesen allgemeinen Methoden der Wissenschaftslogik gibt es die besonderen Wege zur Erforschung der verschiedenen Objektbereiche. Die ältesten Methoden finden sich in der Auslegung von Texten, die seit den Griechen Hermeneutik heißt, sowie in der Beobachtung und dem Experiment. Daraus entwickelten sich die beiden Bereiche der quantitativen und der qualitativen Methoden, die bis heute die Methodendiskussion bestimmen. Jede Methodologie muß sich bewußt bleiben, daß sie Teil einer Wissenschaftskonzeption bleibt, d.h. immer gebunden ist an den jeweiligen Objektbereich, das System des bereits gewonnenen Wissens sowie den geltenden Paradigmen in Wissenschaftssozietäten. Die Auffassung von Wissenschaft jedoch hängt mit der Erkenntnistheorie als ihrem Fundament zusammen.

1.1.4.3 Wissenschaft als System

Den konsequentesten Systembegriff bietet I. KANT in seiner Transzendentalphilosophie. „Ich verstehe aber unter einem System die Einheit der mannigfaltigen Erkenntnisse unter einer Idee." (KANT , Kr.d.r.V. A. 832)
In dieser stringenten Auffassung wird der Systembegriff in der gegenwärtigen Wissenschaftstheorie nur selten verwendet. Vielmehr bedeutet System einen Ordnungszusammenhang, in dem Einzelerkenntisse über einen Objektbereich miteinander in Beziehung stehen oder miteinander vernetzt werden.

„So wird im Wort 'System' der 'Zusammenstand' der Faktoren geradezu schon als perfekt hingestellt, und doch ist gerade dies erste die letzte, ja überhaupt nicht abschließend lösbare, weil unveränderliche Aufgabe. Als solche sollte es eher 'Systase' heißen: daß nichts isoliert bleibe, alles mit allem sich in Einheit und Zusammenhang füge, zu ihr 'zusammentreten', daß ein durchgängiger Wechselbezug sich im Rückgang zum gemeinsamen Ursprung erst knüpfen müsse." (NATORP 1910, 24)

Diese Modifizierung des Systembegriffs durch den Neukantianismus zeigt den Aufbruch ins 20. Jahrhundert, in dem der Funktionalismus sich mit dem Systembegriff verbindet und die Beziehungen in den Vordergrund treten. „So sucht denn auch die Wissenschaft unveränderliche Grundbestimmungen. Doch sucht sie sie nicht mehr in sogenannten Dingen, sondern in beharrenden Relationen, die ihr fortan die Dinge vertreten müssen." (NATORP 1910, 72)

1.1.4.4 Das Begriffssystem als Inhalt von Wissenschaft

Nun bringt die sprachliche Vermittlung von erkannten Objekten nach der klassischen Logik nicht nur Urteile und Schlüsse sondern auch Begriffe hervor.
Gerade für den Anfänger wird dies zu einer wichtigen Frage einer Disziplin, die nach der Herkunft und der Bedeutung ihrer Fachterminologie frägt.

Die erste Konfrontation des Studierenden mit einer Wissenschaftsdisziplin führt zu den Fachbegriffen oder zur Fachterminologie. Um deren Genese zu verstehen, soll das vorliegende Schema Grundlage für ein erstes Verständnis bilden. Vereinfacht dargestellt könnte man sagen:
Den Ursprung des Forschungsprozesses kann man in der Aufstellung eines Problems sehen. Wie und woher es sich stellt, wird immer verschieden sein. Ein Problem artikuliert sich sprachlich in Fragen an einen Objektbereich (z.B.: Was ist autoritäres Verhalten?) Dies muß nun mit Methoden erforscht werden und die Resultate bilden Antworten, die die ermittelten Sachverhalte darstellen. Diese Antworten stellen sich in Sätzen dar, diese wiederum können im Argumentationszusammenhang der Wissenschaft aus anderen Sätzen (Urteilen) abgeleitet werden (Schlüsse) . Das Resultat kann schließlich ein Begriff sein, der sich wiederum durch einen Satz (Definition im weitesten Sinn) artikulieren läßt und dieser muß sich wieder auf Sachverhalte im Objektbereich beziehen. So schließt sich der Kreis. Geht man von so einem Verständnis der Entstehung wissenschaftlicher Begriffe aus, dann gewinnt man auch die ersten Einsichten über die Bedeutung und Reichweite, vor allem auch über die Grenzen wissenschaftlicher Terminologie.
Besonders in den anthropologischen Wissenschaften werden Begriffe für ein und denselben Sachverhalt in verschiedenster Weise verwendet. Dieses Unbehagen führt zu der Forderung nach Einheitlichkeit in der Terminologie.

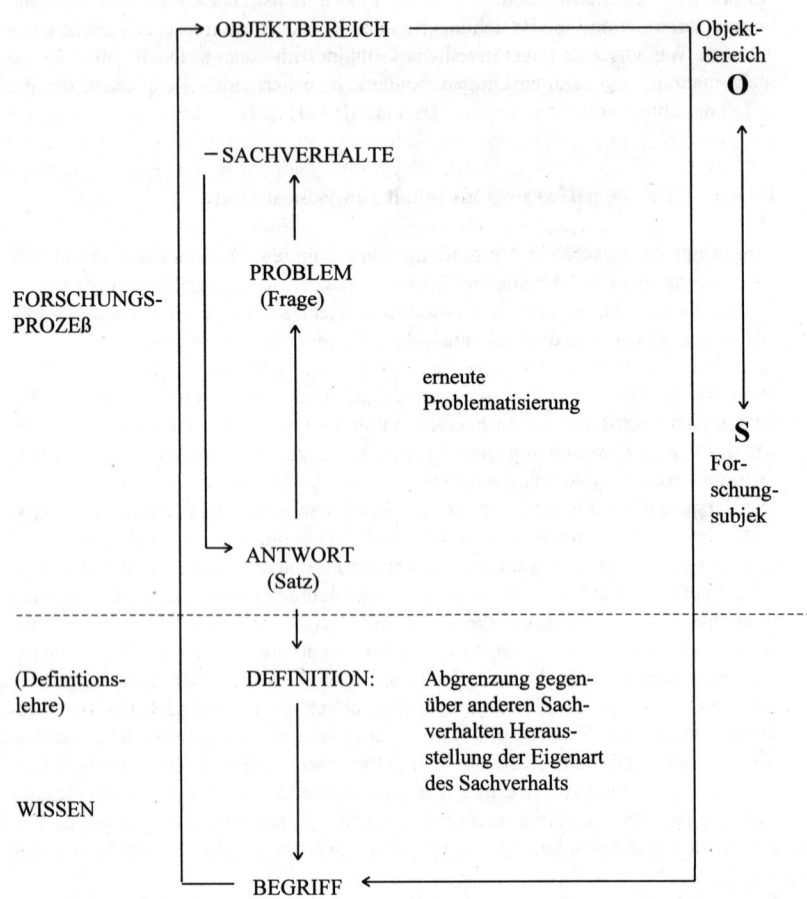

Zusammenfassung

Allen wissenschaftstheoretischen Richtungen gemeinsam ist der Bezug zur Sprache, weil Wissenschaft durch Aussagensysteme bestimmt wird. Die Beziehung zur Sprache setzt ein doppeltes Verständnis von Sprache voraus. Sprache im Sinne der Sprachlichkeit und Sprache als Organon, als Werkzeug in ihrem Zeichencharakter. Im ersten Sinn wird Sprache als sprachphilosophischer Begriff verstanden, im zweiten Sinn in ihrer Dreidimensionalität als Zeichen (Semiotik). Es gibt drei Auffassungen von Wissenschaftstheorie:

- Wissenschaftstheorie als die Theorie der Wissenschaft in einem umfassenden Sinn. Sie bezieht die philosophische Fragestellung zur Begründung von Wissenschaft mit ein (Erkenntnistheorie, Ontologie etc.).
- Wissenschaftstheorie als Wissenschaftslogik (Deduktion/Induktion, Abduktion/Reduktion).
- Wissenschaftstheorie als Methodologie (qualitative und quantitative Methoden).

Wissenschaft entfaltet sich in dreifacher Weise:

- als Objekt (Subjekt-Objekt-Beziehung)
- als Methode (Hermeneutik: Beobachtung, Experiment, quantitative und qualitative Methoden)
- als System (Ordnungszusammenhang, Vernetzung)

Die Frage nach der wissenschaftlichen Begriffsbildung orientiert sich an der These, daß wissenschaftlichen Begriffen immer ein Bezug zu den Sachverhalten der Objektbereiche zugrundliegen muß.

1.2 Verschiedene Ansätze von Wissenschaftstheorie

Das folgende Kapitel gibt eine überblickshafte und schematische Zusammenfassung von fünf unterschiedlichen Verständnisweisen von Wissenschaftstheorie:

- *die phänomenologisch-hermeneutische Wissenschaftstheorie*
- *die empirisch-analytische Wissenschaftstheorie*
- *die Wissenschaftstheorie des kritischen Rationalismus*
- *die konstruktive Wissenschaftstheorie der ERLANGER SCHULE*
- *der radikale Konstruktivismus und die Wissenschaft*
- *die kritische Theorie der FRANKFURTER SCHULE*

Unter den gegenwärtig diskutierten Ansätzen der Wissenschaftstheorie, die ihre Auswirkungen auf den Wissenschaftsbegriff der Pädagogik haben, kann man verschiedene Positionen als bedeutsam ansehen.

Die erste Position schließt sich an die Auffassung von Geisteswissenschaft nach W. DILTHEY an. Diese Disziplinen orientieren sich an der Methode des Verstehens sowie an der Auslegungslehre von geschichtlichen Sinnganzheiten als Hermeneutik. Die Phänomenologie versteht sich als wissenschaftliche Methode (E. HUSSERL) und zielt auf die Erfassung des Wesens einer Sache oder eines Sachverhalts. Daraus entwickelten sich Konzeptionen einer hermeneutisch-phänomenologischen Wissenschaftsauffassung, die gegenwärtig weiterentwickelt werden.

Dieser Position stehen Ansätze gegenüber, die die Wissenschaftstheorie auf Wissenschaftslogik und Wissenschaftsmethodologie reduzieren. So die empirisch-analytische Wissenschaftstheorie, die von den verschiedenen Vertretern des WIENER KREISES konzipiert wurde. Sie verweist auf die Erfahrung und die Unmittelbarkeit der Erlebnisse sowie auf die richtige logisch-sprachliche Vermittlung mit Hilfe der Logik oder der Logistik. Im Zentrum steht die Frage nach der Begründung, das Induktionsproblem sowie die Analyse wissenschaftlicher Aussagen und die Differenzierung in analytische und synthetische Sätze.

Eine andere Sicht vertritt der kritische Rationalismus, der als Abgrenzungskriterium für wissenschaftliche Sätze nur die Falsifikation gelten läßt. Er schließt aus Theorien hypothetisch-deduktiv unter Berücksichtigung von Randbedingungen Basissätze 'Scheinwerfertheorie', die so formuliert sein müssen, daß sie an der Wirklichkeit falsifizierbar sind. Dieser Ansatz, der gewisse Anregungen von I. KANT übernimmt, lehnt das induktive Verfahren als unwissenschaftlich ab.

Die Wissenschaftslogik und Wissenschaftsmethodologie bilden die Kriterien für wissenschaftliche Satzsysteme.

Die konstruktive Wissenschaftstheorie der ERLANGER SCHULE will methodologisch und logisch den Aufbau einer theoretischen Sprache der Wissenschaft aus der Umgangssprache erstellen. Sie bezieht in ihren Ansatz das Wert- und Normproblem mit ein und sucht die Gräben der verschiedenen Positionen in der wissenschaftlichen Argumentation zu überwinden.

Der radikale Konstruktivismus geht von der Subjektivität als alleinigem Ursprung wissenschaftlicher Theorien aus und versteht das Subjekt als biologisch reduziertes Substrat, dem das Prädikat der Selbsttätigkeit zukommt. Nach ihm schaffen neuronale geschlossene kybernetische Systeme die Wissenschaften und ihre Theorien. So gesehen wird jede Wissenschaft ein Konstrukt menschlicher Gehirne oder neuronaler Netze.

PHÄNOMENOLOGISCH-HERMENEUTISCHE WISSENSCHAFTSTHEORIE

Naturwissenschaften:	Erklären, Ursache-Wirkung
Geisteswissenschaften:	Verstehen, Hermeneutik (Sprache)
Methoden:	Hermeneutik, konstitutiv für
	alle Wissenschaften
	Wesenserkenntnis in der
	Phänomenologie
	(eidetische Reduktion)

EMPIRISCH-ANALYTISCHE WISSENSCHAFTSTHEORIE

Formalwissenschaften:	Realwissenschaften:
Logik, Mathematik	'Wirklichkeit', Einzelwissenschaften
axiomatisch-logische Systeme	empirisch-quantitative Methoden
analytische Sätze	synthetische Sätze als Protokollsätze Verifikation und Falsifikation

KONSTRUKTIVE WISSENSCHAFTSTHEORIE

Einheitswissenschaft

Methoden:	methodische Konstruktion wissenschaftlicher Aussagesysteme

---

KRITISCHER RATIONALISMUS

auf der Basis der Umgangssprache

Formalwissenschaften:

Realwissenschaften:

axiomatisch-logische Systeme

axiomatisch-deduktiv aufgebaute
Satzsysteme

analytische Sätze

Randbedingungen: Basissätze
Beobachtung und Experiment
Falsifikationsprinzip

RADIKALER KONSTRUKTIVISMUS
Einheitswissenschaft

Reduktion der S-0 Beziehung auf das
Subjekt. Autopoiesis als Konstruktion
wissenschaftlicher Theorien.

KRITISCHE THEORIE

Der Wissenschaftsbegriff wird von der Gesellschaftstheorie her verstanden
und vermittelt.

Interessendifferenz in den Wissenschaften:

- TECHNISCHES INTERESSE: analytisch-empirische
                                  kritisch-rationalistische
                                  Wissenschaftstheorie

- PRAKTISCHES INTERESSE: hermeneutisch-
                                  phänomeno-
                                  logische Wissenschaft

- EMANZIPATORISCHES: kritische
      INTERESSE   Wissenschaftstheorie
                                  Dialektik begründet Logik

Ein Wissenschaftsverständnis auf der Basis einer Theorie der Gesellschaft - vom sozialphilosophischen Aspekt her - legen die Vertreter der kritischen Theorie der FRANKFURTER SCHULE vor. Sie sehen in der Verbindung von Erkenntnis und Interesse die Grundlage für verschiedene Verständnisweisen von Wissenschaft. Durch Selbstreflexion kann der Mensch zum Durchschauen seiner Abhängigkeiten, zur Emanzipation geführt werden. Gleichzeitig wird durch die Differenzierung der Lebenswelt in Arbeit, Interaktion und Sprache bei J. HABERMAS der Versuch gemacht, die verschiedenen anderen Ansätze von Wissenschaft in ihrer Begrenztheit aufzuweisen und ihre Integration in einer emanzipatorischen Wissenschaft zu vollziehen.

1.2.1   Die phänomenologisch-hermeneutische Wissenschaftstheorie

Das folgende Kapitel informiert Sie über
-    *die Kriterien zur Unterscheidung zwischen Geistes- und Naturwissenschaften,*
-    *die Hermeneutik als Methode des Verstehens*
-    *das Erlebnis als gemeinsamen Ausgangspunkt von Hermeneutik und Phänomenologie,*
-    *die Erweiterung der Hermeneutik von der Methode zur universalen Auslegungslehre (hermeneutischer Zirkel).*

Die unter diesem Oberbegriff zusammengefaßten Konzeptionen von Wissenschaft sind gekennzeichnet durch die Zuwendung
-    zum Einzelnen (als geschichtlich Einmaliges, als Individuelles)
-    zur Geschichtlichkeit sowie
-    zu Ganzheiten.
Die Berücksichtigung des Einzelnen, des Individuellen führt nicht in die Irrationalität, sondern wird als Beziehung von Allgemeinem und Besonderem, das nicht durch Subsumption unter das Allgemeine angemessen begriffen werden kann, verstanden.
Historisch führt dies im 19. Jahrhundert zur Unterscheidung von Geistes- und Naturwissenschaften, die sowohl im Objektbereich als auch im Methodenbereich voneinander unterschieden sind, wenn man die Naturwissenschaften aus der Sicht des 19. Jahrhunderts versteht.

Die Einbeziehung der Geschichtlichkeit und damit der Zeitkomponente führt zur Erfassung von irreversiblen, unumkehrbaren Prozessen, die durch bestimmte gesellschaftliche und kulturelle Konstellationen bedingt sind.

Das dritte Zentralproblem besteht in der Erfassung von Ganzheiten und der Beziehung des Ganzen zu seinen Teilen. Ganzheit als *'integritas'* führt zum Verständnis der Teile und das Verständnis der Teile wiederum zum Ganzen. Hier wird der hermeneutische Zirkel bedeutsam und die einzelwissenschaftliche Konzeption der Geisteswissenschaften zur universalen Hermeneutik erweitert, wie dies M. HEIDEGGER aufzeigte.

In der Phänomenologie geht es um die Hinwendung zu den Sachen selbst. Die Objekte werden zu Sachen und die Zuwendung führt zu einer neuen Sachlichkeit, die unter Ausschaltung von Vorurteilen oder bereits vorhandenen Begriffen die Sachverhalte sprachlich zu erfassen sucht. Phänomenologie wendet sich gegen die Setzung des Objektsbereichs durch ein transzendentales Subjekt, weil im intentionalen Erlebnis Subjekt und Objekt miteinander verbunden sind.

Durch die Reduktionen wird der Anspruch erhoben das Wesen oder das Was einer Sache herausarbeiten zu können, unabhängig von den Zufälligkeiten, die dem einzelnen Seienden durch Raum und Zeit anhaften. Die Reduktion vollzieht sich vom Konkreten zum Allgemeinen in der "Wesensschau". Diese ist ein intensives und ganzheitliches Erfassen eines Sachverhaltes, der im intentionalen Erlebnis gegeben ist und so Subjekt und Objekt miteinander vermittelt. Als Kriterium dient die Evidenz oder das Evidenzerlebnis, das die Vollständigkeit der Phänomenerfassung anzeigt. (E. HUSSERL, M. SCHELER, O.F. BOLLNOW)

In dieser Ausprägung hat die Phänomenologie nicht ihr Ende gefunden. In der Weiterführung durch M. HEIDEGGER, einem Schüler HUSSERLs, wird die Phänomenologie mit der Hermeneutik verbunden und originell weiterentwickelt. In der Gegenwart geschieht dies bei den Franzosen J.P. SARTRE und MERLAU-PONTY sowie der strukturalen Phänomenologie H. ROMBACHs und der Phänomenologie bei H. SCHMITZ. Hier kommt es zu Korrekturen der platonisch-transzendentalen Sackgasse E. HUSSERLs und zur Einbeziehung konkreter Fragestellungen.

1.2.1.1 Die Einteilung der Wissenschaften

Eine der Grundfragen in der Wissenschaftstheorie lautet: Gibt es eine Einheitswissenschaft oder mehrere untereinander verschiedene Wissenschaften? Geschichtlich gesehen findet sich bei J. St. MILL (1806-1873), der zur Grundlage der Erkenntnis die Erfahrung nahm und der Psychologie der damaligen Zeit eine wichtige Funktion innerhalb des Denkens zuschrieb, in seinem „System der deduktiven und induktiven Logik" die Unterscheidung in *natural-sciences* und *moral-sciences*. Die letzteren beziehen sich auf die menschliche Natur, sind also - mit einem modernen Begriff ausgedrückt - anthropologische Wissenschaften.

"Da die Phänomene, womit sich diese Wissenschaft befaßt, die Gedanken, die Gefühle und die Handlungen menschlicher Wesen sind, so würde sie die ideale Vollkommenheit einer Wissenschaft erreicht haben, wenn sie uns in den Stand setzte, mit derselben Gewißheit vorauszusagen, wie ein Individuum sein ganzes Leben hindurch denken, fühlen und handeln wird, womit die Astronomie uns erlaubt, die Orte und die Verfinsterungen der Himmelskörper vorauszusagen. Es ist kaum nötig zu sagen, daß dies nicht einmal annäherungsweise geschehen kann." (MILL 1868, 452)

Die obengenannte Unterscheidung beruht also auf der Einsicht, daß die "moral sciences" gegenüber den Naturwissenschaften weder die gleiche Allgemeinheit erreichen, noch eine Gesetzmäßigkeit in ihren Aussagen realisieren können. Daher sind auch Prognosen nicht möglich, wie dies in den Naturwissenschaften geschieht. Wenn diese aber zu Kriterien für Wissenschaft gemacht werden, dann ergibt sich eine Rangordnung und damit Wertung der Wissenschaften, in der die Naturwissenschaften die oberste Stelle einnehmen. Der Gebrauch von *science* im angloamerikanischen Raum für die Naturwissenschaften spricht noch immer seine eigene Sprache.
Die Übersetzung des MILL'schen Terminus *moral-sciences* in "Geisteswissenschaften" im 19. Jahrhundert muß man auf dem Hintergrund des Geistbegriffs des deutschen Idealismus verstehen, wie er vor allem durch HEGEL in die Diskussion eingegangen ist. Dahinter stehen aber in gleicher Weise die philosophischen Ansätze I. KANTs, J.G. FICHTEs und F.W. SCHELLINGs und die Erweiterung des Geistbegriffs bei H. LOTZE.
Bei W. DILTHEY setzt sich am Ausgang des 19. Jhs. der Terminus Geisteswissenschaften durch, der die Geschichte, die Kultur, die Gesellschaft, den Staat und den Menschen umfassen.

Sie zählen zu jenen Disziplinen, deren "Gegenstand uns durch das Verhalten zugänglich wird, das im Zusammenhang von Leben, Ausdruck und Verstehen fundiert ist" (DILTHEY VII, 87).

Erleben, Ausdruck und Verstehen bilden die Trias, die zunächst für W. DILTHEYs Konzeption der Geisteswissenschaften zentral wird. Gleichzeitig bildet das Leben für W. DILTHEY den letzten nicht mehr übersteigbaren Grund und die umfassende Einheit für alle Phänomene, mit denen sich die Wissenschaften überhaupt befassen können.

W. DILTHEY unterscheidet historische und systematische Geisteswissenschaften. Die ursprüngliche Fundierung dieser Disziplinen auf die Psychologie wird schon bald zugunsten der Idee des objektiven Geistes aufgegeben und so eine breitere Basis gewonnen. Diese Einteilung beruhte auf der Trennung von 'Natur' und 'Geist' und blieb bei ihrem Aufkommen nicht unwidersprochen.

Die bedeutendsten Versuche einer Korrektur dieser Terminologie stammen von W. WINDELBAND und dem Vertreter der SÜDWESTDEUTSCHEN SCHULE des Neukantianismus H. RICKERT.

W. WINDELBAND unterschied die Wissenschaften in nomothetische, d.h. Gesetze aufstellenden Wissenschaften und idiographische Disziplinen, die das Besondere, das Einmalige erfassen. Diese Einteilung orientiert sich an der Differenz zwischen Allgemeinem und Besonderem. Die Geschichtswissenschaft hat die Aufgabe einzelne Begebenheiten und Ereignisse zu beschreiben. Das Einzelne sollte daher ohne Vermittlung über das Allgemeine erfaßt werden. H. RICKERT dagegen stellt den Naturwissenschaften die Kulturwissenschaften gegenüber. I. KANTs Versuch, den Naturbegriff als Entwurf der Vernunft zu verstehen und den Menschen so aus dem Zwang und den Gesetzen einer ihm gegenüberstehenden Natur zu befreien, will der Neukantianismus auch auf die Geschichte übertragen, indem er eine transzendentale Geschichtslogik entwirft.

In dieser werden die individualisierenden Begriffe über den allgemeinen Begriff der Kultur an das Wertsystem gebunden, das den Inhalt der Kultur ausmacht. So wird die Individualisierung von einer allgemeinen Werttheorie getragen, die den Inhalt menschlicher Kultur bildet.

Die Kultur, so urteilt H. RICKERT, umfaßt "alle solche Realitäten, die wegen ihrer Wertbezogenheit einen für uns verständlichen Sinn besitzen" (H. RICKERT 1913, 518). Sinn und Wert werden die zentralen Bezugspunkte der Kulturwissenschaften. Die Begründung der Kulturwissenschaften liegt in den transzendentalen Beziehungen der Tatsachen auf ein Wertsystem.

"Das Ausgehen von Wertgesichtspunkten und Sinngebilden eröffnet erst den Zugang zu einer Philosophie des geschichtlichen Verständnisses, bei dem 'Allgemeines' und 'Individuelles' in der Tat gleichmäßig in Betracht kommen!" (RICKERT 1913, 522). Die Trennung von Sein und Wert setzt sich dann in der Unterscheidung der beiden Wissenschaften fest. Die Beziehung zwischen erkennendem Subjekt und zu erkennendem Objekt konstituiert jegliche Wissenschaft. Würde man das erkennende Subjekt zugunsten eines Objektivismus ausschalten wäre dies ein Rückfall in einen „dogmatischen Ontologismus" und „das Erkennen des Gegenstandes unmöglich und unverständlich" (RICKERT 1915, 289).

Die Kultur- und Wertpädagogik im 20. Jahrhundert beginnende bei Eduard Spranger hat diese Konzeption mit aufgenommen, integrierte aber Kultur und Wert in die Geisteswissenschaft W. DILTHEYs.

DILTHEY:	
NATURWISSENSCHAFTEN	GEISTESWISSENSCHAFTEN
Erklären	Erlebnis, Ausdruck Verstehen
das Allgemeine	das einzelne das Ganze

WINDELBAND:	
NOMOTHETISCHE WISSENSCHAFTEN	IDIOGRAPHISCHE WISSENSCHAFTEN
allgemein gültige Gesetze	das Besondere

RICKERT:	
NATURWISSENSCHAFTEN	KULTURWISSENSCHAFTEN
Sein, Natur	Wert, Sinn

1.2.1.2   Die Hermeneutik als Methode des Verstehens

Die Wortgeschichte geht auf das Griechische zurück und ist etymologisch um-
stritten. Ob sie in Zusammenhang mit Hermes, dem Götterboten, gebracht wird,
dem in der griechischen Mythologie die Erfindung der Sprache zugeordnet wird,
oder ob einfach von der griechischen Verbalbedeutung (*hermeneuein* =

Hermeneutik

Unter Hermeneutik versteht man die Auslegung oder Interpretation der Lebenswirklichkeit in der Zeit (Vergangenheit - Gegenwart - Zukunft). Die Erfahrung
der Lebenswirklichkeit wird über das Erleben, den Ausdruck und das Verstehen
vermittelt (nach DILTHEY). Diese Vermittlung geschieht in erster Linie über die
Sprache als Ausdruck des Lebens und des objektiven Geistes. Der hermeneutische Zirkel zeigt die Gebundenheit jedes Verstehens von Ganzheiten und ihrer
Teile an Voraussetzungen seines Ausgangs zu dem es immer wieder zurückkehrt.
Man muß immer schon in der Sprache leben und die anderen Menschen verstehen, bevor man über die Sprache nachdenken oder sprechen kann.

---

sprechen, sagen) ausgegangen wird, immer hat Hermeneutik einen Bezug zur
Sprache als gesprochenes oder geschriebenes Wort und damit zur Sprache als
Ausdruck.

Die Sprache ermöglicht das Verstehen der miteinander Kommunizierenden und
so ist sie, ob als geschriebene oder gesprochene, immer schon Vermittlung mit
der Tendenz, etwas zum Verständnis zu bringen oder Sinn zu übermitteln.

Die Sprache als Gespräch schafft einen Sinnhorizont, der die Grundlage des
Verstehens bildet. Sprache als geschriebene oder gesprochene Sprache vermittelt
dem, an den sie gerichtet ist, oder der sich ihr zuwendet einen Sinn, den der
Adressat verstehen muß. Es geht also in der Hermeneutik um die Auslegung
(Interpretation) gesprochener und geschriebener Sprache.

Im 19. Jahrhundert war es vor allem F.D.E. SCHLEIERMACHER, der die Hermeneutik als Kunstlehre des Verstehens verstand. In seiner Hermeneutik zeigt er
die Bedeutung dieser Methode in einer differenzierten Weise. Er geht über die
Auslegung von Texten hinaus auf das Verständnis der gesprochenen Sprache im
zwischenmenschlichen Gespräch. Das Gespräch findet seine Begründung in der
Sprache.

Für W. DILTHEY wird die Hermeneutik die Methode des Verstehens, die das, was der Mensch in den verschiedenen Objektivationen geschaffen hat, wieder lebendig machen soll. Das Verstehen ist jener Prozeß "in welchem wir aus Zeichen, die von außen sinnlich gegeben sind, ein Inneres erkennen" (DILTHEY V, 317). Erlebnis, Ausdruck und Verstehen gehören zusammen.

Vorwissenschaftlich bedeutet das Verstehen einen Vorgang, in dem alle Menschen von Geburt an leben. Daher muß die Wissenschaft dieses ursprüngliche Verstehen aus dem Lebenszusammenhang heraus reflektieren. Verstehen benötigt immer einen Ausdruck, an den es anknüpft, und dieser kann in Kulturobjektivationen als Manifestationen des objektiven Geistes oder aber im zwischenmenschlichen Bereich der Beziehung der Menschen, die miteinander in einer Kommunikationsgemeinschaft leben, gegeben sein.

Als Ausgangspunkt des Verstehens unterscheidet W. DILTHEY verschiedene Lebensäußerungen:

1.   Der Erlebnisausdruck hat die unmittelbarste Beziehung zum Leben. Das Verstehen versucht das im Ausdruck zum Vorschein kommende Erlebnis nach seiner Echtheit oder Unechtheit zu erfassen. Es kann durch das Nacherleben rekonstruiert werden, kommt jedoch nie zu einer Identität mit dem Ursprungserlebnis. So wird Ähnlichkeit und nicht Identität zum Kriterium dieser Methode.

2.   Etwas weiter vom Lebenszusammenhang der Gegenwart entfernt sind die schriftlichen oder mündlichen Objektivationen der Vergangenheit, in denen ein Sinn übermittelt wird.

Aufgabe des Verstehens bleibt die Erfassung des in einem Ausdruck enthaltenen Sinns durch das Verstehen des im Sprachausdruck gegebenen Inhalts. In jeder Theorie der Kommunikation wird das Verstehen die Grundlage des Sinnerfassens bilden. Dies gilt aber auch für Sinngebilde wie die Kunst, der Musik, der Literatur etc. Die Herausarbeitung des Sinnes, der erst Verständnis ermöglicht, geschieht keineswegs in einer einlinig-eindeutigen Weise, und deshalb gerät das Verstehen in das Kreuzfeuer der Kritik all derjenigen, die wissenschaftliche Aussagen allein an ihrer Eindeutigkeit und Abgeschlossenheit messen. Eine Interpretation bleibt auch bei schon Interpretiertem immer ein Versuch, die Möglichkeiten von Sinn zu entdecken. Dies geht so weit, daß der Mensch verschiedene Interpretationen ein und desselben Sachverhalts vorfindet und sich diesen durch Nachvollzug entweder anschließt oder sie als überholt verwirft.

DILTHEY unterscheidet zwei Arten des Verstehens:

Das elementare Verstehen richtet sich auf einzelne Lebensäußerungen. Die höhere Form des Verstehens richtet sich auf größere Zusammenhänge oder gar auf ganze Lebenszusammenhänge. Durch diese Einbeziehung von Ganzheiten in den Prozeß des Verstehens entsteht der hermeneutische Zirkel, den DILTHEY wie folgt umschreibt:

"Aus den einzelnen Worten und deren Verbindungen soll das Ganze eines Werkes verstanden werden, und doch setzt das volle Verständnis des Einzelnen schon das des Ganzen voraus." (DILTHEY, V, 317)

Das Einzelne, das dabei vom Ganzen her verstanden wird, ist eben keine Teilmenge eines Allgemeinen. In diesem Erkenntnisprozeß müssen Typen und Strukturen herausgearbeitet werden, die den Gesamtzusammenhang konstituieren.

In einem aus Typen und Strukturen aufgebauten Ordnungszusammenhang lassen sich Gemeinsamkeiten und Unterschiede der einzelnen Phänomene herausstellen. Zusammen ergeben sie die Grundstruktur des objektiven Geistes, z.B. den Geist einer Epoche.

So wird die Individuation aus zwei Bedingungen konstituiert. Die innere Bedingung zeigt sich durch die Betonung einzelner Momente der gemeinsamen Struktur. Die äußere Bedingung der Individuation liegt in den Umständen oder der Umwelt. So verbindet W. DILTHEY das Besondere mit dem Allgemeinen und sieht im Individuum die Synthese dieser Verbindung oder das besondere Allgemeine. Eine extrem verstandene Individuation würde zur Unerkennbarkeit *(individuum est ineffabile)* führen.

Neben dem Verstehen der Individualität haben die zwischenmenschlichen Beziehungen eine besondere Bedeutung. Dies führt zur Erfassung von interpersonalen Beziehungen. Einen Weg der Erkenntnis zeigt R. HÖNIGSWALD in seiner Denkpsychologie:

„Wohl offenbaren alle diese Faktoren (Betonung, Sprachmelodie, Rhythmus und Synsemantik in Wortfolge, Interpunktion und sonstigen äußeren Zeichen syntaktischer Gemeinschaft) in erster Reihe objektive und darum auch gegenstandstheoretisch zu erforschende Relationen. Relationen aber müssen als Bedeutungen erlebbar sein und 'Verstehen' wieder ist, schematisch ausgedrückt, die spezifische Art, Relationen zu erleben. Soweit sich nun in der Sprache ein mannigfach gegliedertes System von Relationen spiegelt, genau so weit ist sie zugleich Träger jener spezifischen Einheit von Bedeutungsbewußtheiten, die 'Verstehen' heißt". (HÖNIGSWALD 1925, 46)

1.2.1.3 Die Phänomenologie als Methode

Bei W. DILTHEY findet man den „Satz der Phänomenalität" der eine Brücke zur gleichzeitig entstehenden Phänomenologie schlägt. Nach ihm steht

„alles, was für mich da ist, (steht) unter der allgemeinsten Bedingung, Tatsache meines Bewußtseins zu sein; auch jedes äußere Ding ist mir als eine Verbindung von Tatsachen oder Vorgängen des Bewußtseins gegeben; Gegenstand, Ding ist nur für ein Bewußtsein und in einem Bewußtsein da." (DILTHEY, V, 591)

Die zweite Gemeinsamkeit zeigt sich im Erlebnis.
Die Phänomenologie versteht sich nicht als Deskription von Objekten oder Sachverhalten, sondern als die Rückführung der Erkenntnis der Sachen (*res*) auf intentionale Erlebnisse, in denen diese selbst gegeben sind.

Phänomenologie
Darunter versteht man jene Methode, die sich den Phänomenen zuwendet ("Zurück zu den Sachen selbst"). Im intentionalen Erlebnis sind das Subjekt als Erkennendes und das Objekt als Erkanntes vereinigt. Daraus resultiert die Forderung nach der Evidenz (Einsichtigkeit) des Erkannten und der transzendentalen Begründung der Erkenntnis beim späten HUSSERL.

Im Erlebnis, so sagt F. BRENTANO, wird immer etwas (Sache) erlebt.
In der Erkenntnis wird immer etwas erkannt,
im Wollen etwas gewollt,
im Fühlen etwas gefühlt
Damit aber ist der erlebende Mensch immer schon bei den Sachen, bei den Objekten, die er unmittelbar in der im Erlebnis kohärenten Beziehung zwischen Subjekt und Objekt erfährt.
Dieses immer schon „beim anderen sein" soll durch Reduktion des Zufälligen und Einzelnen zur „Wesensschau" führen und so zu einer Evidenz kommen, die die Einzelerfahrung überhöht und die Individualität übersteigt.
E. HUSSERL, der Schüler BRENTANOs, stellt dies in folgendem Zitat deutlich heraus:

„Denn Erkenntnis verstehen heißt, die teleologischen Zusammenhänge der Erkenntnis zu genereller Klärung bringen, die auf gewissen Wesensbeziehungen verschiedener Wesenstypen intellektueller Formen hinauslaufen. Und dahin gehört auch die letzte Aufklärung der Prinzipien, die als ideale Bedingung der Möglichkeit wissenschaftlicher Objektivität alles empirische wissenschaftliche Verfahren als Normen regeln." (HUSSERL, II, 57 f.)

Die Weiterführung der Phänomenologie durch H. SCHMITZ vollzieht sich in einem Dreischritt.

- im ersten „deskriptiven Stadium" wird ein „Gegenstandsbereich durch möglichst genaue Kennzeichnung mit den Mitteln der üblichen Sprache aus der im angegebenen Sinn relativ trivialen Lebenserfahrung herausgehoben."

- Danach setzt das „analytische Stadium" an, in dem „wiederkehrende und sich verschlingende Grundzüge des Bereichs herausgeschält und terminologisch fixiert" werden.

- Diese beiden münden schließlich in das „kombinatorische Stadium", in dem die Gründzüge eines Sachverhalts „in der festgelegten Sprache" kombiniert werden, um so „komplexe Bestandteile des Bereichs" zu „rekonstruieren, und so eine „Probe auf die Zulänglichkeit der Analyse" zu bekommen (Schmitz 1989, 30f.).

Diese Methode arbeitet mit der aufweisenden Evidenz, die von jedem Menschen noch vollzogen werden kann. Die Phänomene werden so im Alltag aufgesucht und auf ihre Hintergründe hin befragt.

So kann jeder Mensch nachvollziehen, daß beim tiefen Einatmen sich ein doppeltes Empfinden einstellt. Einerseits die Weite beim ersten Einatmen, gleichzeitig aber die Enge, wenn die Grenze des Lungenvolumens erreicht ist. So kann man bei den einfachen leiblichen Phänomenen bereits eine doppelte Erfahrung aufweisen, die in jedem Fall, zu jeder Zeit, an jedem Ort nachvollziehbar ist und in gleicher Weise oder mindestens in ähnlicher Weise erfahren werden kann.

Diese Methode hat H. SCHMITZ an verschiedenen Phänomenen, die sich auf das leibliche Befinden, die Gefühle, die Räumlichkeit beziehen, bereits angewendet,

„Ein Phänomen für jemand zu einer Zeit ist ein Sachverhalt, dessen Tatsächlichkeit der Betreffende dann nicht im Ernst bestreiten kann, wie sehr er sich auch durch Variation von Annahmen darum bemüht." (SCHMITZ 1989, 31)

Die Offenheit, die in diesem Vorgehen liegt, besteht darin, daß man „nie ganz sicher wissen kann, was gerade Phänomen ist, ob man z.B. alle Variationsmöglichkeiten berücksichtigt hat." (SCHMITZ 1989, 31)

Franz BRENTANO
(1838-1917)

Kants Transzendentalphilosophie ist ein Hindernis
für eine offene Erfahrung der Phänomene.

Edmund HUSSERL (1859-1938)	Alexander PFÄNDER (1870-1941)	Alexius MEINONG (1853-1921)
Suche nach der Evidenz der Erkenntnis (transzendentale Phänomenologie)	Münchener phänome- nologische Schule; psychologisch deskriptiv	Grazer Schule der Gegenstandstheorie Lehre von den verschiedenen Gegenstandsklassen die besondere Art der Gegenstände ist korrespondierend zu den Arten der Erfahrung.

Max SCHELER
(1874-1928)
Nicolai HARTMANN
(1882-1950)
Martin HEIDEGGER
(1889-1976)

1.2.1.4   Hermeneutik als universale Auslegungslehre

Es blieb vor allem dem HUSSERLschüler M. HEIDEGGER vorbehalten in seinem epochemachenden Werk „Sein und Zeit" auf eine Verbindung von Phänomenologie und Hermeneutik aufmerksam zu machen und damit aber auch die
Geschichtlichkeit als Zeitaspekt menschlicher Existenz mit einzubeziehen. So

verbindet er Phänomenologie und Hermeneutik, wie folgende Stelle aus Sein und Zeit klar zeigt.

„Der methodische Sinn der phänomenologischen Deskription ist Auslegung. Der LOGOS (transkribiert aus dem Griechischen) der Phänomenologie des Daseins hat den Charakter des HERMENEVEIN, durch das dem zum Dasein selbst gehörigen Seinsverständnis der eigentliche Sinn von Sein und die Grundstrukturen seines eigenen Seins kundgegeben werden. Phänomenologie des Daseins ist Hermeneutik in der ursprünglichen Bedeutung des Wortes, wonach es das Geschäft der Auslegung bezeichnet." (HEIDEGGER 1931, 3. Aufl. , 37)

Eine dieser wesentlichen Aspekte, die das Verstehen menschlicher Existenz gewährleisten, zeigt sich im sogenannten hermeneutischen Zirkel, der sich aus der Ganzheitlichkeit ergibt.
Schon bei W. DILTHEY wurde der Ansatz eines hermeneutischen Zirkels erkennbar, der aus der Erfassung von Ganzheiten resultierte. Bei M. HEIDEGGER wird die umfassende Bedeutung des hermeneutischen Zirkels noch deutlicher herausgestellt. Die Notwendigkeit der Zirkelstruktur des Verstehens ergibt sich aus der existentialen Analytik, weil die "Regeln der Konsequenzenlogik" (HEIDEGGER 1931, 3. Aufl., 315) hier versagen. Verstehen bezieht sich auf das Ganze des In-der-Welt-seins.

"In jedem Verstehen von Welt ist Existenz mitverstanden und umgekehrt. ... Alle Auslegung, die Verständnis beistellen soll, muß schon das Auszulegende verstanden haben. Aber in diesem Zirkel ein vitiosum zu sehen und nach Wegen Ausschau halten, ihn zu vermeiden, ja ihn auch nur als unvermeidliche Unwillkommenheit 'empfinden' heißt Verstehen von Grund aus mißverstehen." (HEIDEGGER, 1931, 3. Aufl., 152f.)

Dieser Zirkel gehört notwendig zur Auslegung und damit zum Verstehen. Die Einbeziehung der Voraussetzung in den Prozeß des Verstehens, zu der es wieder zurückkehrt geschieht nicht in Gestalt eines Kreises, sondern eher in der einer Spirale, als besseres Verstehen dieser Voraussetzung. H. G. GADAMER hat dieses Anliegen M. HEIDEGGERs in seinem Werk Wahrheit und Methode ausgearbeitet und herausgestellt.
Die Grenzen liegen nicht nur im eigenen Denken, ob der eigene Horizont eng oder weit ist, sondern auch beim Vergleich mit anderen Erscheinungen, die in der Erfahrung gegeben sind. Insofern bleibt die Phänomenologie ein Verfahren, das immer unabgeschlossen ist und nicht ein- für allemal das Wesen eines Sachverhaltes herausarbeitet. Sie geht den Weg vom einzelnen Phänomen, von der Individualität zu Gemeinsamkeiten zwischen

vielen solchen Einzelheiten, wobei die Variationen eine Fülle von Möglichkeiten ergeben, die wiederum auf eine Gemeinsamkeit hin untersucht werden.

"Jede Revision des Vorentwurfs [steht] in der Möglichkeit ... einen neuen Entwurf von Sinn vorauszuwerfen, daß sich rivalisierende Entwürfe zur Ausarbeitung nebeneinander herbringen können, bis sich die Einheit des Sinnes eindeutiger festlegt; daß die Auslegung mit Vorbegriffen einsetzt, die durch angemessenere Begriffe ersetzt werden: eben dieses ständige Neu-Entwerfen, das die Sinnbewegung des Verstehens und Auslegens ausmacht, ist der Vorgang, den M. HEIDEGGER beschreibt." (GADAMER 1960, 2. Aufl., 251 f.)

H.G. GADAMER sieht im Verstehen einen Vorgang, der im wirkungsgeschichtlichen Bewußtsein seine Basis hat, dessen Vollzug sich in der "Horizontbildung und Horizontverschmelzung" (GADAMER 1960, 324) vollzieht, um das Du als Du wirklich erfahren zu können. Das Verstehen als die Auslegung des Daseins rückt hier in die engste Beziehung zur Sprache als Sprachlichkeit, denn die "Sprachlichkeit des Verstehens ist die Konkretion des wirkungsgeschichtlichen Bewußtseins" (GADAMER 1960, 367). Die Sprache bildet die Vermittlung von Ich und Welt, von Ich und Du und verweist auf die Zusammengehörigkeit beider. In diesem Entwurf einer Verbindung von Hermeneutik und Phänomenologie wird die Lebenswelt die transzendentale Bedingung für die menschliche Erkenntnis schlechthin. Damit aber wird die Geisteswissenschaft die umfassende Disziplin, die selbst die Naturwissenschaften begründet. Denn alle Wissenschaften haben ihr Fundament in der Lebenswelt, aus der heraus sie erst entstehen und ihren Bestand haben. Die Möglichkeit eines Erklärens von Natur im Sinne des Aufweisens von Kausalkonnexen wird ohne Hermeneutik des Daseins nicht möglich. So ist die Hermeneutik nicht mehr eine Methode einer Einzelwissenschaft, sondern umfassende Auslegung des Daseins und des Sinns menschlicher Existenz. Dies zeigt auch A. SCHÜTZ in seiner Analyse der Lebenswelt:

„Unser gesamtes Wissen von der Welt, sei es im wissenschaftlichen oder im alltäglichen Denken, enthält Konstruktionen, d.h. einen Verband von Abstraktionen, Generalisierungen, Formalisierungen und Idealisierungen, die der jeweiligen Stufe gedanklicher Organisation gemäß sind. Genau genommen gibt es nirgends so etwas wie reine und einfache Tatsachen. Alle Tatsachen sind immer schon aus einem universellen Zusammenhang durch unsere Bewußtseinsabläufe ausgewählte Tatsachen. Somit sind sie immer interpretierte Tatsachen: entweder sind sie in künstlicher Abstraktion aus ihrem Zusammenhang gelöst oder aber sie werden nur in ihrem partikulären Zusammenhang gesehen. Daher tragen in beiden Fällen die Tatsachen ihren interpretativen inneren und äußeren Horizont mit sich. Für das alltägliche Leben wie für die Wissenschaft heißt dies nicht, daß wir die Wirklichkeit der Welt nicht begreifen können. Es folgt nur, daß wir jeweils bloß bestimmte Aspekte erfassen, sofern sie entweder für die Bewältigung des Alltags oder vom Standpunkt der akzeptierten Verfahrensregeln des Denkens, die wir Wisenshaftsmethodik nennen, relevant sind." (SCHÜTZ 1971, Bd. 1, 5f.)

In dieser Verbindung von Sprache und Hermeneutik erscheint auch die Kommunikationsgemeinschaft als Interpretationsgemeinschaft als Grundlage jeglicher Wissenschaften, wie dies im pragmatisch-transzendentalen Ansatz bei K. O. APEL versucht wird, der von einer Konsensus-Theorie der Wahrheit ausgeht. K. O. APEL modifiziert die Geisteswissenschaften in Kommunikationswissenschaften, weil die Kommunikation als sprachliche Kommunikation die Voraussetzung aller Erkenntnisse in der Wissenschaft bildet. Unter Einbeziehung des Pragmatismus von CH. S. PEIRCE und der Sprachspieltheorie L. WITT-GENSTEINs wird die Hermeneutik Grundlage für alle Wissenschaften.

Zusammenfassung

Die erstmalige Trennung von Geistes- und Naturwissenschaften durch W. DILTHEY wird zunächst durch die Verschiedenheit der Methoden legitimiert.
Erlebnis, Ausdruck und Verstehen bilden den ersten Entwurf geisteswissenschaftlicher Methodik. Es geht dabei um die Erkenntnis des Einzelnen oder Besonderen, das nicht unter allgemeine Begriffe oder Aussagen subsumierbar ist. Die Teile bilden ein Sinnganzes, das analytisch nicht erkennbar ist und daher eigene Methoden erfordert.
Zur gleichen Zeit kommen Vorschläge zur Einteilung der Wissenschaften von W. WINDELBAND in idiographische und nomothetische Wissenschaften sowie vom Neukantianer H. RICKERT in Natur- und Kulturwissenschaften.
Kultur wird als das Insgesamt von miteinander verflochtenen Wertklassen, verstanden, Sein und Wert getrennt, die Werte aber an Sinn und Geschichte zurückgebunden
Die Hermeneutik wird zur Methode der Geisteswissenschaften. Sie geht bei W. DILTHEY vom Erleben aus, das im Ausdruck sichtbar wird und an den das Verstehen als inverse Operation anknüpft. Das Erlebnis als Grundkategorie sieht den Erlebenden in einer transzendental konstituierten Lebenswelt. Sowohl die Lebensphilosophie W. DILTHEYs als auch die Phänomenologie E. HUSSERLs stellen in das Zentrum ihrer Konzeption das Erlebnis.

Die Phänomenologie will aus dem intentionalen Erlebnis, in dem Subjekt und Objekt durch die wechselseitige Relation verbunden sind, aus dem konkreten Objekt, durch Reduktion das Wesen der Sache erkennen.

Hermeneutik und Phänomenologie bekommen bei M. HEIDEGGER eine enge Beziehung. Durch die Einbeziehung der Zeit als Zeitigung wird die Geschichtlichkeit artikuliert und im hermeneutischen Zirkel eine weitere Gemeinsamkeit entdeckt, die bei H.G. GADAMER als Hermeneutik des Phänomens Lebenswelt eine fundamentale Bedeutung für menschliches Dasein bekommt. Damit aber wird der Weg frei für die Begründung aller Wissenschaften - auch der Naturwissenschaften.

K. O. Apel sieht in der Verbindung von Sprache und Hermeneutik die Grundlage für alle Wissenschaften.

1.2.2   Die empirisch-analytische Wissenschaftstheorie

Das folgende Kapitel informiert Sie über
- *die Verbindung von Empirismus und Rationalismus in der Realwissenschaft*
- *die vier Postulate (Forderungen) zur Aufstellung wissenschaftlicher Theorien*
- *den Unterschied zwischen Protokollsätzen und Aussagen der Theorie*
- *die Möglichkeit des Aufbaus einer empirisch fundierten Begriffssprache*
- *die Wissenschaftslogik als syntaktische Dimension der Wissenschaftssprache*
- *den Zusammenhang von Induktion und Wahrscheinlichkeit.*

Der Ursprung dieser wissenschaftstheoretischen Position liegt im *Neopositivismus* oder *Neoempirismus* des sog. Wiener Kreises, zu dem eine ganze Reihe berühmter Naturwissenschaftler gehörten und zu dem sich E. MACH, M. SCHLICK, H. FEIGL, R. CARNAP, O. NEURATH und V. KRAFT als seine bedeutendsten Vertreter zählten.

Durch die Emigration in der Zeit der Herrschaft des Nationalsozialismus in Deutschland und Österreich gewannen sie im angloamerikanischen Raum einen internationalen Schülerkreis. Zu ihren Hauptanliegen zählte die wissenschaftstheoretische Begründung der Erfahrungswissenschaften, die Sprachproblematik, die Erkenntnistheorie sowie die Ethik.

Positivismus
Der Positivismus läßt nur die Erfahrung als Quelle der Erkenntnis gelten. Jede Wissenschaft wird am Ideal der Naturwissenschaft und ihrer allgemeingültigen Gesetze gemessen. Als legitime klassische Methoden der Erfahrungsgewinnung für alle Wissenschaften gelten das Experiment und die Beobachtung.

Den Ausgangspunkt bildet das Verständnis der Wissenschaften als Aussagensysteme über die Wirklichkeit. Die Sprache wird konstitutiv für jegliche Wissenschaft gesehen. Daher kann es konsequenterweise keine Trennung der Wissenschaften geben, sondern nur eine Einheitswissenschaft. Die Einheitswissenschaft als Realwissenschaft hat eine gemeinsame Sprache, d. h. ihre Aussagensysteme müssen einheitlichen Kriterien genügen, und als

Neopositivismus
Auch logischer Positivismus genannt, verbindet den Empirismus mit dem Rationalismus. Der Aufbau aller Erkenntnis geschieht nach logischen Gesetzen und basiert auf der Erfahrung (Falsifikation und Verifikation).

grundlegendes Postulat steht das empiristische Sinnkriterium, nach dem wissenschaftliche Sätze immer an der Erfahrung verifiziert oder falsifiziert, bestätigt oder widerlegt werden müssen. Die Sprache wird als Zeichen verstanden, und das Gewicht liegt auf der syntaktischen und semantischen Bedeutung. Der pragmatische Aspekt wird dabei weitgehend bzw. ganz ausgeklammert.

Theorien als Satzsysteme müssen folgende Bedingungen erfüllen:

1.   Sie müssen sich nach den Gesetzen der Logik richten, d. h. der formalen Logik oder Logistik mit ihren Kalkülen der Aussagenlogik, der Relationenlogik und der Modallogik. Die logischen Gesetze bilden dabei das *Postulat* der *Rationalität*. Die Überprüfung erfolgt durch die logische Analyse der Sprache, in der die Theorien formuliert sind.

2.   Theorien enthalten allgemeingültige Aussagen über einen Realitätsbereich (*Postulat der Allgemeingültigkeit*). Das Vorbild bilden dabei die Gesetze der Naturwissenschaften.

3.   Wissenschaftliche Theorien dürfen nur wertfreie Aussagen enthalten. Alle Wertungen der Wirklichkeit, jegliche Normierung menschlichen Handelns durch die Wissenschaft gehören nicht in eine wissenschaftliche Theorie. Theorien sind daher deskriptive (beschreibende) Aussagensysteme und keine normativen (handlungsvorschreibenden) Aussagenkalküle *(Postulat der Wertfreiheit)*.
Die Trennung der"Ist"- von "Soll"-Sätzen geht auf D. HUME zurück. Die Klasse der "Ist"-Sätze wird in den wissenschaftstheoretischen Ansätzen, die das Postulat der Wertfreiheit vertreten, als "Aussagen" bezeichnet. Diese allein bilden die Satzsysteme wissenschaftlicher Theorien. "Soll" -Sätze sind formal als Befehlssätze aufzufassen und dürfen sich nicht als wissenschaftliche Theorien ausgeben. Man spricht auch von der Unableitbarkeit der "Soll"-Sätze aus (Aussage-) "Ist"-Sätzen (JÖRGENSEN, REICHENBACH 1937, 38).

4.   Jede wissenschaftliche Theorie muß an der Wirklichkeit nachprüfbar sein. Sie muß sich an ihr entweder bestätigen (verifizieren) lassen, oder sie muß widerlegbar (falsifizierbar) sein. Das alleinige Kriterium bildet die Erfahrungswirklichkeit (*Postulat der Nachprüfbarkeit* = empiristisches Sinnkriterium).

Daraus resultiert die Vermittlung zwischen *Rationalismus* und *Empirismus*, die sich in zwei Aussagensystemen darstellen; in den *analytischen* und den *synthetischen* Aussagen.
Analytische Aussagen führen nicht zu neuen Erkenntnissen, sondern gelten nach den Gesetzen der Logik mit Notwendigkeit und besitzen dieselbe Evidenz wie das Logikkalkül. Diese Aussagengruppe bildet ein deduktives Konstrukt.
Die synthetischen Aussagen beinhalten neue Elemente, die aus der Erfahrung kommen und die Aussagen über Tatsachen sind. Sie werden *Protokollsätze* genannt. In ihrer Syntax sind die Protokollsätze nach logischen Gesetzen aufgebaut, aber ihr Inhalt ist ein synthetischer, d. h. Aussagen über die Tatsachen führen zu neuen Erkenntnissen durch Erfahrung (KRAFT 1968, 20).
Hier zeigt sich ein enger Zusammenhang von Theorie, Erfahrungswirklichkeit, Logik und Methodologie. Wie in den Naturwissenschaften sollen die Theorien Gesetze in Form von Kausalgesetzen enthalten.

1.2.2.1 Der Aufbau wissenschaftlicher Theorien in den Realwissenschaften

Den gemeinsamen Ausgangspunkt bildet die *Sprache*, in der die Erkenntnisse über die Wirklichkeit in den einzelnen Wissenschaften dargestellt werden. Würde es keine Vermittlung zwischen den Aussagensystemen der verschiedenen Wissenschaften geben, könnte man keine Einheitswissenschaft begründen, und die Sprachsysteme der verschiedenen Wissenschaften würden nebeneinander unvermittelt existieren. Nun sind alle realwissenschaftlichen Aussagensysteme von zwei miteinander verbundenen Bereichen abhängig: dem Denken nach den Regeln der Logik und der Basis der Erfahrungswirklichkeit, wie sie in der Beobachtungssprache der Protokollsätze deutlich wird.

Logik

Die traditionelle Logik verbindet inhaltliche und formale Gesichtspunkte in einem deduktiv aufgebauten axiomatischen System. Als Prinzipien fungieren der Satz der Identität, der Satz der Widerspruchsfreiheit und der Satz des ausgeschlossenen Dritten. Inhaltlich entfaltet sich die traditionelle Logik in die Lehre vom Begriff, vom Urteil und vom Schluß.

Das folgende Zitat von W. STEGMÜLLER zeigt, wie aufgrund von Erfahrung Gesetze in der Wissenschaft gewonnen werden können.

"Die Gesamtheit der beobachtbaren Vorgänge und Phänomene wird durch eine Ebene repräsentiert. Über dieser Ebene erhebt sich ein dreidimensionales Netzwerk, welches die Theorie symbolisiert. Die Knotenpunkte in diesem Netzwerk stellen die Ausdrücke der theoretischen Sprache dar, die Verbindungslinien zwischen diesen Knotenpunkten entsprechen z. T. den Grundhypothesen, z. T. den daraus ableitbaren Lehrsätzen und evtl. den im theoretischen System verwendeten Definitionen. Das Netzwerk schwebt nicht vollkommen frei über der Ebene, sondern ist an gewissen Punkten in ihr verankert. Die Berührungspunkte zwischen Netzwerk und Beobachtungsebene (Interpretationsanker) entsprechen den Zuordnungsregeln; durch sie werden Punkte des Netzwerkes mit gewissen Stellen der Beobachtungsebene verknüpft. Gäbe es diese Verbindungen nicht, würde also das Netzwerk frei über der Ebene schweben, so würde die Theorie einen uninterpretierten Kalkül darstellen. Durch die Berührungspunkte mit der Beobachtungsebene wird das Ganze erst zu einer erfahrungswissenschaftlichen Theorie. Mittels der Berührungsstellen auf der Ebene fließt das Blut der empirischen Realität durch die Verbindungslinien bis in die von der Ebene am weitesten entfernten Knotenpunkte des Netzwerkes hinein, welche die Grundbegriffe der Theorie repräsentieren. Wenn man nun von gewissen

Beobachtungsdaten ausgeht, so kann man über einen oder mehrere Interpretationsanker zu Knotenpunkten des Netzwerkes gelangen, von da über Definitionen und Gesetzesaussagen (Verbindungslinien im Netzwerk) zu anderen, 'höher' gelegenen Punkten fortschreiten, schließlich aber wieder 'absteigen' zu 'tiefer' gelegenen Schichten, bis man schließlich über andere Interpretationsanker wieder zur Beobachtungsebene gelangt." (STEGMÜLLER 1958, 341f.)

Dieses Modell zeigt in anschaulicher Weise, wie das Zusammenspiel von Induktion und Deduktion beim Aufbau von Theoriensystemen funktionieren soll.

1.2.2.2   Die Konstitution einer empirisch fundierten Begriffssprache

Das Ringen um die Beziehungen von Erfahrungen und Theorie wird im Lebenswerk R. CARNAPs besonders deutlich. In seinem grundlegenden Werk über den logischen Aufbau der Welt will R. CARNAP ein "erkenntnismäßig-logisches System der Gegenstände oder der Begriffe" (CARNAP 1961, 1) erstellen. Damit soll eine stufenartige Ordnung erreicht werden, die die Gegenstände "einer jeden Stufe aus denen der niederen Stufen konstituiert" (CARNAP 1961, 2). Die Erstellung dieses Konstitutionssystems basiert auf zwei Grundlagen: dem Ausgang von der Wirklichkeit als sinnlicher Gegebenheit und dem Aufbau eines nach logischen Regeln ausgerichteten Begriffssystems.
Als Grundstufe dieses Schichtaufbaus sieht R. CARNAP die Elementarerlebnisse, die als eigenpsychische Gegenstände durch die Wahrnehmung der physischen Gegenstände   hervorgebracht werden. Diese fundieren wiederum die fremdpsychischen Gegenstände, weil letztere auf den Wahrnehmungen der physischen Gegenstände beruhen. Die geistigen Gegenstände bauen auf den fremdpsychischen auf, weil sie an "die Erkennung der psychischen Vorgänge ('Manifestationen') in den Trägern jenes geistigen Vorgangs und an die Erkennung seiner psychischen 'Dokumentationen'" (CARNAP 1961, 314) gebunden sind.

Logistik
Die Logistik oder mathematische Logik ist ein formalisierter Kalkül, in dem mit Axiomen (oberste Sätze) mit Hilfe gegebener Regeln Operationen durchgeführt werden können. Auf die inhaltliche Bedeutung wird dabei keine Rücksicht genommen. Als wichtigste Kalküle fungieren der zweiwertige Aussagenkalkül, der Prädikatenkalkül, der Klassenkalkül und der Relationenkalkül.

So entwirft R. CARNAP folgendes Schema:

4	GEISTIGE GEGENSTÄNDE
3	FREMDPSYCHISCHE GEGENSTÄNDE
2	PHYSISCHE GEGENSTÄNDE
1	EIGENPSYCHISCHE GEGENSTÄNDE

FUNDIERUNGS-
VERHÄLTNIS

Zwei zentrale Ausgangspunkte sind dabei wesentlich:

1.   Die Elementarerlebnisse als Grundeinheiten der Erfahrung von Wirklichkeit vermitteln zwischen Erkenntnis und Wirklichkeit. Hier ergeben sich Gemeinsamkeiten mit W. DILTHEYs hermeneutischem Ansatz und der Phänomenologie.

2.   R. CARNAP baut auf der Basis des Relationenkalküls eine Strukturtheorie auf. Struktur wird hierbei als formale Struktur bestimmt. Der Formalismus knüpft an die Relationen als „ein Inbegriff aller ihrer formalen Eigenschaften" (a. a. O., 13) an. Die Reduktion auf den formalen Aspekt erlaubt dann auch eine Erfassung in einer formalen Kunstsprache - der Logistik. Diese Strukturkonzeption wird die methodische Voraussetzung für wissenschaftliche Aussagen in den Formal- als auch in den Realwissenschaften, und verbindet so beide zu einer Einheit. Dies bedeutet aber für die Realwissenschaften, daß das inhaltliche Moment zwar für sie konstitutiv ist, die inhaltlichen Aussagen aber so umgeformt werden müssen, daß sie Aussagen über Strukturen werden und damit formal erfaßbar sind. Dieser Formalismus sichert die Übertragbarkeit, die Allgemeingültigkeit und die Vernachlässigung inhaltlich gegebener Unterschiede. Eine wichtige Voraussetzung bildet dabei die Transformierbarkeit der verschiedenen Aussagensysteme. Daraus entsteht erst die Möglichkeit von einem System in der Wissenschaft zu sprechen.

R. CARNAP unterscheidet vier verschiedene Verwendungsmöglichkeiten von Sprache:
- Als Grundsprache fungiert die formalisierte Sprache der Logistik. Nicht nur ihre Eindeutigkeit, sondern auch die inhaltliche Interpretierbarkeit und die formale Erfaßbarkeit von Relationen drückt ihren Vorrang vor anderen Sprachen aus. Sie ist das Ideal einer Wissenschaftssprache.
- Alle anderen Sprachen sind Hilfssprachen, die das Verständnis erleichtern, weil sie inhaltliche Gesichtspunkte miteinbeziehen. Dazu gehören die Wortsprache, die realistische Sprache und die Sprache einer fiktiven Konstruktion. Die Aufgabe der Wortsprache und der realistischen Sprache sieht R. CARNAP als erklärend an, weil diese das Verständnis erleichtert und inhaltsbezogen den zugrundeliegenden Sachverhalt ausdrücken soll, über den die formalistische Sprache Aussagen macht.
- Als die Sprache einer fiktiven Konstitution versteht er „Operationsvorschriften für ein konstruktives Verfahren" „wie das Gegebene zu Gegenständen" verarbeitet werden solle (CARNAP 1961, 137).
Diese Hilfssprachen leisten die Vermittlung für ein Konstitutionssystem, das als Ausgangspunkt die Wirklichkeit hat, deren Erfassung zunächst auf intuitiven und damit noch nicht rational gerechtfertigten Kenntnissen beruht. So wird das Konstitutionssystem eine rationale Nachkonstruktion des gesamten in der Erkenntnis intuitiv vollzogenen Aufbaus der Wirklichkeit.
Die Grundelemente des Systems oder die Basis bilden die Grundrelationen. "Diese Grundrelationen und nicht die Grundelemente bilden die undefinierten Grundgegenstände (Grundbegriffe) des Systems, aus denen alle anderen Gegenstände des Systems konstituiert werden." (CARNAP 1961, 83) Die Relation steht hier über den Relaten.

Relationenkalkül

Der Relationenkalkül ist ein formales Aussagensystem, das Verknüpfungen enthält, die Beziehungen darstellen. Als intensionale Relation kann folgendes Beispiel dienen: A ist die Mutter von B und die Tochter von C.
Der Relationenkalkül verbindet sich extensional (umfangmäßig) mit dem Klassenkalkül und ist in einer formalen Sprache ausdrückbar. Beispiel: Es gibt eine Klasse von Paaren (x/y), die eine Funktion F (x/y) erfüllen.

Die Basis des Systems bildet das Psychische als das Eigenpsychische in den Elementarerlebnissen. Der Vorwurf der Subjektivität wird mit dem Hinweis auf die Objektivität des intersubjektiv geltenden Erkenntnisurteils abgewiesen. Die Intersubjektvität wird zum Postulat der Wissenschaft. "Das Bestreben der Wissenschaft geht dahin, zu einem Bestande von nur intersubjektiven Aussagen zu gelangen." (CARNAP 1961, 200)

Dies setzt aber voraus, daß auch subjektive Aussagen, wollen sie wissenschaftlich brauchbar sein, in intersubjektive umgeformt werden können. So kann der subjektiv gegebene Erlebnisstrom zum Ausgangspunkt genommen werden um das Objektive aus ihm herauszulesen. Die Elementarerlebnisse sind "Erlebnisse des Ich als Einheiten" (CARNAP 1961, 92), die unzerlegbar sind. Damit aber Beziehungen zwischen den Elementarerlebnissen hergestellt werden können, müssen Teilähnlichkeiten zwischen den einzelnen Elementarerlebnissen herausgestellt werden. Damit ergibt sich eine transitive Beziehung.

Auf diesen Relationen als formalen Bestandteilen baut R. CARNAP sein Konstitutionssystem auf. Er bleibt damit auf dem Boden einer Realwissenschaft und entzieht sich so der Problematik von Ganzheiten, die in den Elementarerlebnissen als Qualitäten vorhanden sind.

Die Beziehung des Aussagensystems zur Wirklichkeit, realisiert sich in den Basisaussagen oder den Protokollsätzen, die das Gegebene im Satz oder in der Aussage deskriptiv ausdrücken. Das 'Wie' der Vermittlung zwischen Sprache und Wirklichkeit wird nicht thematisiert. Diese deskriptiven Aussagen sollen aber intersubjektiv überprüfbar sein.

"Die Person N. N. hat zur Zeit t am Ort x das und das wahrgenommen. Eine absolute Gewißheit wird für diese Sätze nicht verlangt, vielmehr werden sie mittels Beschluß anerkannt, beruhen also auf Konvention." (STEGMÜLLER 1965, 447)

Das Problem der Vermittlung aber bleibt bestehen.

Demgemäß lassen sich folgende Wege zur Gewinnung von Begriffen bzw. Begriffssystemen auf empirischer Basis nachzeichnen:

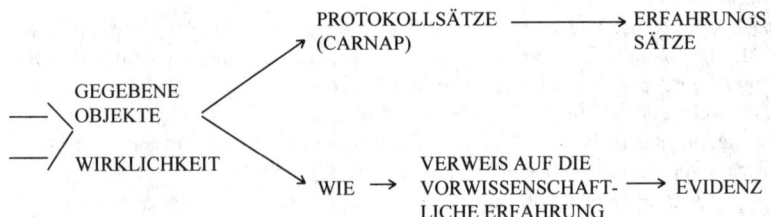

1.2.2.3 Die Wissenschaftslogik als Syntax der Wissenschaftssprache

CARNAP versteht seine Sprachtheorie als Zeichentheorie und reduziert diese auf die Syntax, d.h. auf die Beziehung der Zeichen untereinander. Trotzdem darf nicht vergessen werden, daß die Herkunft empirischer Begriffe auf Objektbereiche verweist, die sprachlich vermittelt und dargestellt sind. Dies zeigt er am Beispiel der Zoologie:

„z.B. betreffen auf dem Gebiete der Zoologie die Objektfragen die Eigenschaften der Tiere, die Beziehungen der Tiere untereinander und zu anderen Objekten usw; die logischen Fragen betreffen dagegen die Sätze der Zoologie, ihre logischen Zusammenhänge, den logischen Charakter der in der Zoologie vorkommenden Begriffsbildung, den logischen Charakter der möglichen oder der wirklich aufgestellten Hypothesen und Theorien usw." (CARNAP 1968, 203)

Die Wissenschaftslogik will aufzeigen, daß die Grundprobleme wissenschaftlicher Theorien syntaktische Probleme sind. Die Logik mit der dies versucht wird, ist die Logistik oder formale Logik. Dies setzt voraus, daß alle sprachlichen Ausdrücke oder Aussagen in syntaktisch-formale Aussagen transformierbar sind. Dies zeigt R. CARNAP an zahlreichen Beispielen von wissenschaftlichen und philosophischen Sätzen. Dabei wird die Notwendigkeit inhaltlicher Aussagen nicht angezweifelt, ihre wissenschaftliche Bedeutung bekommen sie aber erst in ihrer Übersetzbarkeit in eine formale Sprache. Dies wird deutlich in der Unterscheidung von Objektsätzen, Pseudoobjektsätzen oder quasisyntaktischen und syntaktischen Sätzen.
Die Objektsätze sind Aussagen über die Wirklichkeit oder Aussagen auf der Basis von empirisch gewonnenen Beobachtungen. Diese haben als einzelwissenschaftliche Objektsätze ihren eigenen Stellenwert. Die wissenschaftslogischen Sätze sind syntaktisch-formal konstruierte Sätze. Nur die Pseudoobjektsätze, die sich z. B. in den Grundlagenfragen der einzelnen Wissenschaften artikulieren, müssen an formallogischen Sätzen syntaktischer Art geprüft werden.
So hat die Wissenschaftslogik ihren Aufgabenbereich in der Analyse wissenschaftlicher Aussagen abzustecken, um diese auf ihre wissenschaftliche Relevanz hin zu prüfen. Trotzdem nimmt R. CARNAP keine strikte Trennung von syntaktischen Sätzen und Objektsätzen vor, sondern zeigt, wie beide miteinander verbunden sind. Bei

"fachwissenschaftlichen Untersuchungen sind viele syntaktische Sätze enthalten", ebenso in „wissenschaftslogischen Untersuchungen stets zahlreiche Objektsätze, (...) und zwar teils Objektsätze des Gebietes, das gerade wissenschaftslogisch untersucht wird, teils Sätze etwa über die psychologischen, soziologischen, historischen Umstände, unter denen in dem betreffenden Wissenschaftsgebiet gearbeitet wird" (CARNAP, 1968, 259).

SYNTAKTISCHE SÄTZE
DER WISSENSCHAFTSLOGIK

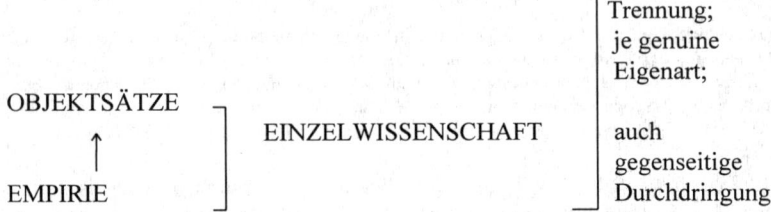

OBJEKTSÄTZE

↑

EMPIRIE

EINZELWISSENSCHAFT

Trennung;
je genuine
Eigenart;

auch
gegenseitige
Durchdringung

1.2.2.4   Das Problem einer induktiven Logik

Das Kennzeichen der analytisch-empirischen Wissenschaftstheorie ist die Verbindung von analytischen und synthetischen Satzsystemen. Dies zeigt sich auch in der Begründung der Wissenschaftslogik, die analytische Sätze syntaktisch formallogisch erfaßt, sowie in den Objekt- oder einzelwissenschaftlichen Erfahrungssätzen. Die Gewinnung von Erfahrungen bringt das Problem der Induktion in die Diskussion, und jeder Versuch, die Induktion als wissenschaftliche Methode zu begründen, muß für diese wissenschaftstheoretische Konzeption von zentralem Stellenwert sein. Die Gewinnung von allgemeingültigen Aussagen aufgrund von Einzelerfahrungen setzt eine Theorie des induktiven Schlusses vor-aus, und diese verbindet sich in der modernen Wissenschaftstheorie mit der Wahrscheinlichkeitstheorie.

„Unter 'induktivem Denken' sind dabei alle Arten des Schließens zu verstehen, bei denen die Conclusio [Schlußsatz; Anm. d. Verf.] über den Gehalt der Prämissen [Sätze, aus denen sich der Schluß ergibt, sog. Vordersätze; Anm. d. Verf.] hinausgeht und daher nicht mit absoluter Sicherheit behauptet werden kann." (STEGMÜLLER 1959, 1)

Induktion und Deduktion sind die beiden seit den Griechen immer wieder diskutierten logischen Verfahrensweisen wissenschaftlichen Denkens. Dabei bleibt für die Realwissenschaften immer die Induktion oder der Induktionsschluß das Problematische aller Aussagen über die Wirklichkeit.

Wie können aus Einzelerfahrungen allgemeine Aussagen gewonnen werden?

Die Aufgabe einer induktiven Logik besteht nun darin, "das Maß anzugeben, in welchem die versuchsweise angenommenen Hypothesen durch die verfügbaren Erfahrungsdaten gestützt sind" (CARNAP 1959, 9).

Der wichtige Begriff der Wahrscheinlichkeit differenziert sich in eine induktive und eine statistische Wahrscheinlichkeit. Die statistische Wahrscheinlichkeit stützt sich auf die Häufigkeit des quantitativen Auftretens von gleichen oder ähnlichen Erfahrungen (H. REICHENBACH). Die induktive Wahrscheinlichkeit unterscheidet sich davon durch die Häufigkeit des Zutreffens oder Nichtzutreffens, der Verifikation oder Falsifikation einer Hypothese an der Erfahrung. Dies bildet nach R. CARNAP die Aufgabe einer induktiven Logik, die in enger Zusammenarbeit mit den empirischen Wissenschaften steht.

„Die induktive Logik (...) ist notwendig, um die Glaubwürdigkeit von Theorien oder einzelnen Voraussagen auf Grund der gegebenen beobachteten Resultate zu beurteilen. Und diese Beurteilung erwarteter Resultate dient als Grundlage für unsere praktischen Entscheidungen." (CARNAP 1959, 106)

Dieser Entwurf einer 'induktiven' Logik mit dem Grundbegriff der induktiven Wahrscheinlichkeit will mehr, als die Methode der Induktion intendiert. Bei der Verwendung empirischer Methoden und der durch sie gewonnenen Daten ist eine Einbeziehung der statistischen Wahrscheinlichkeit unabdingbar erforderlich.

Zusammenfassung

Theorien als Inhalte der Wissenschaft müssen rational, allgemeingültig, wertfrei und nachprüfbar sein. Die Bedeutung der Logik für den Aufbau der Wissenschaften und die Übernahme der Logistik oder formalen Logik schaffen eine Grundlage zur Formulierung wissenschaftlicher Theorien. Beobachtungssprache und Sprache der Theorie bleiben in ihrer Eigenständigkeit erhalten, sind aber aufeinander bezogen. Damit werden sowohl die Deduktion als auch die Induktion als wissenschaftslogische Methoden zugelassen. Zur Konstitution einer empirisch fundierten Begriffssprache werden die Elementarerlebnisse und der formale auf der Relationstheorie basierende Strukturbegriff verwendet. Mit der Beziehung der verschiedenen Sprachen der Realwissenschaften und der Trennung von formalen

58

und inhaltlichen Aspekten in der Wissenschaftssprache wird die formale Sprache als oberste Norm der Wissenschaftssprache gesehen.
Wissenschaftstheorie auf Wissenschaftslogik reduziert engt die Problematik wissenschaftlicher Sätze auf syntaktische Fragestellungen ein.
Mit der Einbeziehung der Induktion ergibt sich die Aufgabe eines Entwurfes zu einer induktiven Logik. Diese knüpft an den Begriff der Wahrscheinlichkeit an, die in induktive und statistische Wahrscheinlichkeit unterschieden wird.
Im Subjekt-Objekt-Verhältnis wird das Subjekt gemäß der Forderung der Nachprüfbarkeit als nicht bedeutsam ausgeklammert (Objektivismus).
Die über den Objektbereich erzielten Aussagen werden in Protokollsätze als synthetische Sätze und Theoriesätze als analytische Sätze unterschieden.
Als Basiselemente der Erfahrung von Wirklichkeit fungieren die Elementarerlebnisse, die unter dem Gesichtspunkt der Beziehung (Relation) und der formalen Struktur, nicht aber inhaltlich-qualitativ in die Wissenschaft mit einbezogen werden. Daraus ergibt sich die Möglichkeit ihrer logischen Erfassung durch die Relationenlogik als Logikkalkül der Logistik.
Die Denkmethoden sind die Deduktion und die Induktion.
Als Forschungsmethoden gelten die klassischen Methoden der Beobachtung und des Experiments.
Der Systembegriff wird gewährleistet durch die Transformierbarkeit wissenschaftlicher Sprachsysteme in eine formalistische Sprache. Damit ist die einheitsstiftende Klammer der Wissenschaften gegeben. Die Sprache fungiert als Zeichen, dessen semantischer und syntaktischer Aspekt als wissenschaftlich relevant berücksichtigt wird.

1.2.3   Die Wissenschaftstheorie des kritischen Rationalismus

Das folgende Kapitel informiert Sie über
- *den deduktiven Aufbau wissenschaftlicher Theorien*
- *die Unterscheidung wissenschaftlicher Satzsysteme in Theorien Hypothesen und Basissätze*
- *die Falsifikation als Überprüfungskriterium für wissenschaftliche Theorien*
- *die Erklärung und Prognose als Aufgabe wissenschaftlicher Theorien*
- *die Konstruktion von Basissätzen mit Hilfe der Antezedensbedingungen*
- *die Werturteilsfreiheit in der Wissenschaft.*

Der kritische Rationalismus sieht in seinen Hauptvertretern K. R. POPPER und H. ALBERT die Aufgabe der Wissenschaftstheorie in der Erkenntnis- oder Forschungslogik. Das Hauptinteresse richtet sich auf formulierte Theorien und Hypothesen, nicht auf ihre Genese, d. h. ihre Entstehung, sondern auf ihre gegenseitige Beziehung, ihre Formulierung und ihren Bezug zur Wirklichkeit. Wie die empirisch-analytische Wissenschafstheorie geht auch der kritische Rationalismus von der Einheitswissenschaft aus.

„Die Wissenschaftslehre ist in einem ganz präzisen Sinn des Wortes eine Metawissenschaft, d. h. ihr Gegenstand ist nicht der Objektbereich der Einzelwissenschaften, auf die sie sich bezieht; sie macht sich vielmehr diese Wissenschaften selbst zum Gegenstand, indem sie ihre Probleme, Methoden, Aussagen, Theorien und Systeme analysiert und kritisch überprüft." (ALBERT 1967, 38)

1.2.3.1 Theorien, Hypothesen und Basissätze

K. R. POPPER geht davon aus, daß am Anfang jeglicher Wissenschaft die Theorie steht und jede Beobachtung nur im Lichte einer Theorie Bestand hat (Scheinwerfertheorie). Gegenüber empiristisch induktiven Ansätzen zeigt er auf, daß es keinen Unterschied zwischen der Sprache der Theorie und einer deskriptiven oder beschreibenden Sprache von Beobachtungen (Objektsprache) gibt. Man gewinnt auf der Erfahrungsgrundlage keine neuen Erkenntnisse, sondern diese ergeben sich nur durch die Aufstellung von Theorien. Theorien beanspruchen unabdingbare Gültigkeit, sie sind allgemeingültig, d. h. unabhängig von allen situativen Bedingungen, von Raum und Zeit. Die Aufgabe der Wissenschaftslehre besteht in der Prüfung dieser Theorien. Ihre Nachprüfung soll anhand der aus diesen Theorien folgenden Hypothesen an der Wirklichkeit erfolgen. Wissenschaft als Forschung kann nur dann einen echten Fortschritt bringen, wenn Hypothesen und mit ihnen die Theorien falsifizierbar oder widerlegbar sind. Die Verifikation (Bestätigung) läßt K.R. POPPER nicht gelten, weil sie für die Weiterentwicklung der Wissenschaft nichts leistet.

Wie bezieht er nun in diese allgemeine Theorie die Einzelfälle mit ein? Er unterscheidet zwischen dem *Explikans*, der allgemeinen Theorie, durch die der Einzelfall erklärt wird, und dem *Explikandum*, dem Einzelfall, der mit Hilfe des Explikans erklärt werden soll. Dazwischen stehen die Besonderheiten des einzelnen

Falls, die *Randbedingungen*. Wir finden also zwei verschiedene Arten von Sätzen, die erst gemeinsam die vollständige kausale Erklärung liefern.
Wenn Theorien Aussagensysteme über die Wirklichkeit sind, dann lassen sich folgende Merkmale von Theorie aufzeigen. Theorien sind Systeme von

1. in sich widerspruchslosen Sätzen (Logik),
2. allgemeingültigen (universalen) Sätzen,
3. falsifizierbaren Sätzen,
4. wertfreien Sätzen,
5. nachprüfbaren Sätzen.

„Die Erfahrungswissenschaften sind Theoriensysteme. Man könnte die Erkenntnislogik die Theorie der Theorien nennen. Wissenschaftliche Theorien sind allgemeine Sätze. Sie sind, wie jede Darstellung, Symbole, Zeichensysteme. Die Theorie ist das Netz, das wir auswerfen, um die Welt einzufangen, - sie zu rationalisieren, zu erklären und sie zu beherrschen. Wir arbeiten daran, die Maschen des Netzes immer enger zu machen." (POPPER 1966, 31)

Die Sprache der Wissenschaft baut auf der Alltagssprache auf und verwendet in ihren Theorien und Hypothesen nur allgemeingültige Sätze. Dabei unterscheidet K.R. POPPER verschiedene Stufen der Allgemeinheit. So haben Hypothesen einen geringeren Grad an Allgemeingültigkeit als etwa Axiome. So gesehen sind die Theorien unabhängig von den sie aufstellenden Subjekten. Daraus resultiert seine Forderung nach Objektivität der Wissenschaft. Den Prüfstein für die Wissenschaftlichkeit einer Theorie bildet allein ihre rationale Kritik.
Da wissenschaftliche Theorien Wirklichkeit erklären und diese vorausschauend oder prognostisch erfassen sollen, benötigen sie Vermittlungssätze. Diese Sätze sind singuläre "Es gibt" Sätze, die sogenannten Basissätze. Die Gewinnung von Basissätzen erfolgt durch Schlußfolgerung aus allgemeinen Sätzen und sogenannten Antezedens- oder Randbedingungen. Singuläre Sätze gehören nicht zum Theoriesystem der Wissenschaft, haben aber eine wichtige Funktion für die Falsifizierbarkeit einer Theorie. Die Basissätze konstatieren Ereignisse in Raum und Zeit, die beobachtbar sind und auch durch Experimente gewonnen werden können. "Basissätze sind also ... Sätze, die behaupten, daß sich in einem individuellen Raum-Zeit-Gebiet ein beobachtbarer Vorgang abspielt." (K. R. POPPER 1966, 69) Sie sind Festsetzungen, die durch Beschluß anerkannt sind und müssen intersubjektiv nachprüfbar sein. Die Basissätze sind der Prüfstein, ob eine Theorie empirisch und falsifizierbar ist, denn

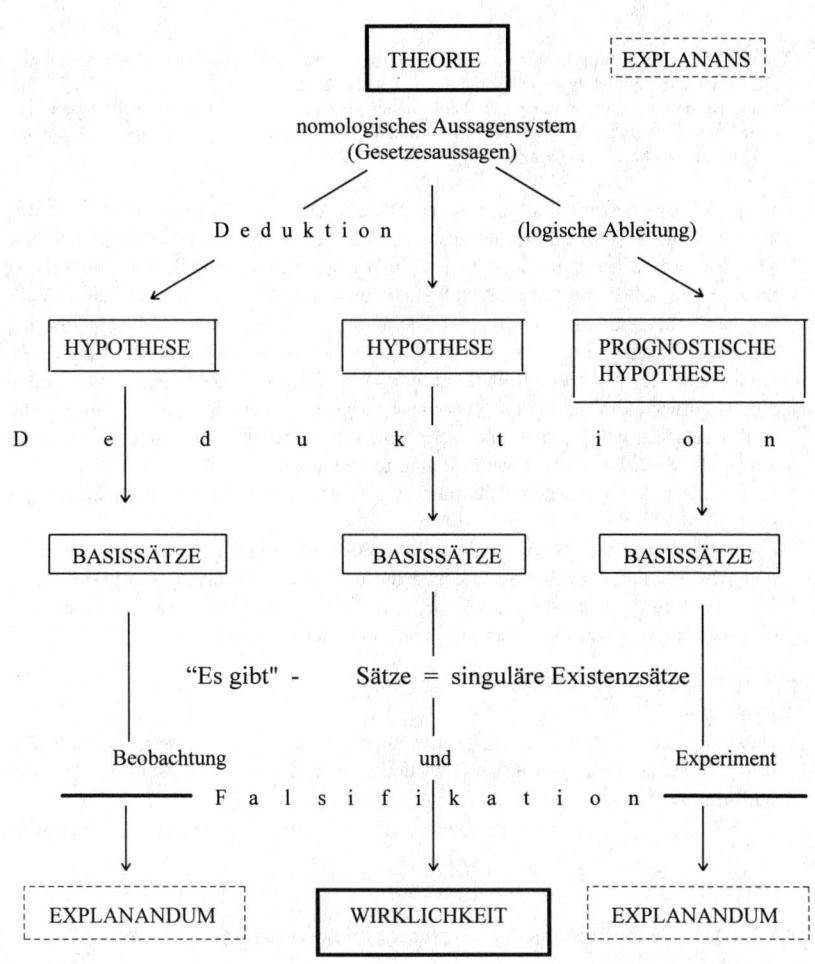

+) Basissätze werden durch sogenannte Randbedingungen oder Antezedensbedingungen gewonnen.

„eine Theorie heißt "empirisch" bzw. "falsifizierbar", wenn die Klasse aller überhaupt möglichen Basissätze eindeutig in zwei nichtleere Teilklassen zerlegt werden kann: in die Klasse jener, mit denen sie im Widerspruch steht, die sie "verbietet" - wir nennen sie die Klasse der Falsifikationsmöglichkeiten der Theorie -, und in die Klasse jener, mit denen sie nicht im Widerspruch steht, die sie 'erlaubt'" (POPPER 1966, 53).

Je größer die Anzahl der verbotenen Basissätze, desto falsifizierbarer ist eine Theorie. Das System von Basissätzen, die durch die Theorie erlaubt werden, bestätigen sie und bringen somit auch keinen Erkenntnisfortschritt. Nur die verbotenen Sätze geben die Gewähr, daß Basissätze gefunden werden, die diese Verbote aufheben und damit zu einer Revision mindestens eines Teilsystems der Theorie beitragen. Derselbe Vorgang spielt sich aber auch auf der Ebene der Hypothesen ab, wenn eine falsifizierende Hypothese zu einer in einem vorhandenen Theoriesystem geltenden Hypothese aufgestellt wird und die sie bestätigenden Basissätze gefunden wurden. So wird der empirische Gehalt einer Theorie am Umfang der Falsifikationsmöglichkeiten gemessen.

Schematisch kann diese Auffassung von Wissenschaft folgendermaßen dargestellt werden:

Die Entstehung von Theorien liegt K.R. POPPER außerhalb der Wissenschaft. Am Beginn stehen Probleme und aus dieser werden Theorien formuliert. Setzt aber die Formulierungsphase ein beginnt die Wissenschaft und die Aussagen, diese unterliegen den logischen Gesetzen der Aussagenlogik.

Deduktion
Unter logischer Deduktion versteht man jenen Schlußsatz, dessen Umfang und Inhalt nicht über die Prämissen (Vordersätze, aus denen der Schluß abgeleitet wird) hinausführt.

1.2.3.2   Objektivismus der wissenschaftlichen Aussagensysteme

K.R. POPPER sieht als Aufgabe einer Wissenschaftslogik, die er auch Forschungs- oder Erkenntnislogik nennt, die logische Analyse der Methode der Erfahrungswissenschaften (POPPER 1966, 3). Diese Logik kann nun eine induktive

Logik oder eine deduktive Logik sein. Die Schwierigkeiten, die mit der Induktion gegeben sind, lassen es nach ihm nicht zu, diesen Weg für die empirischen Wissenschaften zu beschreiten. Wissenschaftlich allein brauchbar erscheint für ihn nur die Deduktion und damit die deduktive Logik. Diese hängt eng zusammen mit dem Problem der Wissenschaft selbst.

Die Wissenschaft besteht nicht aus Begriffen, sondern aus Aussagen oder Sätzen, die die Bausteine jeglicher Theorie sind. Drei Forderungen zeichnen nach K.R. POPPER ein Theoriensystem aus:

1. Das Theoriensystem muß logisch, d. h. eine widerspruchsfreie Darstellung sein.

2. Es muß dem Abgrenzungskriterium entsprechen, d. h. es muß sich von Metaphysik unterscheiden, also metaphysikfrei sein und sich daher auf eine Erfahrungswelt beziehen.

3. Schließlich muß es ein ausgezeichnetes System sein. Die Auszeichnung wird durch die Nachprüfung erreicht, und diese geschieht auf dem Wege der Deduktion.

"Die Erkenntnislogik, ... kann als eine Theorie der empirischen Methode bezeichnet werden - als die Theorie dessen, was wir 'Erfahrung' nennen." (POPPER 1966, 14)

K.R. POPPERs Entfaltung einer Theorie der empirischen Wissenschaften steht im Gegensatz zu allen Versuchen, eine induktive Logik auf dem Gebiet der Erfahrungswissenschaften zu etablieren.

Der Objektivismus, den er für die wissenschaftlichen Aussagensysteme fordert, ist die rationale Kritik mit Hilfe der deduktiven Logik. Diese kritische Methode versucht, aufgestellte Satzsysteme als Aussagensysteme zu analysieren und zu falsifizieren. Damit ist die intersubjektive Nachprüfbarkeit gewährleistet. Rationalität und Kritik bilden die zentralen Bedingungen wissenschaftlicher Theorien. Wissenschaftliche Sprache kann daher nie eine theoriefreie Sprache sein. Damit ist für ihn die Wissenschaft auf dem Boden einer sie umfassenden Erkenntnis der Lebenswelt als ein offenes System festgelegt, wobei die Wichtigkeit, Notwendigkeit und die Bedingungen der außerwissenschaftlichen Erkenntnis nicht geleugnet werden. Entstehen doch auch die Theorien zunächst nicht auf dem Boden der Wissenschaft.

Im Unterschied zur empirisch-analytischen Konzeption, zur Phänomenologie und zur Lebensphilosophie lehnt K.R. POPPER den Ausgang von Erlebnissen für die Erfahrungswissenschaften ab und bezeichnet diesen als Psychologismus. Als Beispiel verweist er auf den Satz "Hier steht ein Glas Wasser". Dieser Satz "kann durch keine Erlebnisse verifiziert werden" (POPPER 1966, 61). Erlebnisse stehen wegen ihrer Einmaligkeit im Gegensatz zu den Universalien, die die Sätze der Theorie ausmachen. "Universalien sind nicht auf Klassen von Erlebnissen zurückführbar." (POPPER 1966, 61)

Noch deutlicher drückt K.R. POPPER dies mit Hilfe der Disposition oder des dispositionalen Charakters der Universalbegriffe aus. "Da alle Universalien dispositionellen Charakter haben, können sie nicht auf Erfahrung reduziert werden." (POPPER 1966, 378)

Der Grad von Dispositionalität ist verschieden:

| löslich | - | zerbrechlich | mehr disponibel |
| aufgelöst | - | zerbrochen | weniger disponibel |

Die Disposition hat die Aufgabe, das gesetzmäßige Verhalten gewisser Dinge zu bezeichnen.

„Wir müssen sie (die Universalien) als undefinierte Ausdrücke einführen, mit Ausnahme jener, die wir durch andere nicht-erfahrungsmäßige Universalien definieren können." (POPPER 1966, 378)

1.2.3.3 Das Problem der Wertfreiheit

Wenn für die wissenschaftlichen Aussagen Wertfreiheit gefordert wird, so bedeutet das weder, daß Wertaussagen nicht Gegenstand wissenschaftlicher Analyse werden können, noch daß "normative Faktoren irgendwelcher Art keinerlei Bedeutung für den Prozeß der Erkenntnis haben" (ALBERT 1972, 21). Liegt doch die Wissenschaft eingebettet in gesellschaftliche Verhältnisse, in denen Normen und Werte institutionalisiert sind. Dies wird noch deutlicher mit dem Verweis auf die vorwissenschaftliche Erkenntnis, aus der theoretische Aussagen entstehen können. In den Aussagensystemen der Wissenschaft aber dürfen keine Werturteile vorkommen, sie sind als unwissenschaftlich auszuschließen. Die Wertproblematik differenziert sich in die Fragen nach den Werten im Objektbereich, im Metabereich und in der Objektsprache. Das folgende Schema verdeutlicht diese Auffassung von H. ALBERT.

Die zusammenfassende Aufgliederung zeigt in klarer Form, inwieweit vom Ansatz des kritischen Rationalismus her die Werturteilsfreiheit zur Wissenschaft gehört und wo die außerwissenschaftlichen Bedingungen liegen, die auch in die Wissenschaft mit eingehen.

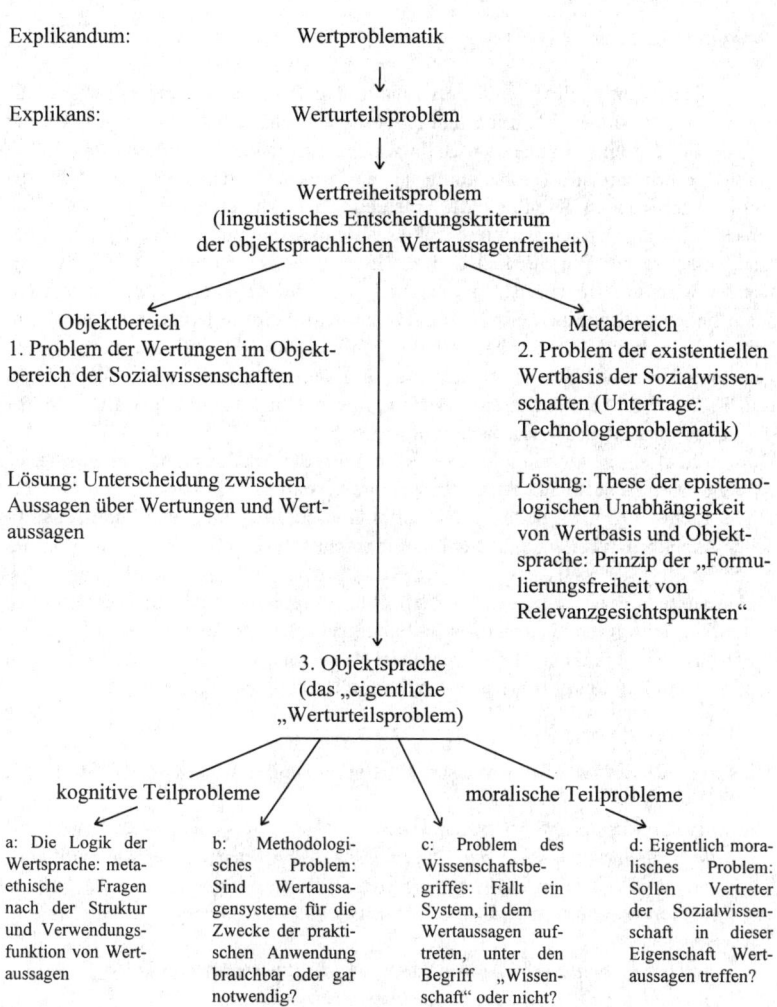

Explikandum: Wertproblematik

                                      ↓

Explikans: Werturteilsproblem

                                      ↓

                         Wertfreiheitsproblem
                  (linguistisches Entscheidungskriterium
                  der objektsprachlichen Wertaussagenfreiheit)

Objektbereich   Metabereich
1. Problem der Wertungen im Objekt-   2. Problem der existentiellen
bereich der Sozialwissenschaften   Wertbasis der Sozialwissen-
                                                 schaften (Unterfrage:
                                                 Technologieproblematik)

Lösung: Unterscheidung zwischen   Lösung: These der epistemo-
Aussagen über Wertungen und Wert-   logischen Unabhängigkeit
aussagen   von Wertbasis und Objekt-
                                                 sprache: Prinzip der „Formu-
                                                 lierungsfreiheit von
                                                 Relevanzgesichtspunkten"

                         3. Objektsprache
                         (das „eigentliche
                         „Werturteilsproblem)

kognitive Teilprobleme   moralische Teilprobleme

a: Die Logik der   b: Methodologi-   c: Problem des   d: Eigentlich mora-
Wertsprache: meta-   sches Problem: Wissenschaftsbe-   lisches Problem:
ethische Fragen   Sind Wertaussa-   griffes: Fällt ein   Sollen Vertreter
nach der Struktur   gensysteme für die   System, in dem   der Sozialwissen-
und Verwendungs-   Zwecke der prakti-   Wertaussagen auf-   schaft in dieser
funktion von Wert-   schen Anwendung   treten, unter den   Eigenschaft Wertaussagen   brauchbar oder gar   Begriff „Wissen-   aussagen treffen?
                      notwendig?   schaft" oder nicht?

Quelle: BECK, U.(1974). Objektivität und Normativität.(S.187). Reinbek b. Hamburg: Rowohlt

Zusammenfassung

Der kritische Rationalismus läßt als Inhalte der Wissenschaft nur allgemeingültige und nachprüfbare Theorien und Hypothesen gelten, aus denen mit Hilfe der Deduktion und einschränkenden Bedingungen Basissätze formuliert werden, die durch Experiment und Beobachtung an den Tatsachen der Wirklichkeit falsifiziert werden können. Die Frage der Entstehung von Theorien wird in den vorwissenschaftlichen Bereich verwiesen. Dieses deduktiv-hypothetische System dient zur Erklärung der Wirklichkeit und zur Erstellung von Prognosen. Zentral verwendet wird der Begriff der rationalen Kritik, die den Fortschritt der wissenschaftlichen Erkenntnisse ermöglicht. Daraus resultiert die Konzeption einer Einheitswissenschaft. Wissenschaft schaltet jegliche Subjektivität aus ihren Aussagen aus, ebenso müssen diese werturteilsfrei sein (Objektsprache). Die Werturteilsfreiheit wird in modifizierter Form dargestellt und auf die Aussagensysteme der Objektsprache der Wissenschaft bezogen.

Durch die alleinige Geltung der Deduktion wird der Ordnungszusammenhang als System wissenschaftlicher Aussagensysteme besonders deutlich.

Die Sprache wird als Zeichensystem aufgefaßt, deren syntaktischer und semantischer Aspekt im Vordergrund steht. Die Sprachanalyse bekommt so einen besonderen Stellenwert. Wissenschaftliche Satzsysteme sind als Theoriesätze allgemeine Sätze; soweit Aussagen über einzelne Ereignisse verwendet werden, müssen sie in den allgemeinen Sätzen enthalten sein. Ihre Bedeutung bekommen sie durch die einschränkenden Bedingungen ("Es gibt"-Sätze). Deshalb gibt es für die Wissenschaft kein Problem des Individuellen bzw. des Einzelnen.

1.2.4 Die konstruktive Wissenschaftstheorie der ERLANGER SCHULE

Das folgende Kapitel informiert Sie über
- *die Beziehung zwischen der Umgangssprache als praktischer Behauptung und der Wissenschaftssprache als hochstilisierter Umgangssprache*
- *die Konstruktionsschritte einer infradisziplinären Sprache, die logische Hermeneutik,*
- *die Unterscheidung zwischen Natur- und Kulturwissenschaften*
- *die zwei allgemeinen Regeln der normativen Methode*
- *die Einbeziehung von Logik und Ethik in das konstruktive Denken*
- *die Unterscheidung zwischen Parasprache und Orthosprache.*

Das Grundproblem der modernen Wissenschaft bildet die Spezialisierung und Abkapselung der sich immer mehr differenzierenden Teildisziplinen der einzelnen Wissenschaften. Das interdisziplinäre Gespräch wird durch die in einem Fachgebiet vorherrschende spezifische Terminologie unmöglich gemacht. Dies führt dazu, daß die Kommunikation zwischen den Wissenschaften nicht nur erschwert wird, sondern daß auch wissenschaftliche Ergebnisse, die für ein anderes Fach relevant sind, nicht übernommen werden können. Darüber hinaus verlieren die Wissenschaften den Kontakt zu den Problemen ihrer Lebenswelt und werden für die Entscheidungen der Menschen in einer Gesellschaft irrelevant. Die konstruktive Wissenschaftstheorie der ERLANGER SCHULE um P. LORENZEN und F. KAMBARTEL versucht in Hinsicht auf eine Vermittlung von Wissenschaft und Lebenswelt eine allen Wissenschaften vorausliegende Methodik des wissenschaftlichen Denkens zu erstellen. Sie geht davon aus, daß es in der „wissenschaftstheoretischen Diskussion heute eine sog. „pragmatische Wende" gibt, d.h., das „alle Theorien Redeinstrumente" sind, die die Praxis fundieren (LORENZEN 1987, 18).

1.2.4.1 Wissenschaft und Sprache

Die Grundlage für die Konzeption eines konstruktiven Denkens bildet die Sprache, die als Umgangssprache die Menschen untereinander verbindet und den Ermöglichungsgrund für die Welterkenntnis und Weltorientierung des Menschen bildet. Der Mensch schafft sich in und durch die Sprache erst seine Welt. Damit wird die Sprache nicht vom Menschen als ein künstliches Werkzeug geschaffen, sondern der Mensch wird durch die Sprache zum Kulturwesen emporgebildet. Die Sprache hat kreativen Charakter. "Die Sprache ist nicht vom Menschen gemacht, sie ermöglicht ihm vielmehr erst, sich seine Welt zu schaffen." (LORENZEN, 1974, 162) Als Umgangssprache oder natürliche Sprache besitzt sie einen praktischen Aspekt im praktischen Behaupten und wird durch Hochstilisierung zur theoretischen Sprache der Wissenschaft. So verbinden sich in der Sprache die Praxis und die Theorie miteinander unter dem Primat der Praxis. Unter dem Aspekt der Vorrangigkeit der Praxis wird das Verhältnis von Theorie und Praxis interpretiert. Dies hat Konsequenzen für die Wissenschaft. Ein anschauliches Beispiel für die Beziehung von Lebenswelt und Wissenschaft gibt P. LORENZEN an Hand eines Schiffes auf hoher See. Fordert man einen absoluten Anfang für die Wissenschaft, so bedeutet dies, daß man auf dem Land ein Schiff bauen will. Dies erscheint unmöglich, weil das Schiff sich immer schon auf hoher See (Umgangssprache) befindet und alle Reparaturen und Umbauten hier durch-zuführen sind. Um aber methodisch neu beginnen zu können, müßte man sich in einen Zustand ohne Schiff, d. h. ohne Sprache, versetzen können und versuchen, die Handlungen nachzuvollziehen, mit denen man sich ein Floß oder gar ein Schiff bauen kann (LORENZEN 1968, 28). Die ersten Planken sind Prädikate, mit denen man irgendwelche zufällig sich anbietende Unterschiede an einigen Beispielen fixiert. Durch Regeln werden diese Prädikate zu einem Begriffssystem verbunden (LORENZEN 1968, 41).

Dieses Beispiel zeigt nicht nur die Verbundenheit jeglicher Wissenschaftssprache mit der Umgangssprache, sondern auch die Möglichkeit der Genese einer Wis-senschaftssprache aus der Alltagssprache durch Konstruktion nach den Regeln der Logik.

„Das Programm der konstruktiven Methode (...) möchte manchem nahelegen, daß wir in künstlerischer Unwissenheit noch einmal, ohne Voraussetzungen 'ab ovo' anfangen wollen". (LORENZEN 1987, 17)

Die Konstruktion geht von Elementaraussagen aus, in denen konkreten Satzsub-jekten Prädikatoren zu- oder abgesprochen werden. Durch diese Prädikatoren kommen Abgrenzungen zustande, die die Umwelt strukturieren. Auf der Basis der Elementaraussage als Elementarsprache baut sich die theoretische Sprache in vier elementaren Schritten auf:

1. Durch terminologische Bestimmungen werden "Vorschläge für die Ver-wendung von Prädikatoren" (LORENZEN 1974, 15) gemacht, "und diese unterliegen dem Kriterium der Angemessenheit oder Unangemessenheit in Hinsicht auf die Gegenstände, auf die sie sich beziehen. Das begriffliche Denken ist ein Operieren mit 'Termini nach einem System von Regeln'" (LORENZEN 1974, 15).

2. Durch die logischen Partikel als Verbindungswörter (Kopula) oder als Junktoren oder als Quantoren (Allsätze, singuläre Sätze) ergeben sich neue Möglichkeiten der Begriffsbildung.

3. Durch Definitionen, die eine durch die logischen Partikel ermöglichte komplexe Aussage abkürzen, indem "eine Aussage mit einem neuen Prä-dikator eingeführt wird als Abkürzung für eine zusammengesetzte Aussage" (LORENZEN 1974, 17).

4. Durch die Kennzeichnungen, "die in Elementaraussagen für Eigennamen verwendet werden" (LORENZEN 1974, 17) oder als potentielle Kennzeichnungen, die ohne Auslegung nicht mehr verstanden werden können. Damit wird die Beziehung zur höheren Methode des theoretischen Sprachgebrauchs - der Hermeneutik - hergestellt.

Die Aufgabe der Hermeneutik besteht im Verstehen von dem, was andere Menschen gesagt oder geschrieben haben. Dies muß "in unser eigenes theoretisches Denken einbezogen werden" (LORENZEN 1974, 18). Die Hermeneutik vollzieht sich in logischen Schritten, aber nicht in einem Zirkel, sondern in einer Spirale. Sie nimmt ihren Ausgangspunkt von der in der Umgangssprache verwendeten Logik und versucht durch Rekonstruktion den gesagten Inhalt zu präzisieren. Dies geschieht durch die dialektische Methode, die P. LORENZEN in Anlehnung an G.W.F. HEGEL als "noogenetisches Grundgesetz" formuliert und in dem Imperativ: "Bilde deinen Geist durch kritische Rekapitulation der Geistesgeschichte" (a. a. O., 44), zum Ausdruck bringt.

1.2.4.2 Die Einteilung der Wissenschaften

Die Beziehung von Theorie und Praxis unter dem Primat der Praxis bedeutet für die Wissenschaften die notwendige Anerkennung des Vorrangs der praktischen Vernunft vor der theoretischen Vernunft. Die Einteilung der Wissenschaften in Natur- und Kulturwissenschaften greift ein neukantianisches Motiv wieder auf (H. RICKERT). Das Hauptinteresse des naturwissenschaftlichen Wissenschaftsbegriffs richtet sich auf die Gewinnung von technischem Wissen. Technisches Wissen bemüht sich um die Bereitstellung von Mitteln zur Erreichung vorgegebener Ziele oder Zwecke. Das normative Fundament beziehen diese Wissenschaften aus dem Sinnzusammenhang der Lebenspraxis. Jede Reduktion des Wissenschaftsbegriffs auf technisches Wissen verzichtet nicht nur auf das praktische Wissen, sondern verweist die Normprobleme aus dem Bereich der Wissenschaft. Demgegenüber widmen sich die Kulturwissenschaften oder die praktischen bzw. normativen Wissenschaften der vernünftigen Diskussion und Aufstellung von handlungsrelevanten Normen. Als Kultur werden jene Leistungen der Menschen verstanden, die mittels der praktischen Vernunft eine Auseinandersetzung über gemeinsame Zwecke erreichen wollen. Die Einbeziehung der vernünftigen Diskussion über Normen erfordert eine Erweiterung unseres Voka-

bulars, um die Prinzipien formulieren zu können, "die das Argumentieren für oder gegen Normen (,) vernünftig regeln" (LORENZEN 1974, 90). Daher tritt neben die Logik die Ethik als Programm, um für die praktischen Wissenschaften ein Grundvokabular "konstruktiv zu erstellen".
(LORENZEN 1974, 145) Als oberstes Prinzip der Ethik fungiert die Moralität.
Die zentrale Aufgabe der konstruktiven Wissenschaftstheorie für die praktischen Wissenschaften bildet die Erstellung einer "Methode zur Rechtfertigung von Kulturbedürfnissen in konkreten Situationen" (LORENZEN 1974, 40). Diese Methode enthält zwei allgemeine Grundregeln:

1. Die Regel des offenen Zusammenhangs, die besagt, daß in jeder konkreten Situation "ein komplexer Kulturzusammenhang, ein Wechselwirkungszusammenhang vieler Kulturbedürfnisse" (LORENZEN 1974, 41) vorhanden ist.

2. Die Regel der normativen Genese will für konkrete Situationen nur solche Modelle als Erklärungsmöglichkeiten heranziehen, "für die sich eine Genese kritisch konstruieren läßt"

Mit Hilfe des Modells und der Erfassung der Entstehung einer Situation können Änderungsvorschläge vernünftig diskutiert werden, weil die Voraussetzungen und Entstehungsbedingungen für eine Situation in den Diskussionszusammenhang mit eingebracht werden.
Durch die Reflexion geschieht das Explizitmachen der Bedingungen. In diesem Zusammenhang muß noch angemerkt werden, daß die praktische Vernunft das Wollen und die Handlungsentscheidungen bestimmt. Durch die normativen Prozesse, die auf vernünftiger Argumentation beruhen, werden die irrationalen Momente der Entscheidungen für Normen bewußt gemacht und rational gerechtfertigt. Weiters gilt die Forderung nach Offenheit gegenüber vernünftigen Argumenten für und wider bestehende Normen. So enthält dieses Postulat einen Anspruch von Objektivität, weil die Argumentation über das subjektive Meinen hinausgeht.
Diese zwei Grundregeln der normativen Methode für die Kulturwissenschaften müssen durch die konkrete inhaltliche Forschung in den einzelnen Disziplinen ergänzt werden, um handlungsrelevant zu werden.
Wenn die praktische Vernunft die theoretische Vernunft bedingt, dann gehen die normativen Wissenschaften dem Rang nach den deskriptiven Wissenschaften begründend voraus. Dies zeigt sich noch deutlicher bei der Erfassung von Situationen. Mit Hilfe des technischen Wissens werden gegebene Situationen be-

schrieben, hypothetische Gesetze zu ihrer Veränderung aufgestellt und Prognosen für die Wirkung von Handlungen erstellt. Diese Erfassung der Situation bleibt an die konkrete Situation gebunden und gibt in den hypothetischen Gesetzen und Prognosen andere Möglichkeiten der Mittelwahl, der Zweck und das Ziel bleiben unverändert. Das normative Wissen stellt die in der Situation geltenden Normen für das Handeln in Frage und versucht eine vernünftige Rechtfertigung der Normen zu geben. Darum können diese Wissenschaften den Handlungsimperativ aussprechen: "Wenn Du Dich in der Situation S befindest, dann verwirkliche den Zweck A" (LORENZEN 1974, 142).

1.2.4.3   Die Konstruktion der Orthosprache und die Funktion der Parasprache

Die Aufgabe des konstruktiven Denkens besteht in der Vermittlung einer gemeinsamen Basis für alle Wissenschaften, sowohl der theoretischen als auch der praktischen Wissenschaften. Dies geschieht durch die Konstruktion einer Grundsprache, die als "infradisziplinäre Sprache" (LORENZEN 1974, 138) vor allen Einzelwissenschaften liegt.

„An die Stelle der Umgangssprache tritt ein empragmatisch kontrollierter Gebrauch von Termini, einschließlich geeigneter syntaktischer Mittel, die die Termini zu Sätzen zusammenfügen." (LORENZEN 1974, 141).

Die Aufgabe der Wissenschaftstheorie wird in der methodischen Einübung des konstruktiven Denkens gesehen, und dies geschieht durch die Parasprache, die als Sprechen über die Orthosprache und damit als Metasprache die Kommunikation über die Orthosprache ermöglichen soll. Die Parasprache führt in die Konstruktion der Orthosprache ein, indem sie über die Konstruktionsschritte und die Auswahl der Termini befindet. Die Orthosprache wird zur eigentlich konstruktiven Sprache, "die methodisch gelehrt werden soll" (LORENZEN 1974, 25). Es ist selbstverständlich, daß die Termini der Orthosprache und der Parasprache verschieden und jegliche Synonyma ausgeschaltet sein müssen.
Neben diesen Sprachebenen gibt es aber auch noch eine Sprachverwendung, die von Redegewohnheiten durchsetzt ist, die aus der jeweiligen Bildungstradition kommt. Sie findet man vor allem in der Beziehung vom Buchautor zu seinem Lesepublikum. Diese unreflektierten Redegewohnheiten, die in der „protreptischen Sprache" (LORENZEN 1987, 23) gebraucht werden, müssen

reflexiv in die Orthosprache einbezogen werden, um nicht dem Wortgebrauch sowie den Meinungen zu verfallen.

Dieser Versuch der ERLANGER SCHULE, mittels des konstruktiven Denkens eine gemeinsame Basis für die auseinanderstrebenden Wissenschaften zu erarbeiten, umfaßt ein weites Programm. Es bezieht nicht nur die Logik und Dialektik, sondern auch die Ethik in den Rationalisierungsprozeß mit ein und verbindet die normativen mit den deskriptiven Wissenschaften aufgrund der Zusammengehörigkeit der theoretischen (reinen) mit der praktischen Vernunft. Dabei leistet die praktische Vernunft die Begründung für die reine Vernunft. Vernünftiges Reden soll durch Einbeziehung einer allen Wissenschaften vorausliegenden Sprache die Möglichkeit für das interdisziplinäre Gespräch schaffen.

Zusammenfassung

Die Sprache als Umgangssprache leistet für den Menschen die Vermittlung von Welt und verweist in ihrem praktischen Behaupten auf den Primat der Praxis gegenüber der Theorie. Die theoretische Sprache der Wissenschaft entsteht durch Hochstilisierung der Umgangssprache.

Um die Vermittlung von Lebenswelt und Wissenschaft zu ermöglichen, bedarf es der Konstruktion einer vor allen Wissenschaftssprachen liegenden infradisziplinären Sprache. Diese erfolgt in vier elementaren Schritten und nimmt ihren Ausgangspunkt von den Elementaraussagen:

1.   durch terminologische Bestimmungen,
2.   durch logische Partikel,
3.   durch Definitionen,
4.   durch Kennzeichnungen.

Die Hermeneutik als höhere Methode vollzieht sich in einer Spiralbewegung, in der die Logik dieser Bewegung aufgezeigt werden muß.

Die Naturwissenschaften bemühen sich um ein technisches Wissen, das die Methodenwahl beinhaltet. Die Zwecke und Normen bleiben undiskutiert. Die Kulturwissenschaften oder normativen Wissenschaften interessieren sich für die handlungsrelevanten Normen und ihre vernünftige Begründung. Ihre Intentionen gehen auf das praktische Wissen. Die dazu notwendige normative Methode richtet sich nach zwei allgemeinen Regeln, der Regel des offenen Zusammenhangs und der Regel der normativen Genese.

Die Einbeziehung der Ethik neben der Logik wird für die Konstitution der Kulturwissenschaften notwendig. Das oberste Prinzip der Ethik bildet die Überwindung der Subjektivität.

Die Konstruktion einer infradisziplinären Sprache erfordert die Unterscheidung in eine Orthosprache und eine Parasprache.

In der Orthosprache wird die konstruktive Wissenschaftssprache logisch richtig aufgebaut, während in der Parasprache über die Festlegungen in der Orthosprache diskutiert wird.

1.2.5   Der radikale Konstruktivismus als Wissenschaftstheorie.

Das folgende Kapitel informiert Sie über
- *die Konstruktion des Wissens als geschlossenes System,*
- *die Bedeutung der Autopoiese, der Kommunikation und der Sprache aus der Sicht dieser selbstreferentiellen Systeme,*
- *die Konstruktion von Bewußtsein, des Ichs sowie des Selbsts und der Identität,*
- *den Vorrang des Subjektivismus gegenüber dem Objektivismus.*

In den letzten Jahren versuchte eine Gruppe von Wissenschaftlern in den USA und dann auch in Europa eine Erkenntnistheorie vorzulegen, die sich an einer biologischen Kognitionstheorie orientiert (H. MATURANA, F. VARELA) und sich als radikaler Konstruktivismus bezeichnet. Diese Ansätze beziehen sich auf die in Europa in den dreißiger Jahren konzipierte Systemtheorie (L.v. BERTALANFFY), die Kybernetik als die Wissenschaft vom Verhalten dynamischer Systeme sowie die Theorie der *Autopoiese*, die die Grundlage von Wissensrekonstruktionen beim Menschen bilden soll (H. v. FOERSTER, W. MC. CULLOCH, E.v. GLASERSFELD). Einige Vertreter kommen aus der Wissenschaftstradition Europas wie z. B. H. v. FOERSTER und P. WATZLAWICK. Andererseits wird J. PIAGET und die Theorie der GENFER SCHULE als Anreger und Vertreter dieser Richtung reklamiert.

Im Mittelpunkt der erkenntnistheoretischen Interessen steht das Problem der Wissenskonstruktion beim Menschen. In diesem Zusammenhang ergeben sich die Fragen nach dem Zusammenhang zwischen *Autopoiesis*, Kommunikation und Sprache, der Konstituierung von Ich, Selbst und Identität, sowie nach der Begründung der Subjektivität gegenüber allen Objektivismen, die in der bisherigen

Wissenschaftstheorie ihren legitimen Ort besitzen. Diese Opposition richtet sich aber nicht nur gegen den Objektivismus wie ihn K. R. POPPER vertreten hat, sondern auch gegen all die Positionen, die die Erkenntnisrelation zwischen Subjekt und Objekt zur Grundlage ihrer Entwürfe machen wie z.B. die Phänomenologie oder die Hermeneutik. So umschreibt E. v. GLASERSFELD die Position des radikalen Konstruktivismus als eine

"Umstellung von der herkömmlichen Auffassung, die das Ziel von Wahrnehmung, Erkenntnis und Wissenschaft in einer möglichst wahrheitsgetreuen Darstellung der ‚Wirklichkeit' sieht, zu einer instrumentellen Anschauung, die von Wahrnehmungen, Begriffen und Theorien nur Viabilität, also Brauchbarkeit, im Bereich der Erlebenswelt und des zielstrebigen Handelns verlangt. Diese Umstellung ist im Grunde begrifflich sehr einfach; doch es bereitet erstaunliche Schwierigkeiten, diese Umstellung im eigenen Denken konsequent durchzuführen." (GLASERSFELD 1995, 2.Aufl., 22)

Wichtig ist für ihn als Kybernetiker die Funktionalität der Lebewesen, die die Überlebensfähigkeit in einer bestimmten Umwelt garantiert. In diesem Rahmen vollzieht sich auch menschliche Erkenntnis, die sich zuallererst auf die Selbsterhaltung des eigenen Ichs zentriert. Eine Erkenntnis von dem, was wir nicht selbst sind, erscheint aus dieser Position illusionär, da alles was mit der Konstitution unserer Welt zusammenhängt von uns selbst konstruiert ist. Daher erscheint auch alle Erkenntnis von Objekten illusionär und utopisch. Die Inkonsequenz liegt in der Interpretation der bisherigen Erkenntnistheorie. Eine Erfahrung einer wie immer gearteten Realität wird höchstens durch die Wiederholung von Handlungen gewährleistet,

„die Invarianten in unserem Erleben bilden und uns so erst zu Stufen der Wirklichkeit führen." Ein Farbfleck, der nur als momentaner Eindruck in meinem Blickfeld erscheint und sich nicht mehr sehen läßt, wird zumeist als visuelle Fehlleistung oder Illusion verworfen und nicht als ‚wirklich' registriert. Läßt er sich jedoch wiederholen, so gewinnt er Realität, und wenn der visuelle Eindruck sich gar mit dem Eindruck anderer Art, z. B. des Tastsinns oder des Gehörs, koordinieren und koordiniert wiederholen läßt, dann werde ich dieses kombinierte Erlebnis wohl oder übel als Wirklichkeit buchen. Je verläßlicher die Wiederholung so eines Erlebnisses sich heraufbeschwören läßt, um so solider wird der Eindruck seiner Wirklichkeit." (GLASERSFELD 1995, 2. Aufl., 32f.)

1.2.5.1 Die Konstruktion des Wissens als geschlossenes System und seine kybernetischen Implikationen

Der radikale Konstruktivismus versteht sich bei den meisten Vertretern dieser Richtung als Kognitionstheorie. Danach wird das Subjekt der alleinige Urheber des Wissens, der Wissenskonstitution und damit der Wissenskonstruktion. Wissen und Kognition werden bei diesen Vertretern identisch gesetzt. Die Erkenntnis wird ein Ausdruck des Lebens und daher wie das Lebendige selbst als ein System verstanden, dem es um seine Selbsterhaltung geht. Dazu sind zwei Bedingungen nötig: einerseits muß das System die Eigenschaft haben, in seiner Dynamik auch selbstreferentiell zu sein, d. h. einen Selbstbezug besitzen. Dieser Selbstbezug erscheint beim Menschen als Reflexion; andererseits sind solche lebendigen Systeme immer schon *autopoietisch*, d. h. sie konstituieren sich selbst ohne irgendeine Hilfe oder einen Einfluß von außen. Sie sind daher auch autonome oder geschlossene Systeme. Diese Feststellungen von *Autopoiesis* und Selbstreferentialität verbinden sich mit der Systemtheorie der Kybernetik, wobei hier keine Reduktion auf das aus der Nachrichtentechnik herrührende Kommunikationssystem erfolgt.

Kybernetik
Kybernetik bedeutet vom Wort her Steuerung und meint die allgemeine formale Systemtheorie, die das Verhalten, die Beziehungen und die Strukturen von dynamischen Systemen erforschen will. Steuerung, Rückkoppelung und Verstärkung umschreiben die wichtigsten Begriffe. Es kann sich dabei um geschlossene oder offene Systeme handeln, je nachdem ob sie nach außen hin offen oder geschlossen sind. Ein Spezialgebiet bilden die sogenannten Kommunikationssysteme, die an der Nachrichtenübermittlung orientiert zeigen wollen, wie Übermittlung, Verarbeitung und Speicherung von Informationen vor sich gehen.

Kybernetik ist eine Wissenschaft von dem Verhalten dynamischer Systeme, die sowohl Selbstbezüglichkeit als auch Eigentätigkeit mit einschließen können. Sie brauchen nicht den in-put von außen und geben auch keinen out-put hinaus. Im Zusammenhang mit der Gehirnforschung als Gehirnphysiologie hinterlassen immer wieder in Szene gesetzte Prozesse Invarianten in Form von Schematas, Strukturen, Bahnen oder Landkarten, die die Innensteuerung des Verhaltens übernehmen und dem Menschen seine je eigene Welt konstituieren helfen, ihn aber auch dadurch determinieren.

1.2.5.2 Autopoiese, Kommunikation und Sprache aus der Sicht selbstreferentieller Systeme

Der Begriff der *Autopoiese* kommt von der Entdeckung sogenannter dissipativer Strukturen (I. PRIGOGINE, E. JANTSCH) in biologischen und chemischen Feldern und knüpft an den Begriff der Spontaneität oder der Selbsttätigkeit an, weil er schon immer mit dem menschlichen Bewußtsein verbunden war, wenn man versuchte die Tätigkeit des menschlichen Geistes zu beschreiben.

Autopoiesis (griechisch : *autos* = selbst, *poiesis* = herstellendes Tun)
Selbsttätigkeit als Selbsterzeugung ist ein Merkmal biologischer Systeme. Aus diesen Prozessen folgt die Geschlossenheit oder Autonomie solcher Systeme. Ein Input von außen wird generell abgelehnt. Die Veränderungen und Entwicklungen sind allein Konstruktionen des Gehirns.

Diese Prozesshaftigkeit aus sich selbst wird auf lebende Systeme überhaupt übertragen und diese werden so als *autopoietische* Systeme verstanden. Aus diesem Verständnis wird die zukünftige Entwicklung nicht voraussagbar und nicht determinierbar und ist abhängig von der Richtung, die die Selbsttätigkeit einschlägt. So bleibt die zukünftige Entwicklung durchaus offen, wenn auch in einem beschränkten Sinne.

Kommunikation
In selbstreferentiellen Systemen bedeutet Kommunikation die Ausbildung von gleichen oder ähnlichen Strukturen in Subjekten. Das Zeichen als Bedeutungsträger ist Ergebnis der kognitiven Strukturen. Die Interaktionen zwischen den Menschen beruhen auf der Gleichheit oder zumindest der Ähnlichkeit von subjektimmanent entwickelter Code-Systeme.

Die Kommunikation der Menschen untereinander kann aus der Auffassung von Wahrnehmung erklärt und verdeutlicht werden. Die Wahrnehmung der "Außenwelt" geschieht durch die Affizierung der Sinne, die aber nicht die eigentlichen Adressaten der Empfindung sind, sondern das wichtigste Organ dafür ist das menschliche Gehirn. Die über die Sinne vermittelten Signale bekommen erst durch das Gehirn ihre Bedeutung und damit auch die Zuordnung der Wahrnehmung zu Menschen, Dingen und Sachverhalten. Diese Zuweisung der Bedeutung durch das Gehirn oder die neuronalen Netze, die diese Signale verarbeiten, machen erst die Sinnesempfindungen zu sinnvollen Erkenntnissen für den Menschen. Das Gehirn des Menschen aber bildet ein geschlossenes System, das nur das wiederum einläßt, was mit seinen Strukturen übereinstimmt. Aus diesem Verständnis resultiert auch die Bedeutung von Kommunikation und Sprache. Die Aufgabe der Sprache liegt in der Verbindung der Vorstellungen miteinander (H. MATURANA) und bildet nie irgendwelche Gegenstände oder Sachen der "Wirklichkeit" ab. Die Sprache bildet ein geschlossenes System, vermittelt nicht irgendwelche systemextern kommende, auf einem Input beruhende Informationen, sondern produziert diese Informationen selbst. So ist alles, was man sagt konnotativ, d.h. die Bedeutung einer Aussage ist immer assoziativ mit anderen bereits vorhandenen Bedeutungen verknüpft. So versteht sich die Sprache als eine "besondere Art des gegenseitig angepaßten Handelns" (GLASERSFELD 1995, 2.Aufl., 36). Sie hat keineswegs eine kommunikative Funktion zwischen Lebewesen oder Menschen, sondern sie vermittelt dem Einzelnen Muster und Stereotypien, in denen das Subjekt Ähnlichkeiten und Unterschiede erfährt, die immer mit seinen eigenen Schemata verglichen werden. So frägt P. WATZLAWICK nach der Wirklichkeit der Wirklichkeit und zeigt in seinen Beispielen, wie der Mensch durch seine eigenen Konstruktionen den anderen als einen anderen Menschen gar nicht ins Blickfeld seiner Aufmerksamkeit rückt. In der Beziehung zum anderen Menschen liegt immer die eigene Konstruktion dazwischen. Geht man davon aus, daß in der traditionellen Auffassung von Sprache (und hier gibt es sicherlich zumindest im Abendland einen perennen Konsens) immer Selbstbezug und Fremdbezug die dialektische Struktur des Sprachphänomens erfahrbar eröffneten, wird im Konstruktivismus die kommunikative Bedeutung der Sprache negiert und diese auf die Selbstreferenz reduziert. Dies hat aber auch auf die sozialen Beziehungen des Menschen entsprechende Konsequenzen. So werden soziale Systeme als jene lebendigen Systeme verstanden, in denen für gleiche Bereiche gleiche kognitive Strukturen ausgebildet worden sind. Durch diese Übereinstimmung sind erst Interaktionen unter den Menschen verstehbar und realisierbar

(HEJL 1995, 2.Aufl., 127f.). Die gemeinsame Basis einer zwischenmenschlichen Kommunikation liegt in den mindestens teilidentischen kognitiven Strukturen. Das soziale System erweist sich so als etwas Sekundäres und ergibt sich erst aus den solitär lebenden Systemen. Trotzdem wird auch hier angenommen, daß es einen varianten „Naturkern" gibt, der dann zumindest in ähnlicher Weise auf die Herausforderungen der sozialen Umwelt in den Menschen einer Gesellschaft oder einer Gruppe gleiche oder ähnliche Strukturen produziert, die dann die erste Grundlage dafür bilden, daß die Strukturbildung mindestens ähnlich verläuft. So bedingt dann die gleiche Lebenswelt gleiche oder ähnliche Strukturen.

"Die tatsächliche Arbeitsweise der Sprache als eines ontogenetisch etablierten Systems koordinierter gegenseitiger Auslösung von Verhalten zwischen Organismen ist inhaltsleer." (MATURANA 1994, 6.Aufl., 113)

Damit besitzt die Sprache keine Möglichkeit mehr Kommunikation zwischen den Menschen herzustellen. Sie wird für den Beobachter nur ein Zeichen, wie weit sich die Strukturen der Systeme angenähert haben. "Als lebende Systeme existieren wir in vollständiger Einsamkeit innerhalb der Grenzen unserer individuellen *Autopoiese*." (MATURANA 1994, 6. Aufl., S. 117)

1.2.5.3   Die Konstitution von Bewußtsein, Ich, Selbst und Identität

Wenn das Bewußtsein mit dem Gehirn identisch ist, so ist dieses auch der Grund aller Bewußtseinsphänomene. Die Funktionen des Gehirns zeigen nach G. ROTH die Möglichkeit einer Lokalisierung des Bewußtseins. Die Aufmerksamkeit würde im Bereich des Hirnstammes und der *Formatio reticularis* geortet werden können, der *Thalamus* verarbeitet die Sinnesreize und steuert die Sensomotorik, im limbischen System sitzt das Gedächtnis. Im *Neokortex* hingegen erfolgt die Koordination und die Handlungsplanung, vor allem im Stirnbereich. Wenn aber von Bewußtsein gesprochen wird, dann muß notwendigerweise jene Koordinationsfunktion angesprochen werden, die als Ich und als Selbst bezeichnet wird.
Unter dem Selbst verstehen die radikalen Konstruktivisten Konstruktionsprinzipien, durch die das Verhalten synthetisiert, beobachtet, identifiziert und bewertet wird. So verändert sich das Verhalten ständig. Die Beziehungen zu anderen Menschen werden hier unter der Dominanz des Subjekts gesehen. So glaubt man, daß invariante und regelmäßige Erlebnisse dazu führen, etwas über mein Gegenüber

> **Selbstreferentielle Systeme**
> Systeme, die sich auf sich selbst beziehen können und darin die Möglichkeit einer autonomen Weiterentwicklung besitzen. Beim Menschen drückt sich diese Selbstreferenz in der Reflexion als Bewußtseinsprozeß aus. Der Akt der Reflexion ermöglicht die Reproduktion vergangener Ereignisse, ihre Beurteilung sowie die Möglichkeit, Aktivitäten in die Zukunft hin zu entwerfen.

zu erfahren. Durch die Reflexion erfahre ich mich selbst und kann meine eigenen Erlebnisse mit denen anderer Menschen vergleichen. Die primäre soziale Welt, durch die der Mensch erst als Lebewesen überlebt, verursacht im Einzelnen durch einen Anreiz die Aktivierung des Gehirns, das sich durch Reduktion auf bestimmte Strukturen hinbewegt. Diese kognitiven Muster bilden die Grundlage für das Verständnis der Individualität. Jeder Mensch erfährt dieselben Anregungen aus der gleichen Lebenswelt, aber die ausgebildeten kognitiven Strukturen, die daraus resultieren, sind höchstens einander ähnlich nie aber identisch. Daraus entsteht die Individualität als Resultat dieses Aufbaus kognitiver Strukturen.

1.2.5.4 Subjektivismus kontra Objektivismus

Der Mensch konstruiert seine Welt, in der er lebt, selbst und wird so als autark gesetzt, wenn es um die Erkenntnis von Welt geht. Jede Beziehung zwischen Subjekt und Objekt wird als Schein betrachtet. Die Existenz einer Außenwelt spielt demnach keine Rolle. In diesem Sinn kann man diesen Konstruktivismus als einen Subjektivismus bezeichnen. Jede Wahrnehmung ist nichts anderes als eine Selbstbeschreibung des Gehirns. Die kognitive Welt ist in sich abgeschlossen. Die Außenwelt ist die große Fiktion des Menschen, eine Täuschung, der er unterliegt und die er endlich einsehen muß. Mit dieser Reduktion des Subjekt-Objekt-Verhältnisses auf die reine Subjektivität als selbstreferentielles und *autopoietisches* System tritt der Konstruktivismus diametral jeglichem Objektivismus gegenüber, der vor allem in jüngster Zeit besonders von K. R. POPPER vertreten wurde. Den Objektivismus, den K.R. POPPER vertritt hat er in der sogenannten Dreiweltentheorie aufgestellt, die er als Entwurf im Gespräch mit dem Gehirnforscher J. ECCLES dargestellt hat.

W. T. POWERS und E. v. GLASERSFELD verweisen dabei auf das Handlungsmodell bei J. PIAGET, in dem das Kind durch Assimilation und Akkomodation sich seine Wirklichkeit aufbaut. Diese Ausbildung von Schemata und Strukturen ermöglichen erst den Aufbau einer kindlichen Welt und eröffnen die Möglichkeit die Erfahrungen zu organisieren. Die Evidenz, die aus diesen Selbstbeobachtungen sich erschließt, läßt für die Konstruktivisten den Schluß zu, daß der Mensch sich so als der Konstruktor dieser seiner Welt von Kindheit an erfährt. Die als Wahrnehmung fungierenden Bewußtseinsphänomene werden immer zugleich durch das Subjekt interpretiert und so in den Bedeutsamkeitshorizont gerückt.

Wenn auch J. PIAGET sich selbst als dialektischen Konstruktivisten bezeichnet, umfaßt zumindest sein Handlungskonzept die beiden Pole von Subjekt und Objekt (Lebenswelt). Auch das epistemische Subjekt verbindet in seiner allgemeinen Fassung die Menschen miteinander.

Zusammenfassung

Der radikale Konstruktivismus sieht die Konstituierung der Lebenswelt allein im Subjekt begründet, lehnt deshalb jeglichen Objektivismus genauso ab, wie die Subjekt-Objekt-Relation der Wissenschaft. Er geht von der Selbsttätigkeit aus und sieht die Konstitution des Wissens über die Welt als Konstruktion des Ichs. Die Grundlage dieses wissenschaftstheoretischen Konzepts liegt in der biologisch-evolutiven Begründung menschlicher Erkenntnis. Es gibt einen Konsens zwischen den Menschen auf Grund gleicher oder ähnlicher Beeinflußung des neuronalen Systems durch die Umwelt und derselben physiologischen Basis des *Bios*.

Die Methode liegt in der Konstruktion der Welt, die auf der Basis der bereits vorhandenen kognitiven Strukturen verläuft und auch die Wissenschaft bestimmt. Wissenschaftliche Sätze sind Konstruktionen des menschlichen Gehirns. Das System erscheint in den Vernetzungen der Schemata sowie Strukturen und projiziert Wirklichkeit nach außen. Die Aufgabe der Sprache liegt in der Verbindung von Vorstellungen, nicht aber in ihrer kommunikativen Funktion. Die Sprache ist eine besondere Art des gegenseitig angepaßten Handelns.

1.2.6 Die kritische Theorie der FRANKFURTER SCHULE

Das folgende Kapitel informiert Sie über
- *die dialektische Theorie der Gesellschaft als Bedingung für die Wissenschaft*
- *die kritische Theorie*
- *die Verbindung von Erkenntnis und Interesse im erkenntnisleitenden Interesse,*
- *den Unterschied zwischen dem technischen, praktischen und emanzipatorischen Erkenntisinteresse,*
- *die Zurückführung der drei Wissenschaftskonzeptionen auf Arbeit, Interaktion (Herrschaft) und Sprache (Diskurs)*

Die Vertreter der FRANKFURTER SCHULE, vor allem M. HORKHEIMER, TH. W. ADORNO und J. HABERMAS, haben in ihrer Konzeption einer kritischen Theorie der Gesellschaft den Versuch unternommen, diese Auffassung zur Grundlage einer Sicht von Wissenschaft zu machen.

Vor allem M. HORKHEIMER skizziert in seinem aus den dreißiger Jahren stammenden Aufsatz über traditionelle und kritische Theorie zwei nach seiner Meinung gegensätzliche Positionen, die die Wissenschaften und besonders die Sozialwissenschaften seiner Zeit bestimmen. Auf diesem Hintergrund wird die kritische Theorie entworfen, die sich an G.W.F. HEGEL und K. MARX anlehnt. Gleichzeitig versucht M. HORKHEIMER aufzuzeigen, daß jede Wissenschaft eine Theorie der Gesellschaft zu ihrer Grundlage hat. Wissenschaftstheorie verweist so auf gesellschaftliche Zusammenhänge. Die ökonomische Basis der gesellschaftlichen Verhältnisse spiegelt sich in den wissenschaftstheoretischen Konzepten der traditionellen Theorie wider.

Diese These, wird im weiteren an manchen Stellen korrigiert und modifiziert, wird in ihrer wesentlichen Konzeption aber unverändert übernommen und von J. HABERMAS weiterentwickelt. Die Erweiterung des HABERMASschen Ansatzes gegenüber dem von M. HORKHEIMER kann zunächst in der Ergänzung der Grundkategorie der Arbeit durch Interaktion und Sprache oder als Arbeit, Herrschaft und Sprache verstanden werden. Der Positivismusstreit in der deutschen Soziologie zwischen K.R. POPPER und der FRANKFURTER SCHULE führte zur Präzisierung und Erweiterung der kritischen Theorie. Die Differenz bildet dabei das verschiedene Verständnis von Gesellschaft.

1.2.6.1 Theorie der Gesellschaft

Das Problem der Gesellschaft hat Soziologen und Sozialphilosophen immer wieder beschäftigt. Es bestand in dem immer wieder intendierten Versuch, Individuum und Gesellschaft miteinander zu vermitteln.
Die Vertreter der FRANKFURTER SCHULE interpretieren diese Beziehung zwischen Individuum und Gesellschaft von der Dialektik G.W.F. HEGELs und vom Materialismus KARL MARX' her.
In unserem Jahrhundert kommt es bei F. TOENNIS zur Unterscheidung von Gesellschaft und Gemeinschaft, sowie bei dem an der Lebensphilosophie ausgerichteten Versuch G. SIMMELs zu einer transzendentalen Gesellschaftstheorie. Beide gehen von einem Vermittlungskonzept zwischen Individuum und Gesellschaft aus.
Gesellschaft wird als eine dialektische Totalität verstanden, die sich durch ihre einzelnen Momente hindurch produziert und reproduziert (ADORNO 1962, 251). Das heißt aber: Gesellschaft als dialektisches Ganzes ist ein konkretes Ganzes, das nur in und durch den Menschen verständlich wird. Es gibt daher keine Gegenüberstellung von Mensch und Gesellschaft, sondern beide sind miteinander immer eng verbunden und müssen zusammengesehen werden.

"Das Ganze, das an der Bewegung des Einzelnen selbst sein Wesen hat. System und Einzelheit sind reziprok und nur in ihrer Reziprozität zu erkennen." (ADORNO 1962, 251)

Diese Sichtweise von Gesellschaft setzt sich von allen Konstrukten ab, die die Gesellschaft von einer Organismusanalogie oder einem strukturell-funktionalen System, einem Mechanismusmodell her verstehen wollen. Sie sind abstrakte Ganzheiten, die das Konkrete nicht erfassen können.
Die dialektische Theorie der Gesellschaft der FRANKFURTER SCHULE

„will ihre Kategorien zunächst aus dem Situationsbewußtsein der handelnden Individuen 'finden'. Im objektiven Geist einer sozialen Lebenswelt artikuliert sich der Sinn, an den eine soziologische Deutung anknüpft, und zwar identifizierend und kritisch zugleich" (HABERMAS 1965, 296).

Gesellschaft stellt so ein historisches Phänomen dar. Die Dialektik bildet dabei den

"Versuch, die Analyse in jedem Augenblick als Teil des analysierten gesellschaftlichen Prozesses und als dessen mögliches kritisches Selbstbewußtsein zu begreifen. Das heißt aber: darauf zu verzichten, zwischen den analytischen Instrumenten und den analysierten Daten jenes äußerliche und bloß zufällige Verhältnis zu unterstellen, das im Verhältnis der technischen Verfügung über gegenständliche und vergegenständlichte Prozesse freilich unterstellt werden darf" (HABERMAS 1965, 309 f.).

Die Dialektik verstehen die Vertreter der FRANKFURTER SCHULE als höchste Stufe der Erkenntnis, die den Fortschritt markiert (vgl. HORKHEIMER, 1970, 63). Diese Theorie der Gesellschaft wird "in praktischer Absicht entworfen" (HABERMAS, 1974, 9), wobei die Theorie in doppelter Hinsicht reflexiv gesehen wird. Einerseits bei ihrer Entstehung gegenüber dem historischen Lebenszusammenhang sowie der sozialen Praxis der Gegenwart. Sie gibt "die Bedingungen an, unter denen eine Selbstreflexion der Gattungsgeschichte objektiv möglich geworden ist" (HABERMAS, 1974, 9).

Negative Dialektik

Die Auffassung der Dialektik als negative Dialektik (Th. W. ADORNO) wendet sich gegen jede voreilige Identifizierung von Begriff und Sache. Sie verweist auf den Widerspruch zwischen Begriff und Sache, der sich aus der Reflexion ergibt. Die dialektische Bewegung entsteht aus dem Prinzip der Negation und ist durch die Gesellschaft (materielle Basis) vermittelt. Jegliches harmonisierendes Denken über die Wirklichkeit ist eine Ideologie, weil sie die Macht der Negativität verleugnet.

Bei der Analyse des Ist-Zustandes bleibt sie aber nicht stehen, sondern will andererseits Orientierungen für ein zukünftiges Handeln schaffen, das als *emanzipatorisches* Handeln die Rolle der Aufklärung übernehmen und den Menschen aus seiner Entfremdung herausführen soll.

Dazu dient der praktische Diskurs, der in unmittelbarem Bezug zur Wahrheit steht. Er beinhaltet herrschaftsfreie Gesprächssituationen, in denen über handlungsleitende Werte und Normen auf Grund einer rationalen Übereinstimmung (*Konsensus*) entschieden wird. Dieser *Konsensus* erfolgt nicht in einer naiven, vorreflexiven Weise, sondern durch Reflexion und Begründung (vgl. HABERMAS 1971, 115).

An die Menschen, die an so einem Diskurs teilnehmen, werden folgende Anforderungen gerichtet: Sie sollen nur "Normen folgen, die ihnen gerechtfertigt er-

scheinen", so daß sie "sagen können, welcher Norm sie folgen und warum sie diese Norm als gerechtfertigt akzeptieren" (HABERMAS 1971, 110).
Die Voraussetzung für einen Diskurs bildet die Unterstellung, daß

"zurechnungsfähige Subjekte jederzeit aus einem problematischen Handlungszusammenhang heraustreten und einen Diskurs aufnehmen können. Sie sollen sich aber von den Randbedingungen des kommunikativen Handelns freimachen können und in eine ideale Sprechsituation eintreten können" (HABERMAS 1971, 110).

So wird die Konzeption des Diskurses als ideale Sprechsituation zu einem Gespräch ohne Zwang und jede Gesprächssituation kann daran gemessen werden, inwieweit sie dieses Ideal erreicht oder nicht. Wird in der kritischen Theorie die Gesellschaft als konkretes Ganzes von den sozialen Handlungen der Menschen begriffen, so konstituiert sich dieser "objektive Zusammenhang aus Sprache, Arbeit und Herrschaft" zugleich (HABERMAS 1967, 179).
Gesellschaftstheorie steht in unmittelbarem Bezug zur gesellschaftlichen Praxis. Theorie und Praxis sind eng miteinander verbunden. Da die Gesellschaft aber in diesem umfassenden Sinn verstanden wird, bedingt sie auch die Wissenschaft, weil die Wissenschaftler als Menschen von der Gesellschaft abhängig sind. Daher bestimmen die gesellschaftlichen Verhältnisse, in denen Wissenschaft betrieben wird, auch den Gebrauch der jeweiligen Konzeption von Wissenschaft.

1.2.6.2   Die Unterscheidung von traditioneller und kritischer Theorie bei Max HORKHEIMER

Die von M. HORKHEIMER gebrauchte Unterscheidung versteht unter der traditionellen Theorie alle in der Diskussion seiner Zeit diskutierten und in der Wissenschaft sich widerspiegelnden wissenschaftstheoretischen Ansätze.
Dazu gehören
-    der *Neo-Positivismus* - ein sehr weiter und schillernder Begriff für Vertreter verschiedener Richtungen, die Wissenschaft als Realwissenschaft verstehen,
-    der *Neukantianismus* vor allem der MARBURGER SCHULE mit seinem erkenntnistheoretischen Ansatz und der Frage nach der Konstitution von Gegenständlichkeit,
-    die *Phänomenologie* E. HUSSERLs, die als Essentialismus gekennzeichnet wird sowie die Ansätze, die aus der Phänomenologie und dem Neukantianismus hervorgegangen sind.

- Aber auch die Richtungen, die sich den Intentionen S. KIERKEGAARDs anschließen und im weitesten Sinn als Existenzphilosophie bezeichnet werden. (K. JASPERS, M. HEIDEGGER, J. P. SARTRE)

Schon die Bestimmung von traditioneller Theorie durch M. HORKHEIMER als einen "Inbegriff von Sätzen über ein Sachgebiet, die so miteinander verbunden sind, daß aus einigen von ihnen die übrigen abgeleitet werden können" (M. HORKHEIMER 1970, 12), zeigt ein deduktives oder axiomatisches Theorieverständnis, als dessen Ahnherr R. DESCARTES angegeben wird. "Die Ordnung der Welt erschließt sich einem deduktiven gedanklichen Zusammenhang." (HORKHEIMER 1970, 13). Wissenschaft aus traditioneller Sicht orientiert sich in ihrer Stringenz und in ihrer Evidenz an der Mathematik. Von R. DESCARTES führt dann nach M. HORKHEIMER der Weg zur transzendentalen Phänomenologie E. HUSSERLs.

Demgegenüber steht der Weg der Induktion, "der mühsame Aufstieg von der Beschreibung gesellschaftlicher Phänomene zum eingehenden Vergleichen und von da erst zur Bildung allgemeiner Begriffe" (HORKHEIMER 1970, 15). Schließlich die Verkürzung der Induktion durch deduktive Verfahrensweisen, wie M. HORKHEIMER dies bei dem französischen Soziologen und Pädagogen E. DURKHEIM feststellen will. Für dieses Theorieverständnis gilt die Ausrichtung auf die Allgemeinheit, die Zeitlosigkeit und damit die Geschichtslosigkeit. Dies bezeichnet er als den Entwurf einer "verdinglichten, ideologischen Kategorie" (HORKHEIMER 1970, 7) und sieht darin einen wesentlichen Unterschied zur kritischen Theorie. Verdinglichung heißt Vergegenständlichung und bedeutet, einen Prozeß nicht mehr als Prozeß zu verstehen, sondern als etwas Beharrendes in der Zeit. Dabei scheinen die vorsokratischen Positionen eines HERAKLIT und PARMENIDES die Folie für diese Interpretation abzugeben. Die traditionelle Theorie vergißt nach diesem Verständnis ihren Ursprung und ihr Fundament in den gesellschaftlichen Prozessen. So ein Verständnis von Wissenschaft verbündet sich mit der Arbeitsteilung und diese wieder mit den gesellschaftlichen Produktionsprozessen und bleibt in einem Dualismus zwischen Erkenntnis und Erfahrung, zwischen Denken und Sein, zwischen begrifflicher Ordnung und den Tatsachen befangen. Der Forscher als bürgerlicher Gelehrter reduziert "entscheidende Züge des gesellschaftlichen Lebens auf die theoretische Tätigkeit des Gelehrten" (HORKHEIMER 1970, 20). Dies richtet sich vor allem gegen die MARBURGER NEUKANTIANER und ihre Konzeption eines überzeitlichen Logos. Die wahrnehmbare Welt wird als Faktizität, als Vorhandenheit hingenommen. Der Entwurf des wissenschaftlichen Systems beruht auf der

Spontaneität des Ichs und der Vernunft. Die Erfahrung über die Sinne geschieht durch Rezeptivität (Passivität). Die Vernunft als Prinzip aller Erkenntnis hat in der Rationalität ihren Halt und wird so zur instrumentellen Vernunft.
Die kritische Theorie dagegen bezieht die Gesellschaft als bedingende historische Größe in die Wissenschaft mit ein.

"Die Tatsachen, welche die Sinne uns zuführen, sind in doppelter Weise gesellschaftlich präformiert: durch den geschichtlichen Charakter des wahrgenommenen Gegenstands und den geschichtlichen Charakter des wahrnehmenden Organs." (HORKHEIMER 1970, 22)

Sie sind das Resultat menschlicher Arbeit, und diese bedeutet grundsätzlich menschliche Aktivität, daher Selbsttätigkeit. Die Vernunft wird nicht mehr an ein transzendentales Ich gebunden, sondern ihre Existenzweise geht aus dem wechselseitigen Wirkungszusammenhang der Menschen in der Gesellschaft hervor. Die Aufwertung der Sinne und der Sinneserfahrung orientiert sich am Prozeßcharakter der Erkenntnis und der Vermittlung von Vernunft, Verstand und Wirklichkeit. Die Identifikation mit der eigenen Welt geschieht durch die Erkenntnis, daß die ökonomischen Verhältnisse und die aus ihnen entspringende Kultur das "Produkt menschlicher Arbeit sind" (HORKHEIMER 1970, 28) und das Ganze von Willen und Vernunft durchwaltet wird. Die Distanzierung erfolgt durch die Erfahrung der "auf Kampf und Unterdrückung beruhenden Kulturformen", die "keine Zeugnisse eines einheitlichen und selbstbewußten Willens sind" (HORKHEIMER 1970, 28).
Wenn Tatsachen und Denken auseinander gerissen werden, kommt es notwendigerweise zu einer Trennung von Theorie und Praxis und letztere wird als ein äußerliches Tun erfahren. Dies aber ist der Ursprung der Entfremdung des Menschen von sich selbst. Die Bewußtwerdung dieser Widersprüche in der gegenwärtigen Gesellschaft läßt die beiden getrennten Sachverhalte in Identität und Differenz miteinander dialektisch vermitteln.
Als Ziel der kritischen Theorie sieht M. HORKHEIMER die Veränderung dieser gesellschaftlichen Verhältnisse, die erst eine Aufhebung der Entfremdung zugunsten einer Identität als der mit sich selbst versöhnten Menschheit erreichen muß. Das geschieht durch die Emanzipation, die über diesen Widerspruch hinausführt. „Das kritische Denken enthält einen Begriff des Menschen, der sich selbst widerstreitet, solange diese Identität nicht hergestellt ist." (HORKHEIMER 1970, 30) Identität bedeutet die Einheit von Theorie und Praxis, von Denken und Handeln. Sie hat ihr Subjekt in einem "bestimmten Individuum", das "in seinen wirklichen Beziehungen mit anderen Individuen und Gruppen, in seiner Ausein

THEORIE

TRADITIONELLE	KRITISCHE
übergesellschaftlich	gesellschaftsbezogen real gesellschaftliche Prozesse
analytisch Einzelwissenschaft	philosophisch ganzheitlich (synthetisch)
Logik, Deduktion, Induktion	Dialektik (Prozeß)
Verstand, Vernunft, Prinzipien	Wille, Vernunft
Reproduktion Wesensschau	Reproduktion und Produktion, Kontingenz
Dualismus von - Denken und Handeln - Denken und Sein - Theorie und Praxis	dialektische Vermittlung von - Denken und Handeln - Denken und Sein - Theorie und Praxis - Gesellschaft und Politik
zeitlos, ungeschichtlich Reproduktion der bestehenden Verhältnisse	Zeit als geschichtlich-gesellschaft- licher Prozeß Ziel: Emanzipation als Glück aller Individuen - vernünftigeGesellschaft
das Allgemeine Gesetze	Existenzialurteil als Synthesis des Besonderen-Allgemeinen
Geist in sich ruhend (Bewußtsein, Selbstevidenz) bürgerlicher Gelehrter	Geist als Überbau über den gesellschaft- lichen) Verhältnissen (den Produktions- verhältnissen)
Arbeitsteilung Trennung von Individuum und Gesellschaft von Wissen- schaft und Alltagsleben	Arbeit als Grundkategorie für den gesellschaftlichen Prozeß Wissenschaft und Gesellschaft sind in einer dialektischen Einheit verbunden.

andersetzung mit einer bestimmten Klasse und schließlich in der so vermittelten Verflechtung mit dem gesellschaftlichen Ganzen und der Natur" (HORKHEIMER 1970, 31) gesehen wird. Um sie zu verwirklichen, bedarf es eines Interesses an der Erkenntnis der gesellschaftlichen Verhältnisse und ihrer Bedingtheit. Ohne dieses gibt es keine Aufhebung des 'falschen Bewußtseins'. "Wenngleich die kritische Theorie nirgends willkürlich und zufällig verfährt, erscheint sie der herrschenden Urteilsweise daher subjektiv und spekulativ, einseitig und nutzlos." (HORKHEIMER 1970, 37)

Diesen Interessenbegriff bzw. die Verknüpfung von Erkenntnis und den sie leitenden Interessen greift dann J. HABERMAS auf und macht ihn zum zentralen Begriff seiner Wissenschaftstheorie. Die Emanzipation führt den Menschen zur Freiheit und zur Gleichheit der Chancen. Diese positive Sichtweise von Emanzipation revidiert zwar M. HORKHEIMER später, für seine Epigonen in der Pädagogik aber wird sie zum Zielbegriff der Erziehung und behält ihre positive Bedeutung.

1.2.6.3   Die kritische Wissenschaftstheorie von J. HABERMAS

In Anlehnung an den Entwurf der kritischen Theorie bei M. HORKHEIMER kritisiert J. HABERMAS die Auffassung von Theorie in der Phänomenologie HUSSERLs, die die Verbindung zur Lebenspraxis und den sie leitenden Erkenntnisinteressen übersieht. In ähnlicher Weise konstatiert er dies für die empirisch-analytische Wissenschaftskonzeption als auch für das historisch-hermeneutische Wissenschaftsverständnis. Es kommt darauf an, die Interessen, die den Erkenntnissen dieser Wissenschaften zugrunde liegen, herauszuarbeiten. Jeder Erkenntnis liegt ein sie leitendes Interesse zugrunde. Daher basiert die Wissenschaft auf der Einheit von Erkenntnis und Interesse oder dem erkenntnisleitenden Interesse. Um die Einheit zu durchschauen bedarf es der Reflexion. Diese erkennt in der Selbstreflexion die Eingeschränktheit der Erkenntnis und kann daher das Subjekt befreien oder emanzipieren. "Selbstreflexion ist von einem emanzipatorischen Erkenntnisinteresse bestimmt." (HABERMAS 1968, 159).

Die kritische Theorie richtet sich gegen einen naiven Objektivismus in der Wissenschaftstheorie, der durch das Prinzip der Rationalität Wissenschaft im transzendentalen Subjekt verankert. Die Einbeziehung des Lebenszusammenhangs führt über die Reflexion auf die erkenntnisleitenden Interessen. Dies geschieht dann, wenn „an die Stelle eines transzendentalen Subjekts eine unter kulturellen

Bedingungen sich reproduzierende, und d.h.: in einem Bildungsprozeß sich selbst erst konstituierende Gattung tritt" (HABERMAS 1968, 240).

Erkenntnisinteresse
Jeder Erkenntnis liegt ein Interesse zugrunde, das aus der Lebenswelt der Gesellschaft kommt. Das Erkenntnisinteresse ist die transzendentale Voraussetzung für die Erkenntnis und vermittelt die Gesellschaft und ihre bestehenden Verhältnisse mit ihr.

So erscheint das Erkenntnisinteresse als

„eine eigentümliche Kategorie, die sich der Unterscheidung zwischen empirischen und transzendentalen oder faktischen und symbolischen Bedingungen sowenig fügt wie der zwischen motivationalen und kognitiven. Denn Erkenntnis ist weder ein bloßes Instrument der Anpassung eines Organismus an eine wechselnde Umgebung, noch ist sie der Akt eines reinen Vernunftwesens und als Kontemplation den Lebenszusammenhängen ganz enthoben" (HABERMAS 1968, 243).

Um die Eigenart dieser erkenntnisleitenden Interessen in den vorhandenen Wissenschaftskonzeptionen herauszustellen, ordnet er der empirisch-analytischen Wissenschaftskonzeption ein technologisches, den hermeneutisch-historischen Wissenschaften ein praktisches und der kritischen Wissenschaftstheorie ein emanzipatorisches Erkenntnisinteresse zu.
Das technologische Erkenntnisinteresse der nomologischen Wissenschaftstheorie richtet sich auf die Verwertbarkeit des Wissens in Hinsicht auf eine Technologie. Wissen und damit Erkenntnis wird nach seiner technischen Verwertbarkeit beurteilt und bewertet.
Die historisch-hermeneutischen Wissenschaften mit dem sie leitenden praktischen Erkenntnisinteresse sind "an der Erhaltung und Erweiterung der Intersubjektivität möglicher handlungsorientierter Verständigung" (a. a. O., 168) interessiert.
Bei beiden Richtungen besteht eine Differenz zwischen Theorie und Praxis, die sich wechselseitig bestimmen. Sie reproduzieren die in der Gesellschaft bestehenden Strukturen instrumental oder interaktiv. Die Kritik und die Innovation erfolgt auf der Basis der Emanzipation, die sich in einem eigenen Erkenntnisinteresse artikuliert.

Erst mit dem emanzipatorischen Erkenntnisinteresse der kritischen Wissenschaft erscheint die Verbindung von Theorie und Praxis hergestellt, und durch die Selbstreflexion befreit sich das Subjekt aus den gesellschaftlichen Bedingungen zur Gestaltung gesellschaftlicher Verhältnisse im humanen Sinn.

> **Emanzipation**
> bedeutet Befreiung aus der Entfremdung durch Reflexion und Handlung. Diese beiden Prozesse eröffnen den Menschen die Möglichkeit, sich aus den bestehenden gesellschaftlichen Verhältnissen in eine neue, klassenlose Gesellschaft zu befreien.

So geht jeder Forschungsprozeß auf Handlungsvollzüge in der Lebenswirklichkeit zurück und damit auf die Gesellschaft. Darin aber werden Arbeit, Interaktion (Herrschaft) und Sprache (Diskurs) die Ursprünge der erkenntnisleitenden Interessen. Die Wahrheit der Wissenschaft beruht auf dem *Konsensus*, auf der Übereinstimmung der Forscher, denn: "Forschung ist eine Institution handelnder und miteinander sprechender Menschen; als solche bestimmt sie durch die Kommunikation der Forscher hindurch das, was theoretisch Geltung beanspruchen kann" (HABERMAS 1965, 305). Daraus ergibt sich die gegenseitige Begründung der drei Grundstrukturen der Lebenswirklichkeit als Handlungszusammenhang. Sie besteht in der dialektischen Vermittlung von Sprache als Diskurs, der Interaktion als kommunikatives Handeln in "eingelebten und normativ abgesicherten Sprachspielen" (HABERMAS 1971, 115) und der Arbeit als instrumentellem Handeln. Die menschlich allein zulässige Fundierung liegt im Diskurs, der Sprache nicht monologisch, sondern dialogisch faßt und nicht die Anonymität objektbezogenen Sprechens besitzt. "So bilden sich die erkenntnisleitenden Interessen im Medium von Arbeit, Sprache und Herrschaft." (HABERMAS 1968, 163)

Aus dieser Verbindung der Wissenschaft zur Lebenspraxis als sozialem Handeln in der Gesellschaft und unter Einbeziehung der aus der Lebenspraxis stammenden Erkenntnisinteressen bekommt der Diskurs für die kritischen Wissenschaften eine besondere Bedeutung.

Diskurs als Dialog bedeutet herrschaftsfreie Kommunikation. Der Dialog beruht auf der gegenseitigen Anerkennung der Subjekte, die "einander unter der Kategorie der Ichheit identifizieren und sich zugleich in ihrer Nicht-Identität festhalten" (HABERMAS 1968, 177). So wird auch das Wissen der Wissenschaften letzten Endes durch den Dialog vermittelt. Die Gesprächssituationen, die als Diskurs benannt werden, zeichnen sich gegenüber dem umgangssprachlichen kommunikativen Handeln dadurch aus, daß im Diskurs über grundlegende Werte und Normen reflektiert und ein Konsens zu erreichen versucht wird. "Wir erwarten, daß handelnde Subjekte nur Normen folgen, die ihnen gerechtfertigt erscheinen (...). Wir supponieren, daß die Subjekte sagen können, welcher Norm sie folgen und warum sie diese Norm als gerechtfertigt akzeptieren." (HABERMAS 1971, 110) Wichtig dabei erscheint, die Kriterien für den Diskurs zu finden, d. h. sagen zu können, wann es sich bei einem Gespräch um einen Diskurs handelt und wann nicht. Dazu entwirft J. HABERMAS in Anlehung an die Sprechakttheorie eine ideale Sprechsituation, die den wahren vom falschen Diskurs unterscheiden soll. Diese Sprechsituationen charakterisiert er als Freiheit von äußerem Zwang und Freiheit von jenen Zwängen, die "aus der Struktur der Kommunikation selbst sich ergeben" (a. a. O., 137). Ferner müssen in der idealen Sprechsituation die Chancen der Kommunikationsmöglichkeiten der Teilnehmer gleichmäßig verteilt sein, um eine herrschaftsfreie Diskussion zu ermöglichen. In seiner Theorie des kommunikativen Handelns gibt er eine erweiterte Darstellung der Begründung seiner Position unter Einbeziehung kognitionstheoretischer Aspekte, der Theorie der menschlichen Entwicklung nach J. PIAGET und der moralischen Stufentheorie nach L. KOHLBERG.

Zusammenfassung

Die kritische Theorie der Gesellschaft begreift die Gesellschaft als dialektische Totalität, in der eine dialektische Vermittlung von Produktion und Reproduktion der einzelnen Elemente stattfindet.
Wissenschaft ruht auf dem Fundament der gesellschaftlichen Verhältnisse und erhält dadurch ihren Bezug zur Lebenspraxis. Das Ziel der kritischen Theorie wird in der Emanzipation des Menschen gesehen, der durch die Selbstreflexion die Möglichkeit hat, sich von den gegebenen gesellschaftlichen Verhältnissen zu distanzieren und die seine Erkenntnis leitenden Interessen zu durchschauen. Bei M. HORKHEIMER bildet die Basis aller menschlichen Handlungsmöglichkeiten die Arbeit, bei J. HABERMAS Arbeit, Interaktion und Sprache.
Die Distanz zu den Wissenschaftsentwürfen einer empirisch-analytischen und einer historisch-hermeneutischen Wissenschaft wird nicht in einem ausschließenden Sinn verstanden, sondern beide vorhandenen Ansätze werden durch den Aufweis der erkenntnisleitenden Interessen interpretiert und so in die kritische Theorie als Momente von Wissenschaft einbezogen. Das Ziel bleibt der herr-

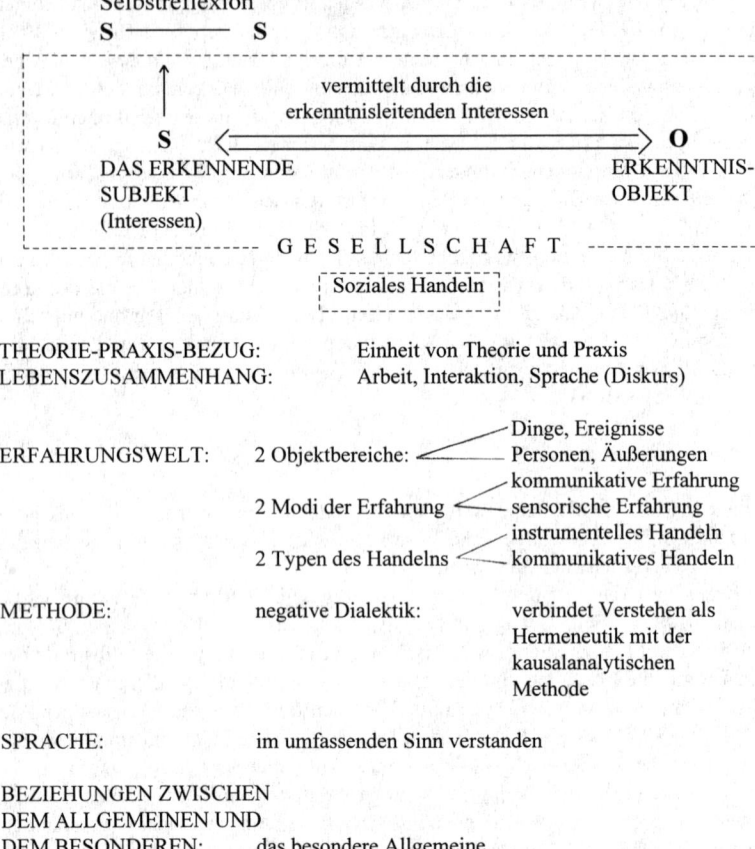

schaftsfreie Diskurs über Normen und Werte, die allem gesellschaftlichen Handeln zugrunde liegen und die Interessen der Erkenntnis der Wissenschaften mitbestimmen.

Selbstreflexion

S ——————— S

vermittelt durch die
erkenntnisleitenden Interessen

S ⟸==================⟹ O

DAS ERKENNENDE   ERKENNTNIS-
SUBJEKT   OBJEKT
(Interessen)

G E S E L L S C H A F T

Soziales Handeln

THEORIE-PRAXIS-BEZUG: Einheit von Theorie und Praxis
LEBENSZUSAMMENHANG: Arbeit, Interaktion, Sprache (Diskurs)

ERFAHRUNGSWELT: 2 Objektbereiche: ⟵ Dinge, Ereignisse
                                          Personen, Äußerungen

                       2 Modi der Erfahrung ⟵ kommunikative Erfahrung
                                               sensorische Erfahrung

                       2 Typen des Handelns ⟵ instrumentelles Handeln
                                               kommunikatives Handeln

METHODE: negative Dialektik: verbindet Verstehen als
                                                Hermeneutik mit der
                                                kausalanalytischen
                                                Methode

SPRACHE: im umfassenden Sinn verstanden

BEZIEHUNGEN ZWISCHEN
DEM ALLGEMEINEN UND
DEM BESONDEREN: das besondere Allgemeine,
                       Existenzialurteil

TEIL 2:

DAS WISSENSCHAFTSVERSTÄNDNIS IN DER PÄDAGOGIK

2. 1 Die Diskussion um den Wissenschaftscharakter der Pädagogik

Das folgende Kapitel informiert Sie über:
- *den normativen und deskriptiven Charakter der Pädagogik,*
- *die Beziehung zwischen Philosophie und Pädagogik,*
- *den Objektbereich der Pädagogik,*
- *die Methodendiskussion in der Pädagogik,*
- *den Systembegriff,*
- *das Problem der Begriffsbildung,*
- *die drei verschiedenen Aufgaben der Pädagogik als Wissenschaft.*

Die allmähliche Verselbständigung der Pädagogik als eigenständige Disziplin beginnt im 18. Jahrhundert und erlebt ihre ersten systematischen Anfänge im 19. Jahrhundert: Auf dem Boden der Philosophie beginnen die verschiedenen Ansätze sich zu verselbständigen. So fordert HERBART in der ersten Hälfte des 19. Jahrhunderts die Pädagogik auf, sich auf ihre „einheimischen Begriffe" zu besinnen. Dies bedeutet freilich für ihn keineswegs die Forderung nach einer Autonomie, sondern im gesamten System seines Denkens die relative Selbständigkeit und Eigenständigkeit der pädagogischen Fragestellung. Im Lichte der Aufklärung der Erziehungsfelder konzentriert sich der Objektbereich der Pädagogik auf die schulische Erziehung, so daß der werdende Mensch von der Kindheit bis zum Erwachsenenalter im Mittelpunkt des Interesses ist.

2.1.1 Normative und deskriptive Pädagogik

Nachdem im ersten Teil die verschiedenen wissenschaftstheoretischen Ansätze aufgezeigt und die Bestimmungen dessen, was jeweils unter Wissenschaft verstanden wird, herausgestellt wurde, befaßt sich der zweite Teil mit den verschiedenen Verständnisweisen der Pädagogik als Wissenschaft. Die Pädagogik versteht sich in der Verschiedenartigkeit ihrer Ansätze in einem weiteren und einem engeren Sinn als Wissenschaft. Diesen Positionen soll an Hand der verschiedenen Konzeptionen von Pädagogik nachgegangen werden. Im Zentrum pädagogischer Fragestellung steht das Problem des Verhältnisses von Theorie und Praxis. Zwei zentrale Fragen spielen dabei eine wichtige Rolle:

1. Hat die Theorie die Aufgabe, die pädagogische Praxis beschreibend (deskriptiv) zu erfassen? Oder/und

2. soll die Theorie die Prozesse im erzieherischen Feld normieren? Die verschiedenen Richtungen der Pädagogik lassen sich im Lichte der Diskussion um diese beiden Fragestellungen im Sinne der deskriptiven und normativen Ansätze in der Pädagogik deutlich unterscheiden.

W. STEGMÜLLER spricht in der Wissenschaftstheorie von „explikativ-nominativen" Theorien, die das „komplizierte Zusammenspiel von deskriptiven Aussagen und Normen für rationales wissenschaftliches Forschungsverhalten" notwendig machen (STEGMÜLLER 1984, 10f.).

Demnach hätte die Pädagogik die Aufgabe, nicht nur die Wirklichkeit zu erfassen, sondern gleichzeitig die Normen für das erzieherische Handeln aufzustellen.

Wenn nur die Deskription als allein gültige Aufgabenstellung der Pädagogik als Wissenschaft zugeordnet wird, wobei unter Deskription wiederum verschiedenes verstanden werden kann, vom theorielosen Beschreiben bis zur

---

Deskriptive Pädagogik

Sammelbegriff für alle Richtungen in der Pädagogik, die in der Erfassung der Erziehungswirklichkeit die Hauptaufgabe der Pädagogik sehen. Diese unterscheiden sich durch die Auffassungen über das Was dieser Wirklichkeit und das Wie ihrer Erkenntnis.

---

deduktiv-hypothetischen Theorie. Den Ausgangspunkt bilden immer die Erziehungswirklichkeit oder die pädagogischen Felder. Diese Position wird von den Vertretern der phänomenologisch-deskriptiven Pädagogik und der empirisch-analytischen Erziehungswissenschaft vertreten.

Die normative Richtung findet sich in den Ansätzen, die Pädagogik als Prinzipienwissenschaft verstehen, d.h. die den Wissenschaftsbegriff von der Transzendentalphilosophie herleiten und die Aufgabe der Pädagogik in der Begründung und dem Aufweis von Normen und Werten für die Erziehung sehen. Den norma-

tiven Standpunkt vertritt auch die konstruktiv-normative Erziehungswissenschaft
in Anlehnung an die ERLANGER SCHULE.
Der radikale Konstruktivismus sieht auf der Basis seiner subjektkonstituierten
Wirklichkeit kein Problem in dieser Differenz.
Die geisteswissenschaftliche Pädagogik in ihren unterschiedlichen Richtungen
bezieht die Deskription und den normativen Aspekt in ihre Wissenschaftskonzeptionen mit ein. Sie will die Theorie der Praxis, für die Praxis sein.

> *Normative Pädagogik*
> Darunter werden alle jene Richtungen in der Pädagogik verstanden, die die Dis-
> kussion um die handlungsrelevanten Normen und Werte in die Wissenschaft mit
> einbeziehen. Der Unterschied der Richtungen ergibt sich aus der Begründung und
> Ableitung dieser Normen und Werte.

Die Pädagogik als kritische Wissenschaft in Anlehnung an die Konzeption der
FRANKFURTER SCHULE bezieht sowohl die geisteswissenschaftlichen, die
realwissenschaftlichen als auch die prinzipienwissenschaftlichen Ansätze in ihre
Konzeption mit ein. Durch die Verbindung von Erkenntnis und Interesse nach J.
HABERMAS integriert sie die nach ihrer Meinung für sie unzulänglichen An-
sätze in einer kritischen Erziehungswissenschaft über einen emanzipatorischen
Erziehungsbegriff.
Diese verschiedenen Ansätze der Pädagogik markieren die Diskussion um den
Wissenschaftscharakter im 20. Jahrhundert. Unübersehbar wird hier die implizite
und explizite Beziehung zur Philosophie und zu den verschiedenen philosophischen Richtungen, die seit jeher die Wissenschaftsdiskussion mitbestimmt haben.
Neben diesen Unterscheidungen gibt es auch eine grundsätzliche Diskussion um
die Bezeichnung dieser Wissenschaft: ob man von Pädagogik oder von Erziehungswissenschaft spricht, markiert schon bestimmte Positionen. Beide Bezeich-
nungen sind vom Terminus her mißverständlich und müssen daher definitorisch
festgelegt werden. Wenn der Inhalt dieser Wissenschaft die Erziehung und die
Bildung des Menschen umfaßt, und Erziehung nicht mit Bildung gleichgesetzt
wird, sondern eine eigene Geltung beansprucht, dann trifft der Terminus der Erziehungswissenschaft nur einen Teilaspekt dieser Disziplin. Reduziert man so
den Objektbereich auf bestimmte Aspekte der pädagogischen Wirklichkeit und
bezeichnet diese als Erziehung, dann wird der Terminus Erziehungswissenschaft

adäquater sein, wobei man das Bildungsproblem dann aus der Wissenschaft per definitionem ausklammert. Bei manchen Vertretern der Pädagogik werden die beiden zentralen Begriffe der Erziehung und Bildung synonym gebraucht, bei anderen wieder wird dem Bildungsbegriff eine Priorität eingeräumt und die Pädagogik in diesem Verständnis zur Bildungswissenschaft.

Der andere Terminus „Pädagogik" enthält im ersten Teil des Begriffs das griechische Wort „*PAIS*" und dieses umfaßt das Kindes- und Jugendalter des Menschen. Im 20. Jahrhundert bezieht aber diese Disziplin immer mehr auch die anderen Lebensalter mit ein, so daß dann die Pädagogik einen Teilaspekt, die Andragogik und die Geragogik weitere Teilbereiche umfassen würde.

In der seit W. DILTHEY aufkommenden Einteilung der Wissenschaften in Geistes- und Naturwissenschaften wird die Pädagogik den Geisteswissenschaften zugeordnet und es entstanden die verschiedenen Richtungen der geisteswissenschaftlichen Pädagogik. Mit dem Terminus Geisteswissenschaft verbinden sich auch noch die aus der Lebensphilosophie herrührenden Denkvoraussetzungen, sowie die Dominanz der Hermeneutik.

Damit aber waren viele Vertreter der Pädagogik nicht einverstanden und suchten nach anderen Klassifikationsschemata wie: Kulturpädagogik, Wertpädagogik, Erlebnispädagogik, Sozialpädagogik, empirische Pädagogik oder kritische Erziehungswissenschaft.

Pädagogik als Sozialwissenschaft verstanden unterliegt nicht nur gewissen Begrenzungen, sondern fixiert auch den Inhalt, indem Phänomene wie z. B. Selbsterziehung oder Selbstbildung von vornherein ausgeklammert werden. Es wird kaum einen Vertreter der Pädagogik geben, der nicht die soziale Bedingtheit des pädagogischen Feldes in seinem Ansatz mit thematisiert, wenn auch gelegentlich die Schwerpunkte verschieden verteilt sind. Eine Reduktion durch eine solche Einordnung erscheint kaum vermeidbar.

Ebenso steht es mit dem Begriff der Kultur. Wenn Erziehung Enkulturationshilfe bedeutet, dann wird Pädagogik als Kulturwissenschaft verstanden. Doch der Kulturbegriff reicht von der Bedeutung der Kulturwissenschaft Neukantianischer Prägung bis zu einem pragmatischen Kulturverständnis einer vergleichenden Kulturanthropologie. Hier dürfte man sich ebenso kaum mehr Klarheit erwarten.

Trotzdem bleiben die drei seit den 60er Jahren in der deutschsprachigen Pädagogik zum Erziehungs- und Bildungsbegriff affinen Termini von Sozialisation, Enkulturation und Personalisation im Diskussionsstand dieser Disziplin und geben noch immer, je nach der vertretenen Position, zur Auseinandersetzung Anlaß.

2.1.2   Der Objektbereich der Pädagogik

Wie für jede Wissenschaft gilt auch für die Pädagogik die Frage nach ihrem Objektbereich bzw. die Thematisierung der Grundbeziehung zwischen dem Subjekt als forschendem Subjekt und dem Objektbereich als dem Bezugspol, den man das pädagogische Feld nennen kann.

Am Beispiel der Erziehung soll paradigmatisch die Komplexität des Objektbereiches einsichtig gemacht werden und der daraus entspringende Systemzusammenhang aufgewiesen werden, indem man diesen in einem Frageschema analytisch differenziert. Als Entstehungs- und Bedingungsfrage stellt sich die Frage nach dem WOHER oder dem Ursprung der Erziehung. Die Antworten liegen in der Bildsamkeit, in der Erziehungsbedürftigkeit des Menschen, den Bereich, den die deutschsprachige Pädagogik   nach dem zweiten Weltkrieg als Pädagogische Anthropologie auffaßt.

Das WOHIN der Erziehung intendiert auf die Zielfrage. Die weitere Frage sucht nach den Erziehungsmaßnahmen im WODURCH Die Frage nach dem WAS richtet sich auf das, was Erziehung ausmacht, nach ihrem Verständnis.Das WIE könnte die Frage nach den Erziehungsstilen artikulieren. Schließlich erfragen sich die ErzieherInnen und die PädagogInnen als das WER, die *Educanden* als WEN.

Der soziale und institutionelle Aspekt sowie der organisatorische Kontext werden durch das WO erfragt.Schließlich artikuliert sich die Zeitkomponente, die eng mit dem Menschen als Geschichtswesen sowie mit der Situation verbunden ist, als Frage nach dem WANN. Dieses Frageschema soll den Zusammenhang exemplarisch verdeutlichen und aufweisen, daß es eng mit der Bestimmung des Erziehungsbegriffs zusammenhängt (WAS IST ERZIEHUNG?). Dies macht eine Setzung als Gegenstandskonstitution notwendig, von der alle anderen Fragen abhängen. Der Zusammenhang der Fragen untereinander versinnbildlicht das System. So wird man z.B. bei der Untersuchung von Erziehungsstilen feststellen, welche Bedeutung dem Begriff Erziehung dabei zukommt. Dies wirkt sich aber auch darauf aus, was man als Objektbereich untersucht. Wenn man von Erziehung ausgeht, könnte man durch folgendes Schema einen ersten Zugang gewinnen.

Überall, wo von Erziehung gesprochen wird, geht man von Beziehungen unter Menschen aus, die je nach dem Verständnis der Relation zwischen den Subjekten einlinig (Einwirkung) oder wechselseitig bedingend verstanden werden. Sie ist in vorfindlichen Situationen eingebettet und will durch gegebene Inhalte, Sachverhalte oder Gegenstandsbereiche vermitteln. Im Vordergrund aber steht die Sub

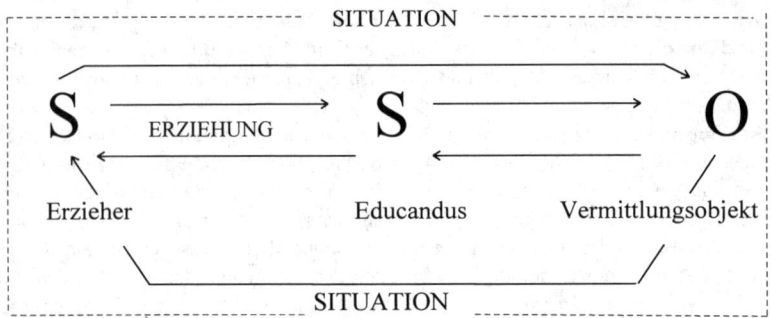

jekt-Subjekt-Beziehung oder der interpersonale Bezug, der für Erziehung in unserem Verständnis konstitutiv ist. Er schließt damit auch das Problem der Selbsterziehung aus und verlagert es in den Bildungsbegriff.

Analytisch gesehen konstituiert sich so das Erziehungsfeld aus dem Erzieher, dem *Educandus*, den Vermittlungsobjekten oder Vermittlungsbereichen, der Situation und den durch die wechselseitigen Pfeile angedeuteten Prozessen.

In der synthetischen Sicht zeigt sich das Erziehungsfeld als Ganzheit wechselseitiger Prozesse, die sich zeitlich in Situationen vollziehen. Die Variabilität der Situationen können durch institutionelle Rahmenbedingungen eingegrenzt werden.

Die Beziehungen zu einem etwaigen Objektbereich werden sowohl in der Vermittlung über den Erzieher als auch in einer direkten wechselseitigen Beziehung zum *Educanden* verstanden. Auch letztere wird durch den interpersonalen Bezug vermittelt, bzw. angestoßen.

Wenn man dazu schematisch jetzt den Wissenschaftler als jene Person dazu denkt, die als forschendes Subjekt sich dem Erziehungsfeld zuwendet, dann ergeben sich in Hinsicht auf die Erziehung die verschiedenen Aspekte in analytischer und in synthetischer Sicht. Daraus läßt sich ein wesentlicher Teil der Pädagogik als Wissenschaft entwickeln.

In diesem Zusammenhang erscheint es wichtig, wie man die zwischenmenschlichen Beziehungen interpretiert. Hier hat es immer verschiedene Sichtweisen gegeben, die einerseits vom Subjekt ausgehen und durch Analogieschluß oder durch Einfühlung (Empathie), durch Rekonstruktion der Akte des anderen im eigenen Bewußtsein zum anderen Menschen Kontakt aufnehmen oder andererseits mit Hilfe des dialogischen Denkens einen Zugang zum Du finden. H.G. GADAMER hat versucht dies im Rahmen seiner Hermeneutik in dreifacher Weise herauszustellen. Wenn er auch die hermeneutische Erfahrung des Du auf den Umgang mit der Tradition oder mit Texten sieht, so läßt sich dies leicht auf die zwischenmenschlichen Beziehungen übertragen.
GADAMER unterscheidet hier dreierlei Aspekte (GADAMER 1965, 341f.)

1. Jene Erfahrung des Du, die aus dem Verhalten des Mitmenschen Typisches herausliest und daher den anderen auch in Hinsicht auf sein Verhalten voraussehen kann. Dies geschieht in der Menschenkenntnis. Sein Verhalten ist berechenbar, es dient zum Mittel um gewisse Zwecke zu erreichen. Dies ist die Beziehung, die in der Poiesis zum tragen kommt.

2. In der zweiten Erfahrung des Du, wird dieses zwar als Person anerkannt, vermittelt sich aber über das Ich oder über die Reflexion des Ich im Sinne des Wiederfindens des Ich im Du (W. Dilthey). Das Ich geht davon aus, den Anspruch des anderen zu kennen, vielleicht besser zu kennen als er sich selbst kennt. Dieses vorgreifende reflexive Verstehen des anderen führt dann auch zu möglichen Herrschaftsverhältnissen über den anderen, indem ich besser verstehen kann und weiß was für den anderen nützlich ist. Hegel hat dies unter der Dialektik des Herr-Knecht-Verhältnisses zum Ausdruck gebracht.

3. Die höchste und letzte Weise der hermeneutischen Erfahrung liegt in der Offenheit für den Anderen, für das Du. Das heißt aber, daß ich mir vom anderen über seine Andersheit auch etwas sagen lasse. Anerkennung schließt ein, daß ich mir vom Anderen etwas sagen lasse auch dann, wenn ich meine ich wisse es besser. Hier könnte man die Idee des Wohlwollens bei Herbart wieder erkennen und das was M. Buber und die dialogischen Denker in unserem Jahrhundert über das Ich-Du-Verhältnis zu sagen wußten.
Neben dem Verständnis der zwischenmenschlichen oder interpersonellen Beziehung erscheint auch die Bestimmung des Prozesses der Erziehung. Hier bietet sich heute folgende Differenzierung an.

Prozesse kann man als Tätigkeiten verstehen die sich in Kommunikationen und in Handlungen differenzieren. Dies ist in Hinsicht auf die Erziehung wichtig, in der Kommunikation und Handlung nie dasselbe sein können.

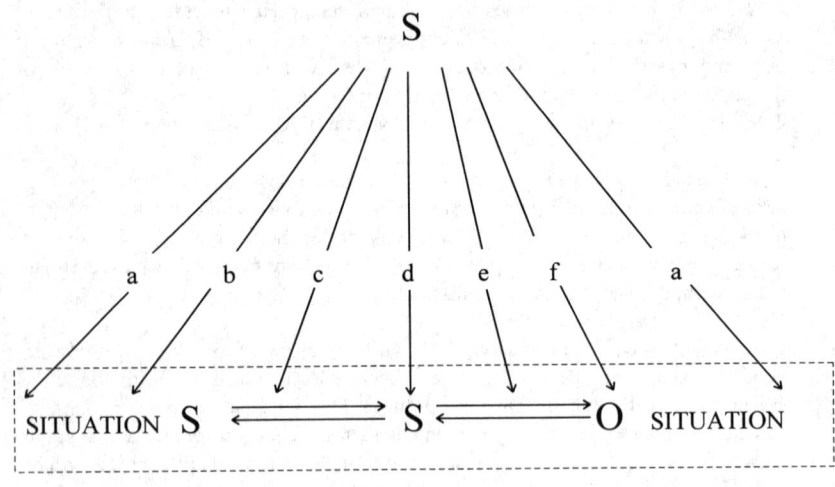

a) Situation

b) Erzieher

c) interpersonale Relation

d) Educandus

e) S-0-Beziehung

f) Vermittlungsobjekt

Das Erziehungsfeld als wechselseitiges, situatives Kommunikationsfeld grenzt sich gegen einen Handlungsbegriff ebenso ab, wie gegen die Reduktion der Kommunikation auf verbale Kommunikation. Verbale und nonverbale Kommunikation verbinden sich und sind voneinander nur analytisch trennbar. Kommunikation wird von der Sprache her verstanden, die als Sprachlichkeit eine doppelte Beziehung beim Subjekt als Person voraussetzt: den Bezug zu sich selbst und die Beziehung zum Anderen. So verstanden rückt die Sprache in die Mitte des Interesses der Pädagogik als Wissenschaft. Handlungen kann der *Educandus* nur durch seine Selbsttätigkeit setzen. Ihn für die notwendigen und richtigen Handlungen zu interessieren, ist Aufgabe der Pädagogik.

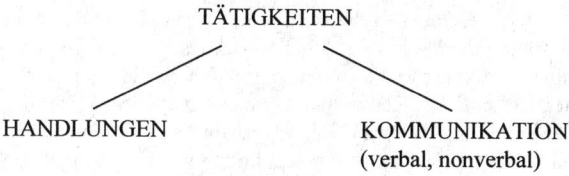

TÄTIGKEITEN

HANDLUNGEN

KOMMUNIKATION
(verbal, nonverbal)

2.1.3   Die wissenschaftlichen Methoden

Methoden können nicht für sich betrachtet werden, sondern haben eine Hilfsfunktion zur Gewinnung von Erkenntnissen. Als Wege zur Erfassung eines Objektbereiches gibt es in jeder Disziplin bereits bewährte Methoden, die dann adäquat übernommen und eingesetzt werden müssen, oder man muß eigene Methoden suchen. Ein Methodenfetischismus, der zeitweilig in der Pädagogik immer wieder aufkommt, verselbständigt die Methode und achtet nicht auf ihre Funktion zur Gewinnung von Erkenntnissen. Auf diese Verabsolutierung der Methodenfrage hat P.K. FEYERABEND in seinem bekannten Buch „Wider den Methodenzwang" pointiert Stellung bezogen.
Die Hermeneutik, die Phänomenologie und die empirisch-quantitativen Methoden lösen in der Pädagogik der Gegenwart noch immer zentrale Diskussionen aus. Diejenigen Vertreter, die in induktiver oder deduktiver Weise nur die empirisch-quantitativen Methoden gelten lassen, sehen im hermeneutischen Verstehen und in der phänomenologischen Reduktion eine Pseudoerklärung.

Die Notwendigkeit einer empirischen Forschung in der Pädagogik wird von keinem Vertreter geleugnet, ganz gleich, welchen Standpunkt er vertritt. Die divergierenden Standpunkte konzentrieren sich dabei auf das Verständnis von Erfahrung.

Erfahrung kann als Sinnesdatenerfahrung naiv vorausgesetzt oder als Bedingung der Erfahrung von Wirklichkeitskenntnis hinterfragt werden. Einen einheitlichen Erfahrungsbegriff gibt es nicht (BREZINKA, BOLLNOW, DOLCH). Nur eine kritische Auseinandersetzung um die anzuwendenden Methoden in Hinsicht auf den Objektbereich und nicht eine blinde Anwendung von gegebenen Forschungstechniken wird der komplexen Erziehungswirklichkeit und der Gewinnung von Erkenntnissen gerecht. Bei jeder Erfahrungsgewinnung müssen die Situationen als notwendige Voraussetzungen und Bedingungen für pädagogische Prozesse mit berücksichtigt werden. Wer den zeitlichen Charakter und damit die Einbeziehung des Besonderen, das in den Situationen konstitutiv mitgesetzt ist, negiert, setzt sich über eine konstitutive Bedingung erzieherischer Prozesse hinweg, die für zwischenmenschliche Kommunikationen notwendigerweise berücksichtigt werden muß. Sieht man davon ab, dann versucht man situationsinvariante Aussagen hypothetisch auf das Erziehungsfeld im Sinne einer Technologie der Erziehung zu übertragen. Dann ist aber nicht einzusehen, warum der Mensch als Erzieher in diesen für ihn bedeutsamen Beziehungszusammenhang hineingestellt bleiben soll und nicht von anderen, nichtmenschlichen Instanzen ersetzt werden kann.

2.1.4   Pädagogik als System

Der Systembegriff als dritter Aspekt von Wissenschaft hat in der Pädagogik eine Tradition. Systementwürfe der Pädagogik sind in Anlehnung an philosophische Systementwürfe in den letzten Jahrzehnten in der Pädagogik bis zur Gegenwart immer wieder versucht worden. Dabei gingen manche Vertreter von einer Systemidee aus, die ein geschlossenes System als Zusammenhang des Wissens über den Problemkreis der Pädagogik entwarfen. Die Zeit der geschlossenen Systeme und ihres Versuches einer Erklärung der Erziehungswirklichkeit sind vorbei und als gescheitert anzusehen. Dennoch behält der Systembegriff als Ordnungszusammenhang für jegliche Erkenntnis nach wie vor seine Bedeutung unter dem Gesichtspunkt, daß unser Wissen nicht absolut, sondern das Wissen einer endlichen Vernunft ist, die sich in steter Korrekturfähigkeit den Veränderungen zu stellen hat und damit nicht der Kritik aus dem Wege gehen kann. Dies setzt aber voraus, daß der eigene Ansatz immer hinterfragbar bleibt und so die Gesprächsbereitschaft gefördert wird. Das gilt gleichermaßen gegenüber Schulenbildungen innerhalb der Wissenschaft wie für ideologische Voraussetzungen. Jeder pädagogischen Theorie haftet immer schon ein Systemcharakter an.

Ein besonderes Problem ergibt sich bei der Begriffsbildung in der Pädagogik. Der unterschiedliche Gebrauch und die verschiedenen Inhaltsbestimmungen der Grundbegriffe werden vielfach beklagt. Die Forderung nach eindeutigen und klaren Begriffen in einer fachwissenschaftlichen Sprache bleibt eine Utopie. Begriffe sind Kurzformen für Sachverhalte, die im Einklang mit formulierten Theorien sprachlich vermittelt werden. Begriffe allein zu verstehen oder sie zur Grundlage der Wissenschaftlichkeit zu machen, ist genauso verkehrt, wie Begriffe und ihre Bestimmungen nur in sich ohne den systematischen Ort, den sie immer schon in einem Theoriensystem besitzen, verstehen zu wollen. Die Einführung in eine Wissenschaft kann daher nicht allein über die Grundbegriffe einer Disziplin erfolgen, sondern nur über die diesen zugrundeliegenden Theorien.
Aber auch von den syntaktischen Strukturen her bildet der Begriff ein Abstraktum, das als Abkürzung für einen Satz oder ein Satzsystem steht. Der Satz als Aussage bleibt die Grundlage und die dem Satz zugrundeliegende Frage der Ausgangspunkt, um Sachverhalte bestimmen zu können. Daher wird es in der Pädagogik immer wieder Fachwörterbücher und Begriffslexika geben, denn auch für die Begriffe gilt das gleiche wie für das System. Jeder geschlossene Begriff verhindert eine weitere Problematisierung und diese gehört notwendig zur Wissenschaft. Nicht Begriffe, sondern Problembereiche und Theorien machen den Inhalt der Wissenschaft aus (vgl. dazu das Schema auf S. 28).

2.1.5   Die drei Aufgaben der Pädagogik als Wissenschaft

Abgesehen von den verschiedensten Entwürfen der Pädagogik und ihrem Selbstverständnis als Wissenschaft kann man drei verschiedene Aufgabenbereiche unterscheiden, die untereinander in einem Begründungszusammenhang zu sehen sind.
1.   Als erste Aufgabe kommt der Pädagogik die Deskription und Interpretation der pädagogischen Felder zu, wobei sie als wissenschaftliche Theorie auch jene Theorien kritisch durchleuchtet, die dieses Feld fundieren und das Handeln in

pädagogischen Situationen bestimmen (vorwissenschaftliche Theorien). Dabei verfährt sie in der Deskription der Erziehungswirklichkeit, des Erziehungsfeldes und der Erziehungssituationen empirisch-analytisch und hermeneutisch-phäno-menologisch. Man könnte diese Aufgabe auch als eine Ebene auffassen und von einer empirisch-analytisch-hermeneutisch-phänomenologischen Ebene sprechen. Damit wird der Unterschied zwischen einer geisteswissenschaftlich und realwis-senschaftlich ausgerichteten Pädagogik aufgehoben, aber nicht verwischt, weil die erhobenen Daten immer schon interpretiert wurden und werden.

2.   Als zweite Aufgabe obliegt der Pädagogik der Entwurf von Modellen auf-grund komplexer Theorien, ganz gleich, ob sie sich in einer bestimmten Gegen-wart realisieren lassen oder nicht. Solche Theorieentwürfe führen zu möglichen Innovationen im pädagogischen Feld. Dabei besteht die Gefahr, daß die Pädago-gik als Wissenschaft Ideologien oder Utopien (K. MANNHEIM) anheimfällt. Dieses Risiko muß sie tragen. Damit aber erweitert sie einen Wirklichkeitsbe-reich zu einem Möglichkeitshorizont. Bei dieser Ebene sprechen wir von einer konstruktiv-theoretischen Ebene.

3.   Die dritte Aufgabe verweist auf die immer wieder zu leistende und mit der Wissenschaftsdiskussion der jeweiligen Zeit einhergehende Begründung der Päd-agogik als Wissenschaft. Diese Ebene nennen wir die theoretisch-reflexive Ebene. Hier dominiert der Möglichkeitsbereich über den Wirklichkeitsbereich.

Jede Reduzierung der Pädagogik auf nur eine der hier dargestellten Aufgaben verkürzt die Spannweite ihres Problemhorizontes. Den bisherigen Versuchen die Pädagogik und ihre Konzeptionen als Wissenschaft zu begründen muß vorgehal-ten werden, daß diese meistens in einer oder vielleicht zwei der genannten Ebe-nen verbleiben. Dies schlägt sich in der Theorie und in den Ergebnissen sowie in ihrer Beziehung zur pädagogischen Wirklichkeit nieder. In manchen Versuchen werden zwar die verschiedenen Teilbereiche gesehen, aber aus der Pädagogik als Wissenschaft ausgeklammert (R. LOCHNER, W. BREZINKA).

Pädagogik richtet sich immer an pädagogischen Feldern aus und erfährt dort die Realisierung eines konkreten Entwurfs. Als Wissenschaft obliegt es ihr die je-weilige Gegebenheit in den Möglichkeitshorizont wieder zurückzuführen aus dem sie entsprang und die Bedingungen der Auswahl für diese konkrete Realisie-rung aufzuweisen.

Diese drei Aufgabenebenen der Pädagogik als Wissenschaft stehen nicht lose und unverbunden nebeneinander, sondern bilden einen Begründungszusammenhang. Dabei gelten als Ordnungsprinzip die Nähe zur pädagogischen Wirklichkeit und der Abstraktionsgrad. So verstanden gibt es einen Begründungszusammenhang, der schematisch dargestellt werden kann. In ihm bestimmen die beiden Größen K = Konkretheit oder Konkretum und A = Abstraktheit und mit letzterer auch die Komplexität der Theorie folgendes Schaubild:

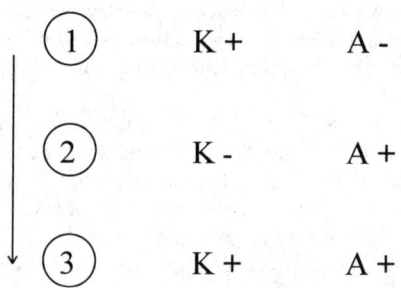

Der Pfeil des Begründungszusammenhangs geht von 1 nach 3. Das bedeutet aber keineswegs die Postulierung einer zeitlichen Priorität in dem Sinne, als könnte die pädagogische Wirklichkeit erst angegangen werden, wenn die anderen Ebenen geklärt sind. Arbeitsmäßig muß die Pädagogik ihre Leistung in allen drei Bereichen gleichzeitig vollbringen und sich hier vor allem vom pragmatischen Gesichtspunkt aus dem ersten Aufgabenbereich besonders zuwenden. Sie darf aber nie die systematische Klammer vergessen, von der her und über die hinaus sich erst das System einer möglichen, immer zu leistenden Aufgabe einer Pädagogik bewegt. Dabei soll nicht außer acht gelassen werden, daß jedes Tätigkeitsfeld (Ebene l) zunächst auf der Reduktion von Möglichkeiten aufbaut. Die Zurücknahme der vorhandenen Realität in den Möglichkeitshorizont kann wiederum die Kritik der vorhandenen Tätigkeiten leisten, die als solche aber immer mit dem konfrontiert werden müssen, was wissenschaftlichem Denken erst seinen *Topos* zuweist, nämlich die wissenschaftstheoretische Reflexion.

Zusammenfassung

Die Pädagogik als Wissenschaft wird als normative und deskriptive Wissenschaft verstanden. Nach Einbeziehung dieser beiden Aspekte in den pädagogischen Wissenschaftsbegriff bestimmt sich die Pädagogik in den verschiedenen Ansätzen als empirisch-analytische Wissenschaft (Deskription), als Prinzipienwissenschaft (Normierung des Handelns) oder als geisteswissenschaftliche Pädagogik (deskripitive und normative Wissenschaft). Die Wissenschaftskonzeption der Pädagogik, die von der FRANKFURTER SCHULE ausgeht, nimmt in Anlehnung an J. HABERMAS die verschiedenen Ansätze der geisteswissenschaftlichen und empirisch-analytischen Wissenschaft in ihre Konzeption der kritischen Wissenschaft mit auf. Der grundsätzliche Bezug zur Philosophie ist in allen Richtungen gegeben.

Eine andere Einteilung vesteht die Pädagogik als Sozialwissenschaft oder als Kulturwissenschaft. Daher wird die Pädagogik im 20. Jahrhundert als Geisteswissenschaft (Naturwissenschaft), als Kulturwissenschaft (Geschichte, Natur), als Sozialwissenschaft (Geistes- u. Naturwissenschaft) oder als Realwissenschaft unter einheitswissenschaftlichem Aspekt verstanden.

Der Subjekt-Objekt-Bezug erfährt in der Pädagogik als Wissenschaft eine Differenzierung im Objektbereich, der wiederum als Relationsgefüge zwischen Subjekt-Subjekt-Objekt adäquat dargestellt werden kann. Dieses Modell und die Einbeziehung des forschenden Subjekts in die Grundrelation von Subjekt und Objekt stellen den weitesten Wissenschaftsbegriff dar, der von den verschiedenen Vertretern teilweise verengt und in manchen objektivistischen Ansätzen vereinfacht wird.

Die Frage nach der Methode oder der Methodenmannigfaltigkeit kann nur im Zusammenhang mit dem Objektbereich gesehen werden. Die gängigen Methoden sind Hermeneutik, Phänomenologie, sowie empirisch-quantitative Methoden.

Der Systembegriff als Ordnungsbegriff des Wissens über einen Objektbereich muß von den ehemaligen Systementwürfen der Pädagogik, die als geschlossene Systeme den Versuch unternahmen, das Wissen um die Erziehung und Bildung des Menschen in eine abgeschlossene Form zu bringen, unterschieden werden.

Der unterschiedliche Gebrauch der zentralen Begriffe in der Pädagogik kann auch als Chance gesehen werden, wenn jede begriffliche Bestimmung auf die Sachverhalte zurückgeführt wird, aus der sie entspringt. Problembereiche und Theorien machen den Inhalt von Wissenschaft aus. Der Systembegriff kann nur unter Einbeziehung der Forschung als offener und damit als wissenschaftstheoretisch adäquater Begriff konzipiert werden.

Als grundsätzliche Aufgaben obliegen der Pädagogik die Erhebung und Interpretation der Sachverhalte in den pädagogischen Feldern, der Entwurf von Theoriemodellen und die Diskussion um den Wissenschaftscharakter der Pädagogik.

2.2 Das Theorie-Praxis-Problem als Grundbeziehung für die Bestimmung des Wissenschaftscharakters der Pädagogik

Das folgende Kapitel informiert Sie über
- *die Beziehung zwischen Theorie und Praxis,*
- *die Verbindung von Sein und Sinnfragen in der Pädagogik,*
- *das Theorie-Praxis- Verständnis in der empirisch-analytischen Richtung,*
- *das Theorie-Praxis-Verhältnis in der geisteswissenschaftlichen Pädagogik,*
- *den Theorie-Praxis-Bezug als dialektische Beziehung,*
- *die Erweiterung des Theorie-Praxis-Verhältnisses durch die Poiesis.*

Die Diskussion um die Pädagogik als Wissenschaft kreist seit dem Beginn der Diskussion um ihren Wissenschaftscharakter zentral um die beiden Begriffe Theorie und Praxis. Aber auch manche Einteilungsversuche der Pädagogik weisen die Unterscheidung zwischen theoretischer und praktischer Pädagogik auf. Zweifelsohne bietet dieser Problemkreis bis in die Gegenwart den Zündstoff für unaufhörliche Auseinandersetzungen. Dies geht sogar so weit, daß die Pädagogen in zwei Gruppen geteilt werden, in die Theoretiker, d. h. die Wissenschaftler und die Praktiker, das sind jene, die in den Erziehungsfeldern tätig sind. Es gibt fast keine Diskussion auf pädagogischem Gebiet, in der nicht diese Fronten immer wieder sichtbar werden.

Es gibt keinen Ansatz der Pädagogik, in dem nicht auf die Erziehungswirklichkeit - so verschieden bestimmt auch dieser Begriff gebraucht wird - Bezug genommen wird. Wenn man als Praxis die Erziehungswirklichkeit versteht, dann gibt es keinen theoretischen Ansatz der Pädagogik, der sich nicht auf diese bezieht.

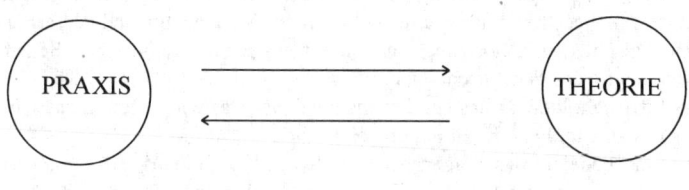

PRAXIS → ← THEORIE

Mannigfaltigkeit   Einheitlichkeit

Erziehungswirklichkeit und Erfahrung der Erziehungswirklichkeit sind dabei Termini, die immer wieder verwendet werden.

Die Grundlage für diese Auseinandersetzungen bilden gewisse traditionelle Verständnisweisen von Theorie und Praxis sowie die Bestimmung ihrer wechselseitige Beziehung. Es wird vorausgesetzt, daß Wissenschaft und Theorie synonym im neuzeitlichen Sinne verwendet werden, d.h. den Inhalt der Wissenschaft bilden die Theorien. Praxis steht für Felder in der Lebenswelt, in der pädagogische Phänomene enthalten sind. Danach unterscheiden sich in der Pädagogik verschiedene Ansätze. Man darf nicht vergessen, daß diese beiden zentralen Termini aus der griechischen Sprache kommen und in sich gesehen eine Begriffsgeschichte und einen Bedeutungshorizont haben, deren Aufweis in den letzten Jahren zu interessanten Problematisierungen geführt hat, deren Diskussion noch nicht abgeschlossen ist.

Allgemein kann man behaupten, daß die Pädagogik als Wissenschaft immer mit diesen 'Praxis'-Feldern zu tun hat. In enger Beziehung zur Praxis sind stets mindestens zwei Aufgaben zu erfüllen: Forschungen heuristischer Art über diese Felder durchzuführen und Theorien darüber zu erstellen, die wiederum auch Veränderungen in den pädagogischen Feldern anstoßen.

So gesehen hat die Wissenschaft der Pädagogik eine heuristische und eine prognostische Aufgabe. Sie selbst soll dabei nicht bestimmte Prozesse rezepthaft vorschreiben, sondern den Möglichkeitshorizont für situationsgerechte Entscheidungen klären, aufgrund deren sich dann Tätigkeiten verwirklichen lassen.

Die Pädagogik als Wissenschaft kann weder die Realisierung in verschiedenen Situationen vorwegnehmen, noch den Erzieher von seinen Entscheidungsprozessen entbinden. Sie verharrt aber auch nicht in der Sterilität der Reduplikation des Gegebenen, indem längst Bekanntes durch Untersuchungen bestätigt wird.

In den pädagogischen Feldern sind Seins- und Sollensfragen immer miteinander verbunden. Die Frage nach dem Sinn umgreift beide. Eine Ausklammerung von Sinnfragen bedeutet immer eine willkürliche Verkürzung und Verarmung des pädagogischen Fragehorizonts und beruht auf einer willkürlichen Setzung und Eingrenzung des Wissenschaftsbegriffs.

Das Sein steht hier für das Ist, das uns begegnet, das wir erfahren, das wir erkennen, das sich im Feld der Situation zeigt.

Der Sinn bedeutet das Fragen über das Sein als Ist hinaus auf den Zusammenhang, in dem erst das Ist seinen *Topos*, seinen Platz hat. Sinn bezieht sich immer auf Ganzheiten und setzt ein divergentes Denken voraus.

Möglichkeiten/Wirklichkeit

THEORIE

VERGANGENHEIT　　　GEGENWART　　　ZUKUNFT

IST-Zustand　　　ENTWÜRFE

PRAXIS
(Erfahrung)　　　determinativ　probabel

ERZIEHUNGS-
WIRKLICHKEIT

KOMMUNIKATIONS-
und
HANDLUNGSFELD

In allen Ansätzen der Wissenschaftstheorie bildet den Inhalt der Wissenschaft unbestreitbar die Theorie. Doch das, was jeweils als Theorie angesehen wird, trifft sich vielleicht noch in der Übereinstimmung, daß Theorien Satzsysteme sind. Die nähere inhaltliche Bestimmung wissenschaftlicher Theorien variiert aber nach den Positionen, je nach dem, wie Theorie verstanden wird.

Wenn man die Frage nach der Brauchbarkeit wissenschaftlicher Theorien stellt, kommt der pragmatische Aspekt zum tragen. Er wird vor allem dann brisant, wenn eine Wissenschaft Ausbildungsfunktionen übernimmt und Erzieher ausbilden will. Wenn heute das Kriterium der Rentabilität als Meßlatte an die Wissenschaft angelegt wird, werden diese Beziehungen zwischen Theorie und Praxis bedeutsam. In diesem Sinn wird die Pädagogik zu den praktischen Wissenschaften, zu den angewandten Wissenschaften oder gar zu den technologischen Wissenschaften gezählt.

2.2.1 Das Theorie- und Praxisverhältnis in der empirisch-analytischen Pädagogik

Die Richtungen in der Pädagogik, die hier gemeint sind, zentrieren sich auf die wissenschaftliche Theorie und sehen die Praxis als Forschungsfeld, über dies in induktiver oder deduktiver Weise nach den Gesetzen der Wissenschaftslogik Theorien aufgestellt werden. Sie bleiben im Bereich einer Ist-Forschung. Eine Anwendung der erstellten wissenschaftlichen Theorien und ihre Vermittlung in Tätigkeiten des pädagogischen Feldes wird dem Pädagogen im Praxisfeld oder dem Politiker anheimgestellt. Die Wissenschaft beteiligt sich an diesen Auseinandersetzungen nicht, sie hält sich als wertneutral heraus und strebt nach der Aufstellung allgemeiner Gesetze.

Sie hat die Aufgabe, ein widerspruchsloses, nachprüfbares und werturteilfreies Satzsystem zu erstellen, das Ursache-Wirkung-Beziehungen aufzeigt, die im pädagogischen Feld wirksam sind. Diese liefern dann die Grundlage dafür, Prognosen, d. h. Voraussagen, erstellen zu können, die erst eine Technologie der Erziehung möglich machen.

Theorie ist hier auf der Suche nach möglichen allgemeingültigen Gesetzen, um der Praxis Prozeßabläufe voraussagen zu können. Diese Theorie versteht sich als übersituativ. Soweit die Theorie dies aber nicht leistet oder leisten kann, überläßt sie die Praxis einer Erziehungslehre, die den Ansprüchen der Wissenschaftlichkeit nicht entspricht. Theorie ist ein nach logischen Regeln ausgerichtetes Satzsystem, das nur solche Aussagen als wissenschaftlich zuläßt, die den logischen Gesetzen entsprechen. Dialektische Prozesse, Intersubjektivitätsbeziehungen oder Interaktionen können wegen ihrer logischen Unfaßbarkeit nicht berücksichtigt werden. Was nicht nach den Regeln der Logik ausdrückbar ist, kann nicht als wissenschaftlich angesehen werden.

2.2.2 Die wechselseitige Vermittlung von Theorie und Praxis

Die anderen Positionen, die sich von den bereits erwähnten unterscheiden, gehen von einer wechselseitigen Vermittlung von Theorie und Praxis aus, die, je nach der Auffassung des Vermittlungsprozesses, sich in lineare oder dialektische Positionen differenzieren lassen.

Hier gibt es keine eindeutige Zuordnung der Richtungen, denn z.B. Vertreter der geisteswissenschaftlichen Pädagogik verwenden lineare, bipolare, antonomische und dialektische Konzepte, um das Theorie-Praxis-Verhältnis zu erfassen. Auf der anderen Seite aber gibt es im Bereich der kritischen Erziehungswissenschaft sowie in den pragmatischen und konstruktiven Positionen Vertreter, die allein die Dialektik als Vermittlung von Theorie und Praxis favorisieren. In diesem Sinne differenzieren sich auch die beiden folgenden Abschnitte.

2.2.2.1 Die lineare Vermittlung in Form eines Stufenschemas im Bereich der geisteswissenschaftlichen Pädagogik

Pädagogik als Wissenschaft hat deskriptive und normative Aufgaben in Hinsicht auf die Praxis. Deskription heißt Beschreibung der Wirklichkeit, des Gegebenen. Da jede Beschreibung durch die Sprache vermittelt ist, ist sie immer eine Interpretation der Wirklichkeit. Die geschichtlich gewordene Wirklichkeit, in der sich die Erziehung vollzieht, soll sprachlich in der Theorie erfaßt werden. Diese geht von der Praxis aus und steht in Beziehung zu ihr, denn sie bestimmt gleichzeitig die Praxis durch die Vorgabe z.B. von Erziehungszielen. Den situativen Charakter bezieht sie dabei in ihr Wirklichkeitsverständnis mit ein.

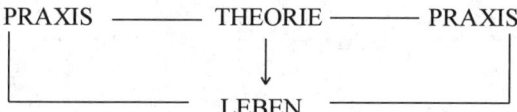

Die in der Situation miteinander in Beziehung stehenden Menschen sind als Personen aufgerufen, dieser Situation durch adäquate Entscheidungen Rechnung zu tragen und sich an der Theorie auszurichten.

Problematisch wird die Vermittlung, wenn man für die Praxis das Leben setzt und für die Theorie Denken oder Reflexion sagt. Leben und Denken sind keinesfalls in eine Identität zu bringen, sondern bleiben immer im Spannungsfeld des Unterschiedes.

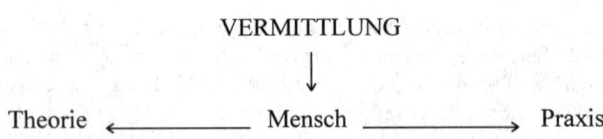

VERMITTLUNG

Theorie ←——————— Mensch ——————————→ Praxis

In der geisteswissenschaftlichen Pädagogik, die die Formel von der „Theorie einer Praxis, für die Praxis" geprägt hat, drückt sich dies klassisch in den beiden Stufenmodellen von E. WENIGER und W. SAYLER aus.
E. WENIGER geht davon aus, daß es überhaupt keine Praxis ohne die Einschaltung einer Theorie gibt, wobei er unter Theorie nicht nur wissenschaftliche Theorien versteht. Dies führt zu einer dreifachen Differenzierung des Theoriebegriffs. Als Theorie ersten Grades versteht er die Voreinstellungen des Praktikers, die seine Tätigkeiten im pädagogischen Feld leiten. Durch die Reflexion über die Praxis kommt es zur Ausbildung einer Theorie zweiten Grades als explizites Wissen um die Handlung. Erst die Theorie dritten Grades bildet die wissenschaftliche Theorie, die das vorausliegende Verhältnis von vorwissenschaftlicher Theorie zur Praxis aufzuhellen hat und so zu einer permanenten Analyse der Erziehungswirklichkeit führt. Dadurch erst gewinnt die Pädagogik Wissenschaftscharakter und kann wiederum selbst Ausbildungsaufgaben für Pädagogen leisten.

THEORIE ——→ PRAXIS ——→ THEORIE ——→ PRAXIS

Eine etwas differenziertere Einteilung der verschiedenen Theoriearten - aber in derselben Intention - versucht W. SAYLER in ihrer Habilitationsschrift über das Verhältnis von Theorie und Praxis. Die Theoriearten unterteilt sie in eigentlich pädagogische Theorien und Theorien fremder Herkunft ein. Die Theorien pädagogischer Herkunft gliedert sie in einem Fünfstufenmodell je nach ihrer Nähe zur Handlungssituation. In diesem bipolaren Schema steht an einem Pol die Praxisunmittelbarkeit und am anderen Pol die begrifflich-abstrakte Bearbeitung. Die situationsverflochtene Theorie der ersten Stufe enthält die individuelle Voreinstellung und entspricht in etwa der ersten Stufe WENIGERs, ebenso die zweite Stufe einer situationsbezogenen Theorie, die als natürliche Theorie der Erfahrung bezeichnet wird. Auf diese beiden Stufen folgt die Stufe der hypothetischen Theorie, wo versucht wird, Situationen zu ordnen und einzuordnen, d.h. zu klassifizieren und zu typisieren. Die wissenschaftliche Theorie schließlich als situationsübergreifende Theorie abstrahiert von den Zeit- und Raumbedingungen einer Handlungssituation und mündet in der fünften Stufe in die situationsunabhängige Theorie, die als Erziehungsweisheit an die Tradition anknüpft und die Pädagogik mit der Philosophie verbindet.

Diese beiden stufenartigen Vermittlungen von Theorie und Praxis können nicht verbergen, daß sie von Prämissen ausgehen, in der die Erziehungsfelder allzu statisch gesehen werden. Theorie und Praxis werden aufgefaßt als zwei Pole, zwischen denen dann die Aussagen oszillieren. Man könnte dieses Modell auch eine diathetische Polarität nennen. Gleichzeitig behalten die beiden Bereiche Theorie und Praxis ihre je eigene Stellung bis auf die Beziehungen, die jedoch nicht wesentlich das Praxisfeld verändern.

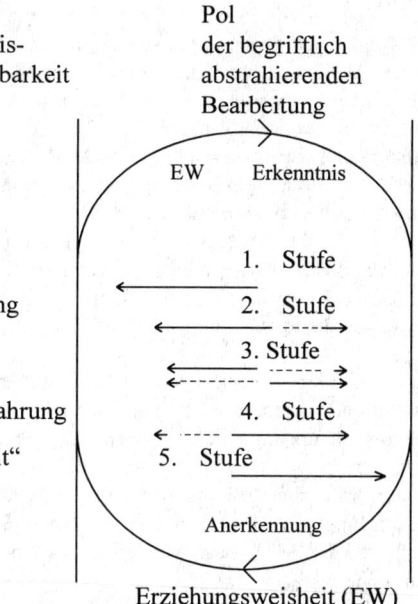

Pol
der Praxis-
unmittelbarkeit

Pol
der begrifflich
abstrahierenden
Bearbeitung

EW   Erkenntnis

1. naive individuelle Erfahrung

2. natürliche verbreitete Erfahrung

3. verallgemeinerte Erfahrung
   bzw. herausgeforderte

4. wissenschaftlich-kritische Erfahrung

5.   „Erfahrenheit"

1.   Stufe

2.   Stufe

3. Stufe

4.   Stufe

5.   Stufe

Anerkennung

Erziehungsweisheit (EW)

Quelle: SAYLER, W.: Das Verhältnis von Theorie und Praxis in der Pädagogik. München, 1968, S. 240

2.2.2.2   Die dialektische Verbindung von Theorie und Praxis

Nach diesen Positionen bedarf die Beziehung von Theorie und Praxis einer dialektischen Vermittlung.
Aufgabe der Pädagogik kann nicht nur eine Erfassung der Praxis und vielleicht die Aufstellung von Maximen für die Praxis sein, sondern vielmehr die Veränderung der Erziehungsfelder selbst. So kam es zur Ausbildung der Handlungsforschung, in der es um konkrete Projekte pädagogischer Tätigkeit in den zugehörigen Feldern ging. Diese Realisierung pädagogischer Konzepte in Kindergarten, Schule Erwachsenenbildung, Jugendarbeit etc. führte zu einer Renaissance reformpädagogischer Konzeptionen, soweit sie in der gegenwärtigen Situation und unter den gesellschaftlichen Bedingungen adaptierbar waren. Die in den 70er Jahren aufkommende und seither weitergeführte pädagogische Handlungsforschung hat es sich zum Ziel gesetzt, vorhandene pädagogische Praxisfelder zu verändern. Sie wendet sich gegen alle distanzierten Projekte, die Theorie als Forschung und Praxis als Handeln trennen. Vielmehr hat die pädagogische Handlungsforschung zum Ziel, die Handlungsfelder durch Forschung zu verändern. So versteht sie sich als Innovationsforschung (HÄBERLIN 1975, 664), die wissenschaftliches Handeln und einflußnehmendes Handeln als eins sieht.
Die drei methodologischen Prinzipien der Handlungsforschung haben bis zur Gegenwart nichts an Aktualität eingebüßt:
- Das „Prinzip der verstehenden Lebensweltanalyse"
- das „Prinzip der permanenten Kommunikation zwischen allen Beteiligten zum Zwecke der Verwirklichung von Emanzipation"
- das „Prinzip des praktischen Erfolgs" (HÄBERLIN 1975, 669).

Damit trifft sie sich mit dem Ansatz der Ethnomethodologie, die das Individuum als komplex handelndes Subjekt versteht, das seine Wissenssysteme reflexiv, methodisch und situationsbezogen zu gebrauchen versteht" (WEINGARTEN, 1976, 20).
In der kritischen Theorie der FRANKFURTER SCHULE vollzieht sich die Vermittlung von Theorie und Praxis durch das erkenntnisleitende Interesse. Bei M. HORKHEIMER bewirkt dies die Aufhebung der Trennung von Erkenntnis und Sein.
Das Wechselverhältnis zwischen Interessen und Erkenntnis gründet bei J. HABERMAS in der Lebenswelt, d. h. in einer Grundbeziehung zur Praxis, so daß das Interesse sowohl an Handlungen als auch an die Erkenntnis gebunden ist. In den erkenntnisleitenden Interessen sind Interessen-Erkenntnis-Handlung zusam-

men gedacht, und damit eine Verbindung zwischen Theorie und Praxis hergestellt. Hinzu kommt noch, daß das Aufdecken von Interessen durch den Akt der
Selbstreflexion selbst als ein Handlungsakt verstanden wird. Dieser bildet dann
den emanzipatorischer Akt als Inhalt der kritischen Wissenschaft. In den vorliegenden Wissenschaften, wie den Natur- und Geisteswissenschaften, werden die
ihnen zugrundeliegenden Interessen ebenfalls durch die Selbstreflexion erhoben,
denn die "Vernunft erfaßt sich als interessierte im Vollzug der Selbstreflexion"
(HABERMAS, 1971, 261). Daher trifft die Natur- und Geisteswissenschaften der
Vorwurf des Objektivismus in gleicher Weise, weil in ihnen der Beitrag der subjektiven Seite vergessen und ausgespart wurde, aus dem erst das Erkenntnisinteresse hervorgeht. In der Relation gesprochen, bedeutet der Bezug zur Subjektivität
als Subjektbezogenheit die Thematisierung der Voraussetzung, die immer schon
im Wissenschaftsansatz mitgesetzt ist und erst durch die Reflexion bewußt gemacht werden kann.

Vergißt die Wissenschaft diese Zusammenhänge, isoliert sie sich von den Ge-
samtzusammenhängen der Gesellschaft und schnürt sich gegen die zu lösenden
Probleme ab, die durch Handlungen gelöst werden müssen.

"Die Einbettung von Erkenntnisprozessen in Lebenszusammenhänge macht auf die Rolle er-
kenntnisleitender Interessen aufmerksam: ein Lebenszusammenhang ist ein Interessenzusam-
menhang. " (HABERMAS 1971, 260)

Daher richtet sich auch das Interesse der kritischen Theorie auf den vergessenen
Zusammenhang zwischen Lebenszusammenhang als Gesellschaft und Erkenntnis.

Die dialektisch vermittelte Einheit von Theorie und Praxis bei J. HABERMAS,
kritisiert K. O. APEL mit Recht; er sieht im Theorie-Praxis-Verhältnis ein polares
Spannungsverhältnis und nicht eine Identität, wie dies die kritische Theorie po-
stulierte.

„Theoretische Reflexion und materiell praktisches Engagement sind trotz der Identität der Vernunft mit dem Vernunftinteresse nicht identisch, sondern treten auf der höchsten Stufe philosophischer Reflexion als polar entgegengesetzte Momente innerhalb des emanzipatorischen Erkenntnisinteresses noch einmal auseinander." (APEL 1970/71, 193)

Im geisteswissenschaftlichen Bereich liegt in der hermeneutisch-dialektischen
Pädagogik bei TH. LITT und J. DERBOLAV ein weiterer Vermittlungsversuch
von Theorie und Praxis vor. Die Praxis geht jeder Theoriebildung voraus, d. h. sie
ist durch die Theorie nicht einholbar, weil zwischen der Theorie und der durch

sie vermittelten Praxis die Entscheidung als freier Entschluß desjenigen steht, der sich in der Erziehungssituation befindet. Darin erfährt jegliche Theorie ihre Selbstbegrenzung und damit die Grenze in einer bestimmten Negation, weil sie versucht, linear Praxis zu bestimmen, wie dies in den Technologien der Erziehung der Fall ist. Theorie und Praxis sind aufeinander verwiesen, nicht miteinander identisch. Sie werden durch den Erziehenden dialektisch vermittelt, d. h. die Theorie wird aufgehoben in der Entscheidung durch den Erzieher. Daraus resultiert eine dreifache Aufgabe der Pädagogik:

„1. als dialektische Situationsanalyse für das erzieherische Handeln, die den Erzieher anleitet, Situationen als erzieherische zu erschließen und sie erzieherisch bewältigen zu können, ohne ihm seine erzieherische Entscheidung in der Praxis abzunehmen,
2. als dialektische Sinndeutung des Gesamtanliegens der Erziehung im Hinblick auf die Menschwerdung des Heranwachsenden, die den Sinn der Erziehung auf das Selbstwerden des Heranwachsenden orientiert, ohne dies gleichzeitig durch vorwegnehmende Bestimmtheit zu verunmöglichen,
3. als dialektische Selbstreflexion auf Möglichkeiten und Grenzen pädagogischer Aussagen von der und für die Erziehungspraxis, die die Pädagogik als praktische Wissenschaft konstituiert, die ihren Sinn nicht im Begreifen, sondern im Verbessern von Praxis hat." (SCHMIED-KOWARZIK 1975, 92 f.)

J. DERBOLAV will in einer Praxeologie die Verbindung zwischen der pädagogischen Praxis und den anderen Praxen der Gesellschaft in einem Beziehungsgeflecht aufhellen.
Es kommt ihm darauf an, den politisch relevanten Aspekt der Pädagogik herauszustellen und Einflüsse sowie Bedingungen aus der bildungspolitischen Diskussion mit zu berücksichtigen. Bildungspolitik gehört mit zur Pädagogik, weil die pädagogischen Felder immer ihre Bedingtheit im Raum des Gesellschaftlich-Politischen haben. Diese Verbindung zwischen Pädagogik und Politik wird DERBOLAV in den letzten Jahren neben der Praxeologie zu einem Anliegen, auf das er immer wieder zurückkommt. Durch die Praxeologie, versucht er aber auch die Pädagogik in das Beziehungsgeflecht anderer Disziplinen hineinzustellen. Die Praxisfelder differenziert er systematisch in dreifacher Weise: als Naturwüchsigkeitsstufe, als Rationalitätsstufe und schließlich als regulative Idee. So spannt sich denn auch der Bogen zwischen Pädagogik, Politik und Ökonomie, die die Bedingungen für das Verständnis pädagogischer Felder bieten. Seine Praxeologie versteht er als

„theoretisches Konstrukt, das den Versuch macht, die praktischen Wissenschaften vom Typus der Pädagogik systematisch zu ordnen, und zwar so, daß auf der einen Seite die wechselseitige

Durchgängigkeit der Praktiken gewahrt und auf der anderen Seite die partiellen hierarchischen Bezüge zwischen Praxispaaren und ihrer Hinordnung auf die zentrale Praxis der Politik überhaupt erhalten bleiben." (DERBOLAV 1987, 286)

2.2.3 Versuch einer Neubestimmung des Theorie-Praxis-Verhältnisses

Die Lebenswelttheorie des Phänomenologen ALFRED SCHÜTZ führte zur Hinwendung zu den pädagogischen Feldern als Bereiche der menschlichen Lebenswelt. Durch diese Berücksichtigung von Alltagswelten mußte auch dem Alltagswissen und dem Alltagshandeln eine besondere Aufmerksamkeit zugewendet werden. Doch gerade dieses wurde bisher weitgehend aus der Pädagogik als Wissenschaft ausgeblendet. Diese Tendenz führte auch dazu, daß individuellen Prozessen, wie dem Lebenslauf eines Menschen, Interaktionen in bestimmten Situationen und Einzelfallanalysen weder eine besondere Beachtung geschenkt noch diese berücksichtigt wurden. Dies kommt darin zum Ausdruck, daß qualitative Methoden wieder einen legitimen Platz in der Forschung einnehmen.
Durch eine Analyse der Tätigkeiten in der Lebenswelt kommt H. ARENDT in Anlehnung an ARISTOTELES zu vier Grundformen von Prozessen: denken (*theoria*)-arbeiten (*techne*) -herstellen (*poiesis*)-handeln (*praxis*).
Sah M. HORKHEIMER als zentrale Kategorie der kritischen Theorie der FRANKFURTER SCHULE die Arbeit als grundlegende Tätigkeit des Menschen im Mittelpunkt seiner Konzeption, so führte die Erweiterung und Differenzierung des Arbeitsbegriffs durch J. HABERMAS zu drei unterschiedlichen Lebensweltprozessen: Arbeit, Interaktion und Sprache. Das Zusammenspiel von Erkenntnis und Interesse im Erkenntnisinteresse verknüpft die Lebensweltprozesse unmittelbar mit den Intentionen der Wissenschaft.
Das Aufgreifen dieser Unterscheidungen führte zu Fragen nach dem Ursprung von *Praxis* bei den Griechen und das bedeutete die Wiederaufnahme der Diskussion um die Grundbegriffe: *Theoria*, *Praxis*, *Techne* und *Poiesis*.
Die moderne Auffassung von Theorie seit der Aufklärung beinhaltet die Reflexion auf und über den Objektbereich sowie seine Konstitution. Daraus gewinnt Wissenschaft ihre Aussagen. Unter *Praxis* verstand man aber im Gegensatz zur Theorie das Handeln selbst. Gleichzeitig ist aber auch ein Handeln ohne wissenschaftliche Theorie möglich. Dieses Handeln aber muß wieder durch Überlegungen und Reflexionen geleitet werden, die nicht als Theorie gelten, sondern als sogenannte Theorie der Praktiker bezeichnet wird. Im Lichte der Herkunft dieses Verständnisses von Theorie und *Praxis*, das sich noch deutlich bei I. KANT und

bei J.F. HERBART findet, engt sich das Feld der Wissenschaft dabei wesentlich ein.

Nun ist der Objektbereich der Pädagogik, die durch den Menschen erfahrbare und gestaltete Lebenswelt. Der in der Lebensphilosophie des 19. Jahrhunderts bei DILTHEY noch gültige Lebensbegriff spricht von der Nichterfaßbarkeit des Lebens durch und in Reflexionen. Daher reicht das Leben, das Lebendige, immer über den Bereich der Wissenschaft hinaus, denn Leben umfaßt auch die Reflexion oder die Reflexion ist nur ein Akt des Lebens.

Doch Wissenschaft konstituiert sich nicht allein aus der Reflexion, wie F. FISCHER gezeigt hat, sondern genauso aus den Proflexionen, den Entwürfen in die Zukunft. So kann die Wissenschaft nie allein nur Reproduktion einer vorfindlichen Praxis sein und sich nur rezeptiv verstehen.

An dieses Verständnis knüpft nun der Versuch an, das Theorie-Praxis-Verhältnis neu zu bestimmen. Auf diesem Wege kommt es über die kritische Rezeption und Auslegung aristotelischer Gedanken zu der Einsicht, neben der Theorie und der Praxis, auch die *Techne* und die *Poesis* mit einzubeziehen.

In Hinsicht auf die *Poiesis* hat der Literaturwissenschaftler H.R. JAUSS einen auch für die Pädagogik interessanten Vorschlag in seiner Hermeneutik vorgestellt, wenn er von den ästhetischen Grunderfahrungen der *Poiesis, Aisthesis* und *Katharsis* spricht. Unter der *Poiesis* versteht er dabei die produktive Seite der ästhetischen Erfahrung. Die *Aisthesis* artikuliert die rezeptive Seite und die *Katharsis* steht für die kommunikative Leistung. Diese Interpretation der Poiesis versucht A.v. PRONDCZYNSKY in die Pädagogik zu integrieren.

Er meint, daß eine Theorie des *poietischen* Wissens und Könnens in der Pädagogik eine Theorie pädagogischen Denkens und Handelns unter *poietischer* Orientierung sein müßte, die die Probleme des Lernprozesses als Selbst-Hervorbringung von Wissen-Können (erfindendes Lernen) versteht. "Eine 'Poietische Pädagogik' schließlich muß Theoriebildung selbst als poietisches Verfahren begreifen und realisieren." (PRONDCZYNSKY 1993, 398)

Die ausgebildete und bildbare Subjektivität von Erzieher und Zögling und die damit verbundene Spontaneität als Ausgriff auf die Welt verweist in diesem Zusammenhang auch auf die Konkreativität, wie sie H. ROMBACH in seinem Entwurf einer strukturalen Anthropologie aufgewiesen hat.

A.v. PRONDCZYNSKY fordert daher "ein grundlegendes Umdenken im pädagogischen Wissenschaftsdiskurs in Richtung auf das explizite Selbstverständnis als poietische Disziplin" (PRONDCZYNSKY 1993, 398).

Zusammenfassung

Die Pädagogik als Wissenschaft steht im Spannungsfeld zwischen Theorie und Praxis. Ihre Aufgabe als Wissenschaft ist die Erstellung von Theorien. Der gegenseitige Bezug von Theorie und Praxis kann in situationsinvarianten oder situationsvarianten Theorien verstanden werden. Der Ausgang von einer gegebenen Praxis führt zu Theoriensystemen, die gegebene Ist-Situationen erheben. In jeder pädagogischen, d. h. erzieherischen Situation bleiben Sinn und Sein miteinander verschränkt. Situationen sind immer geschichtlich bedingt, d. h. sie besitzen einen Zeitcharakter. Die Aufgabe der Theorie bleibt die Rückführung der Wirklichkeit als Gegebenheit auf ihren Möglichkeitshorizont, der zu Entwürfen führt, die entweder normierend auf pädagogisches Handeln wirken oder Handlungsmöglichkeiten für die Entscheidung des Erziehers anbieten können. In der Weite oder Enge der definierten Theoriebegriffe finden sich die verschiedenen theoretischen Systeme der Pädagogik eingeordnet. Dabei kann man zwei wesentliche Richtungen zur Praxis unterscheiden:

- Pädagogik als Theorie einer Praxis. Sie legt Wert auf die Theorie und sieht das Praxisfeld nur insoweit als bedeutsam an, als es Forschungbereich für die Wissenschaft ist. Diese Beziehung versteht sich als lineare Relation.
- Die wechselseitige Vermittlung von Theorie und Praxis zeigt sich in zwei Positionen:
  - die erste findet sich im Bereich der geisteswissenschaftlichen Pädagogik, die eine lineare Prozeßhaftigkeit bei der Vermittlung sieht und folgende Formel verwendet: Die Pädagogik ist die „Theorie einer Praxis, für die Praxis";
  - die zweite faßt die wechselseitige Beziehung als ein dialektisches Verhältnis auf, wie es sich in der Handlungsforschung sowie im Anschluß an K. MARX in der FRANKFURTER SCHULE und im neuhegelianischen Ansatz der Praxeologie J. DERBOLAVs manifestiert.

Der Entwurf einer *poetischen* Pädagogik weist auf zukünftige Weiterentwicklungen des Theorie-Praxis-Verhältnisses hin.

2.3 Die geisteswissenschaftliche Pädagogik

Das folgende Kapitel informiert Sie über
- *die verschiedenen Ansätze einer geisteswissenschaftlichen Pädagogik*
- *die enge Verbindung der verschiedenen philosophischen Strömungen mit den Konzeptionen der geisteswissenschaftlichen Pädagogik.*

Wenn man von der geisteswissenschaftlichen Pädagogik als einer Richtung der Pädagogik spricht, so muß man berücksichtigen, daß darunter verschiedenartige Ansätze zu verstehen sind. Sicherlich kann man davon ausgehen, daß die Unterscheidung in Geistes- und Naturwissenschaften bei W. DILTHEY die gemeinsame Grundlage bildet. Es wäre aber falsch, darunter eine Schule oder eine Richtung in einem geschlossenen Sinne zu verstehen. Deshalb erscheint es notwendig, die wichtigsten Ansätze herauszuarbeiten und darzustellen.

Am Beginn dieser bis in die Gegenwart fortwirkenden Strömung der Pädagogik, steht der Ansatz W. DILTHEYs und seines Schülerkreises. W. DILTHEY hat in seiner "Einleitung in die Geisteswissenschaften" die Grundlage für die Konzeption der Geisteswissenschaften gelegt. Den gemeinsamen Grund bildet das Leben, das in Natur und in Geist sich ausdifferenziert. Die Natur wird zum Gegenstand der Naturwissenschaften. Der Geist als menschliches Bewußtsein verbindet sich mit dem Leben im Erlebnis und schafft daraus all das, was in Geschichte und Gegenwart die menschliche Welt ausmacht - Gesellschaft und Kultur im weitesten Sinn. Er legte vor allem den Grund für eine geisteswissenschaftliche Psychologie, die dann E. SPRANGER weiterführt, wie auch für die Pädagogik der GÖTTINGER SCHULE, die seine Schüler H. NOHL und M. FRISCHEISEN-KÖHLER ausgearbeitet haben.

Die Hermeneutik als Methode des Verstehens, die Geschichtlichkeit, die Relativierung und Historisierung der Normen, die Ganzheitlichkeit und die Zuwendung zum Individuellen sind unaufgebbare Gemeinsamkeiten dieser Richtungen. Die Differenzen bestehen in der Akzentuierung und in der Begründung. Als geisteswissenschaftliche Pädagogen bezeichneten sich auch Vertreter, die unter dem Einfluß des Neukantianismus standen und in der Übernahme des Kulturbegriffs, vor allem aber der Wertphilosophie der Neukantianer, eine Wert- oder Kulturpädagogik vertraten.

Der Kulturbegriff findet sich bei allen Vertretern der geisteswissenschaftlichen Pädagogik, genauso wie der Hinweis auf die Werte und ihre Bedeutung für die

Erziehung und Bildung des Menschen. Darüber hinaus aber ermöglicht die Einbeziehung der HEGELschen Dialektik besonders in die Pädagogik bei Th. LITT eine Erweiterung gegenüber den, dem logischen Denken verpflichteten und höchstens Antinomien zulassenden Konzeptionen anderer Richtungen der Pädagogik.

So kann man unter geisteswissenschaftlicher Pädagogik einen Sammelbegriff für heterogene, in der Auseinandersetzung mit den Zeitströmungen sich herausbildende Positionen verstehen. Daher ist es notwendig die philosophischen Strömungen nach ihrem Einfluß auf die Konzeptionen der geisteswissenschaftlichen Pädagogik zu befragen. Unter Berücksichtigung der Geschichtlichkeit und der Existenz des Menschen, kommen viele Anregungen für das Verständnis des Menschseins aus der an S. KIERKEGAARD anknüpfenden Existenz- oder Existentialphilosophie in die Pädagogik.

LEBENSPHILOSOPHIE

TRANSZENDENTAL-
PHILOSOPHIE

NEUKANTIANISMUS
(H. RICKERT, E. SPRANGER
G. KERSCHENSTEINER)

NEUHEGELIANISMUS
(TH. LITT, J. DERBOLAV)

GEISTESWISSENSCHAFTLICHE
PÄDAGOGIK

PHÄNOMENOLOGIE
(E. HUSSERL, A. PFAENDER,
A. MEINONG, M. SCHELER

EXISTENZPHILOSOPHIE
(K. JASPERS,
S. KIERKEGAARD)

EXISTENTIALPHILOSOPHIE
(M. HEIDEGGER)

Vor allem M. HEIDEGGER, der seine Wurzeln in der Phänomenologie hat, K. JASPERS, der von der Psychotherapie her kommt und durch seine Kommunikationstheorie wesentliche Beiträge lieferte und J. P. SARTRE in seiner Philosophie der Freiheit regten die Diskussion in der Pädagogik an. Hier ist es ein Vertreter der GÖTTINGER SCHULE, O.F. BOLLNOW, der Lebensphilosophie und Existenzphilosophie in seinem Denken zu verbinden weiß und die gegenseitigen Grenzen aufzuweisen wußte.

In gleicher Weise entsteht in den ersten Dezenien unseres Jahrhunderts eine intensive Diskussion um den Menschen in der philosophischen Anthropologie, deren besondere Exponenten M. SCHELER, H. PLESSNER und A. GEHLEN sind.

Etwa gleichzeitig entsteht nach dem ersten Weltkrieg in Deutschland das dialogische Denken, das durch M. BUBER, F. EBNER und F. ROSENZWEIG wesentliche Beiträge zum Verständnis der zwischenmenschlichen Beziehungen in der Ich-Du-Philosophie der Begegnung leistet.

Folgende Differenzierungen sollen hier eine Struktur in die Vielzahl der Hauptvertreter der geisteswissenschaftlichen Pädagogik bringen:

1. W. DILTHEY und die GÖTTINGER SCHULE (H. NOHL,
   M. FRISCHEISEN-KÖHLER, E. WENIGER, W. FLITNER,
   W. KLAFKI, K. MOLLENHAUER, H. BLANKERTZ)
2. die Kultur- und Wertpädagogik E. SPRANGERS und
   G. KERSCHENSTEINERs,
3. die dialektische Hermeneutik TH. LITTs sowie J. DERBOLAVs und seinem Schülerkreis
4. die hermeneutisch-existenzphilosophische Richtung (TH. BALLAUF,
   O.F. BOLLNOW, W. LOCH).

Auf Grund der Vielzahl der Vertreter und der Verschiedenheit der Ansätze kann hier von ihrer Nuancierung her nur eine repräsentative Auswahl stehen, die immer die Handschrift des Autors tragen wird.

2.3.1 Die geisteswissenschaftliche Pädagogik W. Diltheys und der GÖTTINGER SCHULE

Das folgende Kapitel informiert Sie über
- *die Pädagogik als Geisteswissenschaft nach W. DILTHEY,*
- *die Vermittlung der Lebenswirklichkeit durch Erlebnis, Ausdruck und Verstehen,*
- *den Entwurf von Lebenskategorien,*

- *die Teleologie des Seelenlebens als Bedingung der Erziehungswirklichkeit,*
- *die Bedeutung des Experiments,*
- *die Verbindung von objektivem Geist und Sprache,*
- *das pädagogische Verhältnis oder den pädagogischen Bezug,*
- *die Autonomie der Pädagogik*

W. DILTHEY hat in seinem Gesamtwerk einige Abhandlungen zur Pädagogik hinterlassen, die einen Einblick in seine Auffassung einer geisteswissenschaftlichen Pädagogik geben. Dabei handelt es sich um Vorlesungsniederschriften, die unter dem Titel "Pädagogik, Geschichte und Grundlinien des Systems" aus dem Nachlaß herausgegeben wurden und zwischen 1884-1894 entstanden sind sowie um die Abhandlung "Über die Möglichkeit einer allgemeingültigen pädagogischen Wissenschaft" von 1888. Diese können aber nur aus dem Kontext seiner Konzeption der Geisteswissenschaften heraus verstanden werden. Die Folgerungen daraus für den Bereich der Pädagogik sind freilich von ihm selbst nicht immer konsequent gezogen worden.

Der gemeinsame Ausgangspunkt ist die Erziehungwirklichkeit als sinnvolle Ganzheit. Der Pädagogik obliegt eine doppelte Aufgabe: die Erziehungswirklichkeit zu beschreiben (Deskription) und die Normen für die Erziehungwirklichkeit in einer Gesellschaft zu ermitteln und aufzustellen (Normierung). Normative und deskriptive Aufgaben obliegen der Pädagogik als wissenschaftlicher Disziplin. Dazu kommt die Hinwendung zur Geschichte im allgemeinen Sinne als Geschichtlichkeit und im besonderen als Geschichte der Pädagogik, wobei die historischen Fragestellungen für das Verständnis der Erziehungswirklichkeit bedeutsam werden.

Zum engeren Schülerkreis zählen als Hauptvertreter der GÖTTINGER SCHULE H. NOHL, M. FRISCHEISEN-KÖHLER, E. WENIGER und W. FLITNER. Die Forderung nach einer Pädagogik als autonome Wissenschaft führt zur Abgrenzungsproblematik gegenüber anderen Disziplinen. Von einer Autonomie der Pädagogik war bei W. DILTHEY in diesem strengen Sinn nicht die Rede, vielmehr bewegt sich die Pädagogik innerhalb des Begründungszusammenhangs der Geisteswissenschaften auf dem Stand der Diskussion der Zeit, aus der W. DILTHEYs Untersuchungen stammen. Überhaupt darf man in dem geschlossenen Sinne von einer Schulenbildung nicht sprechen, da der Ansatz W. DILTHEYs für die Pädagogik nur aus einer Zusammenschau seiner gesamten Schriften zu verstehen ist und sich nicht allein aus seinen pädagogischen Schriften ergibt.

2.3.1.1 Pädagogik als Geisteswissenschaft

Die Geisteswissenschaften wenden sich den historisch gewordenen Lebenswirklichkeiten zu, um sie in ihrer Ganzheit zu verstehen und allgemeine Aussagen über sie zu ermöglichen. Dem Historismus und den Naturwissenschaften wird so eine Absage erteilt. Die im Lebenszusammenhang vorhandenen Kategorien müssen erhoben werden, d.h. im Leben kann ein Ordnungszusammenhang ermittelt werden und diesen kann man als Strukturen des Lebens verstehen.

„Man muß vom Leben ausgehen. Das heißt nicht, daß man dieses analysieren muß, es heißt, daß man es in seinen Formen nachleben und innerlich die in ihm liegenden Konsequenzen ziehen muß. Die Philosophie ist eine Aktion, welche das Leben, d.h. das Subjekt in seinen Relationen als Lebendigkeit, zum Bewußtsein erhebt und zu Ende denkt." (DILTHEY V, LVII)

Die Pädagogik ist sowohl eine historische, als auch eine systematische Geisteswissenschaft, um dies in der Terminologie W. DILTHEYs auszudrücken. Gerade die historischen Geisteswissenschaften wenden sich den Bildungsprozessen vergesellschafteter Subjekte oder den Lebensläufen oder den Biographien zu. Die Grundlage dazu sieht er in der Autobiographie, in der die Geschichtlichkeit des menschlichen Lebens erfahrbar wird.

Als systematische Geisteswissenschaft bemüht sich die Pädagogik, gleichbleibende Strukturen im Prozeß der Veränderlichkeit des Lebens herauszuarbeiten. Sie werden von W. DILTHEY Systeme genannt, die über das Individuum hinausgehen, alle Menschen verbinden und sich beispielhaft in der Kultur als objektivem Geist darstellen können. „Solche bleibenden Strukturen findet man im Staat, im Recht, in der Religion und in der Kunst" (DILTHEY VII, 146).

Die Aussagen über die Wirklichkeit sind formale oder reale Aussagen. Formale Aussagen erstrecken sich über alle Wirklichkeiten, wie die Teleologie des Seelenlebens. Reale Aussagen haben in der geistigen Welt ihren Ursprung und erfassen das Ganze der Wirklichkeit. Diese Aussagen sind die Kategorien des Lebens und "bilden in sich systematische Zusammenhänge, und die obersten Kategorien bezeichnen höchste Standpunkte der Auffassung der Wirklichkeit" (DILTHEY, VII, 192). Sie beziehen sich sowohl auf die Erfassung der Erlebnisse eines Individuums als auch auf die Objektivationen des Lebens.

Die Grundkategorie ist die Zeitlichkeit, die durch die Erinnerung auf die Vergangenheit und im Zweck auf die Zukunft hin ausgerichtet ist. So umfaßt die Zeitlichkeit Vergangenheit, Gegenwart und Zukunft. Dazu kommt die Struktur, die sich von der Kategorie der Bedeutung dadurch unterscheidet, daß die "Bedeutung die Kategorie für den unzerlegten Lebenszusammenhang ist, (...) die Kategorie der Struktur erst aus der Analysis dessen, wo Lebendes in ihm wiederkehrt", (DILTHEY, VII, 234) sich ergibt. So hat der ganze Lebenszusammenhang, der durch Analyse sich in Strukturen zerlegen läßt Bedeutung, in der Lebendiges erfahrbar wird.

Dieser Entwurf der Lebenskategorien ist durch ihn in seiner Pädagogik nur zum Teil aufgearbeitet worden. Dennoch ergibt sich aus ihnen erst das Kriterium der Wissenschaftlichkeit, wenn aus dem Besonderen das Allgemeine ermittelt und dies als Aufgabe der Geisteswissenschaft angesehen wird.

Schon in seiner Einleitung in die Geisteswissenschaften sieht W. DILTHEY als ihre zentrale Aufgabe die Bedeutung des Einzelnen im Gesamtzusammenhang herauszustellen.

„Die Einheiten, welche in dem wunderbar verschlungenen Ganzen der Geschichte und der Gesellschaft aufeinanderwirken, sind Individuen, psychophysische Ganze, deren jedes von jedem anderen unterschieden, deren jedes eine Welt ist ... Und die Singularität eines jeden solchen einzelnen Individuums, das an irgendeinem Punkte des unermeßlichen geistigen Kosmos wirkt, läßt sich, gemäß dem Satz: individuum est ineffabile (Das Individuum ist unaussagbar), in seine einzelnen Bestandteile verfolgen, wodurch sie erst in ihrer ganzen Bedeutung erkannt wird." (DILTHEY, I, 29)

Das Individuelle kann nie vollständig auf den Begriff gebracht werden, und diese Unschärfe bleibt für die Geisteswissenschaft die Herausforderung. Doch als historisch-hermeneutische Wissenschaften umfassen die Geisteswissenschaften letztlich die Naturwissenschaften, weil das Verstehen von Natur ein Spezialfall der Geisteswissenschaften ist. So stehen Natur- und Geisteswissenschaften nicht nebeneinander, sondern sind auseinander zu verstehen. Die umfassende Bedeutung der Hermeneutik gibt dafür die Basis.

2.3.1.2 Die Erziehungswirklichkeit als Objektbereich der Pädagogik

Die geisteswissenschaftliche Pädagogik basiert auf W. DILTHEYS Lebensphilosophie. Das Leben ist suprarational und unhinterfragbar, d.h. es geht über alle Rationalität hinaus und kann nicht mehr hinterfragt werden. "Hinter das Leben kann man nicht zurückgehen." lautet eine These W. DILTHEYs. Es gehört zu den Voraussetzungen aller Erscheinungen und wird im Erlebnis des Menschen in seiner Unmittelbarkeit erfahrbar. Erlebnisse sind (innere) Erfahrungen. Diese dynamische Einheit kann nicht durch Analyse erfaßt, daher auch weder kausal erklärt noch logisch begrifflich dargestellt werden.

Die Begriffe sind durch Sprache vermittelte analytische Ableitungen aus dem Erleben. Als konstituierendes Merkmal der Erfahrung für den Menschen sieht W. DILTHEY den Impuls und den Widerstand, das Urerlebnis zwischen Ich und der Welt, zwischen Innen und Außen. Hier beginnt eine Theorie des Erlebnisses, die in den verschiedenen pädagogischen Reformbewegungen ihre Fortsetzung fand.

Das Erlebnis wird als eine Ganzheit, eine Totalität erfahren, das in der Seele des Menschen stattfindet und durch keine Analyse (Struktur) voll erfaßbar ist.

Erlebnis
Unter Erlebnis versteht man die Verbundenheit von Denken und Leben. Im Erlebnis bildet die Subjekt-Objekt-Beziehung als erlebter Zusammenhang eine Einheit. (Gefahr einer psychologistischen Interpretation!)
Die Phänomenologie spricht von intentionalen Erlebnissen als objektgerichteten Akten des Subjekts (Bewußtsein von etwas).

Erlebnisse enthalten objektiv gültige, reine Bedeutungen, die unabhängig von psychischen Akten herausgestellt werden können. Allen Erlebnissen liegt der Erlebnisstrom (Zeit) zugrunde. Die Erfassung des im Erlebnis gegebenen Gegenstandes geschieht durch Intuition (Schau).

Die Erziehungswirklichkeit als Objekt der Pädagogik ist Erlebniswirklichkeit, und die seelische Realität entfaltet sich konkret im Erlebniszusammenhang des Bewußtseins. So sind alle Denksysteme Ausdruck und Gestaltung des Lebens. Leben vollzieht sich in bestimmten Lebensordnungen und diese bestimmen die Strukturen des Ganzen.

Der Begriff der Struktur wird von W. DILTHEY als Beziehungsmannigfaltigkeit von aufeinander bezogenen Tatsachen oder Erlebnissen verstanden, die in einer Regelmäßigkeit auftreten. Als Ordnungsprinzip gibt sie die Möglichkeit, Ganzheiten zu verstehen (DILTHEY VII, 15).

Die Verbindung zum Leben und zu den Strukturen des Lebenszusammenhangs, eingefangen im Begriff der Erziehungswirklichkeit, wird zum Ausgangspunkt der Pädagogik. Zentral ist der bekannte und später durch W. DILTHEYs Schüler immer wieder zitierte Satz: "Die Wissenschaft der Pädagogik kann nur beginnen mit der Deskription des Erziehers in seinem Verhältnis zum Zögling." (DILTHEY, IX, 190)

Struktur
Als Struktur bezeichnet man Invarianten der Erkenntnisobjekte, deren Teile in einem Ordnungszusammenhang stehen. Eine Veränderung der Struktur ist möglich und wird als Umstrukturierung bezeichnet. Bei W. DILTHEY bedeutet Struktur die regelmäßige Verknüpfung von Erlebnissen.

Diese Beschreibung des erzieherischen Verhältnisses richtet sich:
1. auf das Verhältnis selbst,
2. auf das Verhältnis aus der Sicht des *Educandus*,
3. auf das Verhältnis aus der Sicht des Erziehers.

Die Bestimmung des pädagogischen Verhältnisses selbst wird von seiner Erziehungsdefinition her verstanden, nach der "Erziehung ... die planmäßige Tätigkeit [ist], durch welche Erwachsene das Seelenleben von Heranwachsenden zu bilden suchen" (DILTHEY, VI, 69).

Dieser Ausgang vom pädagogischen Verhältnis führt bei seinem Schüler H. NOHL zur Ausarbeitung des pädagogischen Bezugs als Grundbeziehung, der die Pädagogik ihr zentrales Interesse zuwenden muß.

Die Deskription des erzieherischen oder pädagogischen Verhältnisses verweist auf die Erziehungswirklichkeit, und diese ist für W. DILTHEY durch zwei Bedingungen gegeben:

1. In einer allgemeinen Bedingung, die W. DILTHEY in der Vollkommenheit des teleologischen Zusammenhangs sieht, „der im Seelenleben ein Ineinandergreifen seiner Vorgänge bildet" (DILTHEY, VI, 818 f.). Diese Abstraktion aus der geschichtlichen Lebendigkeit des Menschen ist einer wissenschaftlichen Darstellung zugänglich und daher eine Invariante, die als möglicher und einziger Grund für eine allgemeingültige Pädagogik steht.

2. Das inhaltliche Ziel des Lebens sowie das Erziehungsziel sind geschichtlich, gesellschaftlich bedingt, wie die Gliederung der Berufe in einer Gesellschaft.

Erziehungsziele können nie allgemeingültig formuliert werden, weil der Mensch das, was er sei oder wohin er erzogen werden müsse, nie in allgemeingültigen Begriffen erfährt, sondern nur in der Verbindung mit dem Leben. "Nur aus dem Ziel des Lebens kann das der Erziehung abgeleitet werden" (DILTHEY, IX, 173), und das Bildungsideal bleibt immer abhängig vom Lebensideal, wie es sich in einer Kultur, in einer Gesellschaft artikuliert.

Lebensphilosophie
Den letzten Grund des Philosophierens bildet das Leben. Das Leben ist ein geschichtlicher Prozeß (W. DILTHEY), und eine totale Erfassung des Lebens durch das Denken ist unmöglich (Supra-Rationalismus). Deshalb wird auch die Erkenntnis des Lebens immer nur eine relative sein (Weltanschauungen als unvermittelbare Deutungen des Lebens). Das Leben soll aus sich selber gedeutet und verstanden werden, und mögliche Kategorien des Lebens werden an ihm selbst abgelesen.

Der Mensch erscheint gebunden an *seine Zeit, sein Volk und seine Gesellschaft* und entwickelt sich dem ihm angemessenen Ziel entgegen.

Deshalb resultiert auch das Selbstverständnis des Menschen aus der Geschichte, wie W. DILTHEY dies in jenem bekannten Satz ausdrückte:

„Was der Mensch sei und was er wolle, erfährt er erst in der Entwicklung seines Wesens durch die Jahrtausende und nie bis zum letzten Worte, wie in allgemeingültigen Begriffen, sondern immer nur in lebendiger Erfahrung, welche aus der Tiefe seines Wesens entspringen." (DILTHEY IX, 173)

Dieser nomative Aspekt, der konstitutiv zur Pädagogik gehört, hat sein Fundament in der allgemeinen These W. DILTHEYs:

„Wir wollen doch schließlich nicht nur wissen, wie die Dinge gewesen sind; unsere Zeit, wie jede andere, bedarf der Regeln des erzieherischen Handelns (...)? So findet sich auch auf diesem Gebiet, wie auf den verwandten der Ethik, der Poetik, der politischen Ökonomie die Wissenschaft vor der Frage, an welchem Punkte entspringt aus der Erkenntnis dessen, was ist, die Regel über das, was sein soll?" (DILTHEY VI, 62)

Dieser provokante Satz steht im Gegensatz zu jenen Denkansätzen, die eine Verbindung von Ist- und Soll-Sätzen radikal ablehnen. W. DILTHEY gelingt hier eine Einsicht, an der in der Pädagogik sich die Positionen scheiden werden. Daher bekommt die Geschichte der Pädagogik eine wichtige Aufgabe, weil sie auch der Schauplatz ist, auf dem pädagogische Experimente stattfanden. Die Verbindung von systematischen und historischen Aspekten auf dieser Basis legt den Grundstein für die Entwicklung dieser Disziplin, die so verstanden durchaus in die Reihe „induktiver Wissenschaften" (DILTHEY IX, 238) gehört.

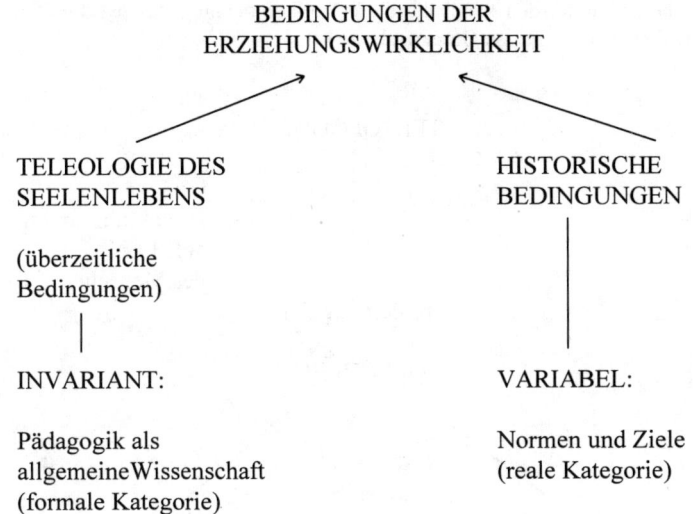

BEDINGUNGEN DER
ERZIEHUNGSWIRKLICHKEIT

TELEOLOGIE DES
SEELENLEBENS

(überzeitliche
Bedingungen)

INVARIANT:

Pädagogik als
allgemeineWissenschaft
(formale Kategorie)

HISTORISCHE
BEDINGUNGEN

VARIABEL:

Normen und Ziele
(reale Kategorie)

2.3.1.3 Teleologie des Seelenlebens

Bei der Herausarbeitung invarianter Merkmale im Sinne der systematischen Geisteswissenschaften, die im Lebenszusammenhang eine übergeschichtliche Bedeutung haben, geht W. DILTHEY eigene Wege. Die Grundtendenz aller Lebewesen
sieht er in der Erhaltung und Steigerung des Lebens der Gattung. Alle Handlungen, die dazu dienen, sind zweckgerichtete teleologische Handlungen.
Die Teleologie dieses Ablaufs liegt in der Struktur des Seelenlebens durch Aktivierung der Triebe mittels Vorstellungen und Gefühle.

"Die Entwicklung jedes Kindes hat die Vollkommenheit der Vorgänge und ihrer Verbindungen
herzustellen, die in dem teleologischen Zusammenhange des Seelenlebens zusammenwirken."
(DILTHEY, VI, 67 f.)

Die Vollkommenheit des teleologischen Zusammenhanges bildet die allgemeingültige Bedingung der Erziehungswirklichkeit. Diese wird gewonnen durch Abstraktion aus der geschichtlichen Lebendigkeit des Menschen. So wird eine wissenschaftliche Darstellung möglich, weil in allgemeingültiger Strenge über die

Mittel befunden werden kann, die diese Vollkommenheit des psychischen Zu-sammenhangs in Form von Gesetzen bewirken.

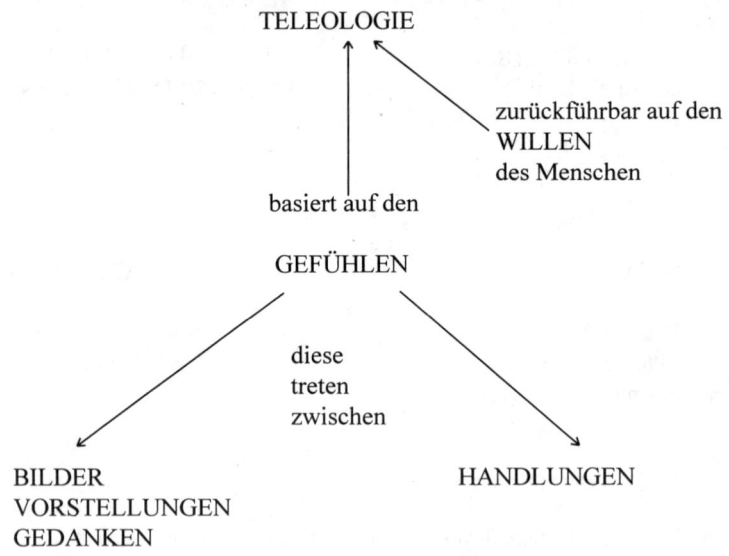

TELEOLOGIE

zurückführbar auf den
WILLEN
des Menschen

basiert auf den

GEFÜHLEN

diese
treten
zwischen

BILDER   HANDLUNGEN
VORSTELLUNGEN
GEDANKEN

„Teleologie, Vollkommenheit, Entwicklung bilden den Charakter der geistigen Welt (Grundbegriffe aller Geisteswissenschaften), in welchem dieser sich von der mechanischen Naturordnung (natürliches System) unterscheidet." (DILTHEY, IX, 182)

Der Fundamentalsatz einer Pädagogik, die auf diesen Grundlagen aufbaut, lautet:

„Das Seelenleben hat eine innere Zweckmäßigkeit, sonach eine ihm eigene Vollkommenheit. Folgerecht können Normen dieser Vollkommenheit gegeben, Regeln, wie sie durch die Erziehung herzustellen sei, entworfen werden." (DILTHEY, IX, 185)

Damit aber die Teleologie des Seelenlebens verständlich wird, muß eine Analyse zeigen, worin das Zusammenspiel der Seelenleistungen besteht. Und dieses voll-zieh sich nach t W. DILTHEY analytisch im richtigen Ineinandergreifen von drei Vermögen: dem Vorstellen, dem Fühlen und dem Wollen.

Das Vorstellen als "Empfindung, Wahrnehmung und Denken" erfaßt "gleichsam die Objekte, an denen wir uns entlang bewegen" (DILTHEY, IX, 188).

Das Wollen als Trieb, Wille und Begehren ist auch einem Verständnis zugänglich.

Nur das Gefühl bildet jene große Unbekannte, die man am wenigsten kennt. Es ist das Rätsel des Menschseins. "Diese Regungen können nicht allgemeingültig in Begriffen dargestellt werden." (DILTHEY, IX, 187)

Die Teleologie des Seelenlebens ermöglicht es, ein System von Regeln für die Erziehung zu entwerfen. Regeln aber sind Normen für erzieherisches Handeln. Die erzieherischen Regeln sind bedingt, d. h. von anderen Regeln oder Zwecken abhängig. Diese können nur in der Teleologie des Seelenlebens aufgespürt werden. Die Wissenschaft müsse sich klarwerden, an welcher Stelle man "aus der Erkenntnis dessen, was ist", zu der "Regel, was sein soll" (DILTHEY, VI, 62), kommen kann.

"Die Vollkommenheit des Seelenlebens in seinen einzelnen Vorgängen und seinem Zusammenhang ist die allgemeine im Menschen gelegene Bedingung, an welche die Erreichung jedes inhaltlichen Zieles gebunden ist." (DILTHEY, VI, 68)

Dieses formale Streben nach Vollkommenheit muß inhaltlich gefüllt werden. Das geschieht in den geschichtlich bedingten Erziehungswirklichkeiten. Trotzdem bildet dieser Aufweis der Teleologie des Seelenlebens nicht nur einen wichtigen Aspekt der Pädagogik als Geisteswissenschaft, sondern gilt auch für alle Geisteswissenschaften. Die strenge Sicherheit auf diesem Gebiet wird in der "Deskription, der Analysis und der Regelgebung" DILTHEY, VI, 69) erreicht, drei zentrale Begriffe, die aus dem Ganzheitscharakter erst deutlich verstehbar werden. Trotzdem aber können nach W. DILTHEY keine "konkreten Erziehungsfragen durch eine allgemeingültige Wissenschaft aufgelöst werden" (a.a.O., 69).

Neben diesen Invarianten als Bedingung der Erziehungswirklichkeit setzt W. DILTHEY das inhaltliche Ziel des Lebens und mit ihm die Erziehungsziele in den geschichtlichen Zusammenhang. Diese sind durch die Zeit und das Leben eines Volkes, also historisch, bedingt.

W. DILTHEYS Kritik an der Pädagogik seiner Zeit und der Vergangenheit richtet sich gegen den Anspruch auf Allgemeingültigkeit der Erziehungsziele. Allgemeingültigkeit schließt Geschichtlichkeit und die mit dieser verbundenen Relativität von Kulturen aus. "Eine abstrakte, mit falschem Anspruch auf Allgemeingültigkeit auftretende Theorie wirkt revolutionär und zersetzend auf die geschichtlichen Ordnungen der Gesellschaft." (a.a.O., 56) Das natürliche System, dem eine solche Pädagogik folgt, setzt die menschliche Natur als Konstante und als Invariante voraus, die unabhängig von Veränderungen für alle Zeiten und Völker gleich bleibt.

„Da wir ein metaphysisches welterklärendes Prinzip von unbestrittener Geltung nicht besitzen, so können Prinzipien des sittlichen Lebens nur aus den lebendigen Regungen und Trieben abstrahiert werden (...). Aber die begriffliche Fassung dieser Antriebe und die Verbindung der so entstehenden Formeln zu einem Ganzen ist immer eine Interpretation desselben, und eine solche Interpretation ist stets als ein ethisches Ideal oder System historisch bedingt und begrenzt." (a.a.0., 57)

2.3.1.4   Die Methoden der geisteswissenschaftlichen Pädagogik

Zentral steht die Methode des Verstehens, gebunden an die Lebensphänomene und die Erlebnisse. Aber darüber hinaus spricht W. DILTHEY auch vom Experiment. Der Umgang mit der Wirklichkeit, die Gewinnung von Erfahrungen und die Erkenntnis von Strukturen bleiben die Aufgabe der Wissenschaft als Geisteswissenschaft, wobei er allen methodischen Dogmatismus der Empiristen und Positivisten ablehnt, denn ihm geht es um die Erfassung der Wirklichkeit. Der Fortschritt der Pädagogik ruht auf ihren Experimenten. Dabei darf das Experiment nicht mit einem naturwissenschaftlichen Experiment verwechselt werden, sondern muß der Eigenart des Objektbereichs angemessen sein. So bemerkt er auch zur Geschichte der Pädagogik:

"Die großen pädagogischen Reformatoren stellen von deduktiven Gesichtspunkten aus Experimente an, und die Geschichte der Pädagogik hat nach der einen Seite hin die Bedeutung, die Ergebnisse dieser Experimente vorlegen zu dürfen." (DILTHEY, IX, 237)

Von den Naturwissenschaften unterscheiden sich die Geisteswissenschaften nicht nur durch die Einbeziehung der Geschichtlichkeit, sondern auch durch ihre Auffassung von Ganzheit. Das mechanistische Ganze kann adäquat durch Kausalbeziehungen ausgedrückt werden. Hier steht die Ursache in einem einfachen Zusammenhang mit der Wirkung, d. h. die Wirkung ist nicht mehr, als bereits in den Ursachen vorhanden ist. "In den Ganzheiten, die die Geisteswissenschaften untersuchen, enthalten die Wirkungen mehr, als in den Ursachen vorhanden ist", weil für sie ein "freies und produktiv zunehmendes Ins-Spiel-Treten dieser Mannigfaltigkeit" (a. a. O., 183) gegeben ist und die Herstellung von Beziehungen als

Tat der Freiheit zu einer Ganzheit gebracht wird, einer Ganzheit, die mehr ist als die Summe ihrer Teile.

Bei W. DILTHEY kommt mit der Zuwendung zur Wirklichkeit als Erziehungswirklichkeit auch das Problem der Induktion und der Deduktion in die Diskussion. Er sieht es eng mit dem Objektbereich verbunden und fordert für die Pädagogik das Zusammenspiel zwischen Induktion und Deduktion.

„Dieselbe [die Induktion; Anm. d. Verf.] sucht das Notwendige mittels des Allgemeinen. Indem sie von Fall zu Fall fortschreitet, löst sie aus den Sequenzen oder Koexistenzen der Wirklichkeit genaue, womöglich quantitativ bestimmte Vorgänge oder Bestandteile von Vorgängen aus, welche in fester Beziehung zueinander stehen (...). So wirken die Analysis und die von ihr untrennbare Induktion zusammen mit der Synthesis und der Deduktion." (DILTHEY, VI, 79)

So gesehen, stehen die Ansätze einer geisteswissenschaftlichen Pädagogik in ihrer weiteren Entwicklung einer Anwendung von empirischen Methoden nicht ablehnend gegenüber, wenn den Grundvoraussetzungen der Pädagogik als Geisteswissenschaft und damit auch dem Verstehen der ihnen zukommende Platz eingeräumt wird. Soweit es sich um Erfahrungsgewinnung handelt, die wiederum Verstehen begleitet und Verstehen voraussetzt, haben geisteswissenschaftliche Pädagogen empirische Methoden durchaus akzeptiert. Am weitesten geht hier W. FLITNER mit seinem Verständnis einer Pädagogik als hermeneutisch-empirisch-pragmatischer Wissenschaft.

Allerdings lassen sich Ganzheiten nur im Verstehen erheben. Das knüpft an die Gegebenheiten im Lebenszusammenhang von Erleben, Ausdruck und Verstehen an. Im Mittelpunkt seiner Methodendiskussion steht das Verstehen nicht nur in einem historisch-philologischen Sinne, sondern vielmehr auch im aktualen Sinne als Verstehen des Seelenlebens, das ein Verstehen von Ganzheiten darstellt.

2.3.1.5 Objektiver Geist und Sprache

Die Übernahme des objektiven Geistes aus der Philosophie G.F. HEGELs durch W. DILTHEY verbindet das Problem der Sprache mit dem des objektiven Geistes.

Schon die Wahl des Terminus der Geistes-Wissenschaften zeigt deutlich, daß es zwischen dem Leben und dem Geist für ihn keinen Widerspruch gibt. Will der menschliche Geist Leben erfassen, ist ihm durch die ihn selbst bedingende Ganzheit eine Grenze gesetzt; er befindet sich hier in einem Zirkel oder in einer zirkulären Bewegung. Trotzdem ist das Leben dem Geist nicht fremd, vielmehr schafft es als bewußtes Leben durch den Menschen Kulturen, die als objektiver und objektivierter Geist sich in geschichtlichen Manifestationen zeigen und vom Menschen wiederum lebendig gemacht werden müssen, indem sie erlebt, verstanden und damit interpretiert werden. Ein wichtiges Phänomen des objektiven Geistes ist die Sprache.

„Aus dieser Welt des objektiven Geistes empfängt von der ersten Kindheit an unser Selbst seine Nahrung. Sie ist auch das Medium, in welchem sich das Verständnis anderer Personen und ihrer Lebensäußerungen vollzieht. Denn alles, worin sich der Geist objektiviert hat, enthält ein dem Ich und dem Du Gemeinsames in sich." (DILTHEY, VII, 208)

Damit überwindet W. DILTHEY den Psychologismus, der noch die Grundlegung seiner geisteswissenschaftlichen Psychologie und auch noch seine Pädagogik allzusehr bestimmt hat. Wenn aber die Kenntnis des Zöglings eine notwendige Voraussetzung des erzieherischen Handelns ist, dann stößt hier die Erkenntnis des Menschen an eine Grenze.

Geist

Umfassender philosophischer Begriff, der Spontaneität, d. h. Selbstsetzung bedeutet und jede Fremdbestimmung ausschließt. HEGEL unterscheidet dialektisch sich vermittelnde Stufen des Geistes: den subjektiven Geist als individuellen Geist, den objektiven Geist (Kulturgebilde wie Staat, Volk usw.) und den absoluten Geist oder den zu sich selbst gekommenen Geist (Weltgeist). Dieser Geistbegriff wird von der geisteswissenschaftlichen Pädagogik in modifizierter Weise übernommen (z.B. W. DILTHEY, E. SPRANGER).

„Ich bin in die Wechselwirkungen der Gesellschaft verwebt als ein Kreuzungspunkt der verschiedenen Systeme derselben. Diese Systeme sind eben aus derselben Menschennatur hervorgegangen, die ich in mir erlebe, an anderen verstehe. Die Sprache, in der ich denke, ist in der Zeit entstanden, meine Begriffe sind in ihr herangewachsen. Ich bin so bis in nicht mehr erforschbare Tiefen meines Selbst ein historisches Wesen." (DILTHEY, VII, 278)

Der Mensch ist immer Mitspieler und Beobachter in einer Person und muß diese divergierenden Aspekte seines Menschseins akzeptieren. Gerade am Leitfaden des Verständnisses der Sprache durchbricht er die einst sehr psychologistisch klingende These vom „Wiederfinden des Ich im Du". Mit der Sprache kommt die

Verbindung zur Hermeneutik, deren zentrale Aufgabe und Bedeutung nicht nur die Auslegung bereits fixierter Texte, die für die Geschichte der Pädagogik bedeutsam sind, ist, sondern auch das Medium des Welt- und Lebensverständnisses bildet.

2.3.1.6   Die GÖTTINGER SCHULE

H. NOHL, ein Schüler W. DILTHEYs und Begründer der GÖTTINGER SCHULE kritisiert die von W. DILTHEY vertretene Teleologie des Seelenlebens als Grundlage für eine allgemeingültige Pädagogik als Psychologismus, die die Pädagogik in Abhängigkeit von der Psychologie bringt und so ihrer Eigenständigkeit beraubt. Autonomie wird das zentrale Thema der Pädagogik H. NOHLs und diese ist nur dann erreichbar, wenn ein spezifisches Phänomen im pädagogischen Feld angebbar ist, von dem ausgesagt werden kann, daß es eine relative Invarianz besitzt. Dieses findet er im „pädagogischen Verhältnis" oder im „pädagogischen Bezug", d.h. im Verhältnis zwischen Erzieher und Zögling, das immer und überall anzutreffen ist, wo es um Erziehung geht, wohl aber auch verschieden gesehen, verstanden und damit inhaltlich interpretiert werden kann.

„Die pädagogische Wirkung geht nicht aus von einem System von geltenden Werten, sondern immer nur von einem ursprünglichen Selbst, einem wirklichen Menschen." (NOHL 1961, 132)

Dieses Verhältnis steht unter einem Doppelanspruch an den Erzieher. Einerseits soll der Erzieher die Eigenheit, die Individualität, die Entwicklung und damit die Möglichkeiten des Zöglings, die in ihm selbst liegen, berücksichtigen und verantworten, andererseits muß er die Forderungen der jeweiligen Gesellschaft, der Kultur, der verschiedenen Mächte an den *Educandus* heranbringen und vermitteln.

„Die autonome Pädagogik löst diesen Widerstreit so, daß sie allerdings ihren Zielpunkt im Subjekt hat, ihr ist es immer um den Menschen und seine Humanität zu tun, aber sie weiß, daß die Qualität des Subjekts nur gewonnen wird, indem es sich an die Qualität des Objekts hingibt. Seine Form bildet sich nur durch Aufnahme der großen objektiven Formen, die ja selbst aus den Menschen hervorgegangen sind und das Maß und die Form großer Seelen enthalten." (NOHL 1961, 78)

Die Aufgabe des Erziehers heißt Vermittler angesichts der gegebenen Verhältnisse zu sein, wobei er in erster Linie die Interessen seines Zöglings zu vertreten hat. Die erzieherische Tätigkeit versucht besonders dann einen Ausgleich zu finden, wenn diese beiden Ansprüche sich in Hinsicht auf den Zögling widerstreiten. Formal läßt sich die Beziehung des Erziehers zum Zögling allgemein erfassen und verstehen. Inhaltlich bekommt sie ihre Realisierungsmöglichkeiten immer nur in der Bindung an Raum und Zeit. Die Schwierigkeit für den Pädagogen ergibt sich aus der Struktur des Lebendigen, die von ihm verlangt, sein Handeln zwischen zwei Polen auszurichten. In ähnlicher Weise versuchte schon D.F.E SCHLEIERMACHER in seiner Antinomielehre das pädagogische Feld zwischen Polen aufzuweisen.

Im pädagogischen Bezug scheint die Erziehungswirklichkeit als sinnvolle Ganzheit auf, die unmittelbar aus dem Leben herauswächst und im pädagogischen Erlebnis die eigene Erfahrung des Sich-bildens und des Gebildet-werdens ohne Vermittlung erfährt. Diesem Erlebnis stehen antinomisch die Objektivationen entgegen, die als Schulen, Kindergärten, Mittel, Ziele, Ideale und Methoden das Kind bestimmen wollen. Daraus entsteht die Aufgabe der Pädagogik als Wissenschaft, die diese Verhältnisse, Spannungen und Konflikte analysiert und Lösungen zu ihrer Bewältigung bereitstellen soll.

„War bis dahin das Kind das willenlose Geschöpf, das sich der älteren Generation und ihren Zwecken anzupassen hatte und dem die objektiven Formen eingeprägt wurden, so wurde es jetzt in seinem eigenen spontanen produktiven Leben gesehen, hat seine Zwecke in ihm selber, und der Pädagoge muß seine Aufgabe, ehe er sie im Namen der objektiven Ziele nimmt, im Namen des Kindes verstehen." (NOHL 1961, 126f.)

Grundlage jeglicher Pädagogik aber ist und bleibt die Menschenkenntnis. H. NOHL, der Begründer der pädagogischen Anthropologie in unserem Jahrhundert, legt in seinem Buch „Charakter und Schicksal" eine Menschenkunde für Erzieher vor. „Denn wer den Menschen bilden will, muß seine Möglichkeiten kennen." (NOHL 1947, 3. Aufl., 188) Menschenkenntnis baut zunächst auf jenen Einsichten auf, die NOHL die „Aufbaugesetze der menschlichen Existenz" nennt. Er entwirft hier einen Schichtaufbau der Seele, der die Grundlage für das seelische Leben und den Aufbau des Charakters bildet. Immer wieder bezieht er die Polaritäten ein, die als Lebenskategorien auch die Widersprüche in der menschlichen Existenz verstehen wollen. Im zweiten Teil widmet er sich den Lebensformen, in denen die Verbindung von Spontaneität und Rezeptivität in besonderer Weise zum tragen kommt.

H. NOHL weitet aber auch das Gebiet der Pädagogik über den Bereich Kindergarten und Schule, Familie und Heim hinaus in den sozialpädagogischen Bereich

(Verwahrlostenpädagogik, Gefangenenpädagogik, Fürsorgearbeit etc.) sowie in die Erwachsenenbildung, in der vor allem sein Schüler W. FLITNER sein Aufgabengebiet fand.

Der pädagogische Bezug begründet einerseits die Autonomie der Pädagogik, andererseits auch ihren Theorieteil, der allgemeine Aussagen möglich macht, solange diese im Formalen bleiben. In diesem Sinn bleibt er grundsätzlich in der pädagogischen Tradition J.F. HERBARTs, der die Besinnung auf die einheimischen Begriffe in der Pädagogik forderte, andererseits in Fortsetzung seines Lehrers W. DILTHEY einen Aspekt der Allgemeingültigkeit im pädagogischen Bezug sah und diesen an die Stelle der Teleologie des Seelenlebens setzte. Das pädagogische Verhältnis bildet aber auch jene Nahtstelle der Theorie zur Praxis, an der es darauf ankommt, die an den Zögling gerichteten antagonistischen Interessen durch die Entscheidungen des Erziehers zu vermitteln.

Zusammenfassung

Die geisteswissenschaftliche Pädagogik W. DILTHEYS verbindet einzelwissenschaftliche Intentionen mit der Philosophie, wobei im Vordergrund die Lebensphilosophie steht. Als Geisteswissenschaft liegt ihr ein Geistbegriff zugrunde, der als objektiver Geist im Sinne G.F.W. HEGELs gefaßt wird.

Der Ausgangspunkt liegt im Lebenszusammenhang, der als erzieherische Wirklichkeit beschrieben wird. Die Bedingungen dieser erzieherischen Wirklichkeit sind die Teleologie des Seelenlebens und das Erziehungsziel.

Das Erlebnis fundiert das Subjekt-Objekt-Verhältnis, d. h. das Objekt (die Erziehungswirklichkeit) kommt im Erleben in die Beziehung zum Subjekt.

Methodisch werden die Hermeneutik und das geisteswissenschaftliche Experiment herausgestellt. Das System artikuliert sich in den Strukturen des Lebens, die als Ordnungszusammenhänge Aussagenverknüpfungen zulassen. Dabei bilden die Kategorien des Lebens wesentliche Hilfen für die Erkenntnis der Wirklichkeit.

Die Sprache wird im Zusammenhang mit dem objektiven Geist das Medium des Welt- und Lebensverständnisses. Das Interesse zielt auf das Einzelne, auf das Besondere und auf die Erfassung von Ganzheiten.

Die GÖTTINGER SCHULE um H. NOHL kritisiert die Teleologie des Seelenlebens als Psychologismus und setzt an ihre Stelle den Pädagogischen Bezug oder das Pädagogische Verhältnis. In ihr sieht sie das Invariante, das Eigenständige, das Autonome der Pädagogik, soweit diese Aussagen im Formal-Allgemeinen bleiben. Gleichzeitig entsteht hier der erste Entwurf einer pädagogischen Anthropologie.

2.3.2 Die Kultur- und Wertpädagogik E. SPRANGERs und G. KERSCHENSTEINERs

Das folgende Kapitel informiert Sie über
- *die Beziehung von Kultur, Wert und Sinn,*
- *die Konzeption der Pädagogik als Kulturwissenschaft,*
- *die Unterscheidung zwischen objektivem, normativem und subjektivem Geist,*
- *den Erziehungsbegriff, der aus dieser Konzeption resultiert.*

Die Vertreter dieser Variante der geisteswissenschaftlichen Pädagogik verknüpfen die Intentionen der Konzeption einer Geisteswissenschaft mit dem Neukantianismus, vor allem mit der Kultur- und Wertphilosophie H. RICKERTs. Der radikalen Forderung nach dem Austausch der Wissenschaftsbezeichnung Geistesversus Kulturwissenschaften wird insofern Rechnung getragen, als diese Vertreter der geisteswissenschaftlichen Pädagogik sich als Kultur- oder Wertpädagogen bezeichnen. Unabhängig davon haben der Begriff Kultur und die Bedeutung dieser Werte für die Erziehung und Bildung des Menschen ihren wichtigen, wenn auch nicht zentralen, Stellenwert.
Als klassischer Hauptvertreter dieser Richtung steht das Werk von E. SPRANGER und G. KERSCHENSTEINER in der letzten Phase seines Wirkens.

2.3.2.1 Der Entwurf einer Kultur- und Wertpädagogik

Der Ansatz der Kulturpädagogik bei E. SPRANGER beruht auf der Wertphilosophie des Neukantianismus der SÜDWESTDEUTSCHEN SCHULE, vor allem H. RICKERTs und verbindet diesen mit dem lebensphilosophischen Ansatz W. DILTHEYs. In seinen „Lebensformen" legt er so die die Grundlage für seine Pädagogik.
Die geisteswissenschaftliche Psychologie fundiert nach SPRANGER die Pädagogik, die erst von daher ihren Sinn und ihre Aufgabe als Wissenschaft bekommt. In ihr verbinden sich Sinn, Wert und Kultur in einem wechselseitigen Verhältnis. Die Kultur umfaßt als raumzeitliche Wirklichkeit die objektiven

Werte, und die Kulturgüter als Manifestationen der geistigen Welt. Sinn bezieht sich immer auf einen Wert, d. h. jeder Wert enthält für den Menschen einen Sinn. E. SPRANGER versteht unter Kultur einen überindividuellen „Wert und Sinnzusammenhang, der Wirklichkeit geworden ist und daher in einer realen Gesellschaft als motivsetzender Wirkungszusammenhang lebt" (SPRANGER 1969, 21). Aus dieser Konzeption der Kultur verbinden sich zwei wichtige Zweige seiner Psychologie: die generelle geisteswissenschaftliche Psychologie, die die menschliche Seelenstruktur in Hinsicht auf den objektiven und normativen Geist verstehen will und die differentielle geisteswissenschaftliche Psychologie, die die jeweilig möglichen Aspekte des objektiven und normativen Geistes typenhaft ausprägt. Diese Lebensformen sind idealtypische Möglichkeiten menschlichen Lebens, in denen bestimmte Werthaltungen prävalent verwirklicht sind.

Als idealtypische Möglichkeiten der Individualität gliedern sie sich in 6 Klassen: in den

- theoretischen Menschen,
- ästhetischen Menschen,
- sozialen Menschen,
- Macht-Menschen,
- ökonomischen Menschen,
- religiösen Menschen.

Diese Menschentypen richten sich an den Wertklassen und an den seelischen Akten aus. Jedem Grundtypus entspricht eine bestimmte Wertklasse und diese wieder drückt sich in psychischen Akten aus. So bietet diese Einteilung der Lebensformen ein Verständnis für die verschiedenen Interessenschwerpunkte der Menschen in einer Kultur und erklärt damit auch die Verschiedenartigkeit des Schulsystems, das den verschiedenen Grundtypen Rechnung tragen muß. Ein Mißverständnis des Idealtypus wäre dann gegeben, wenn man annehmen würde, ein Typus hätte mit den anderen Wertklassen nichts zu tun; vielmehr geht es um eine dominante, d.h. typische Ausprägung und damit um den Vorzug einer Wertklasse vor anderen. Dieses Typensystem wurde in der amerikanischen Sozialpsychologie zu einem verbalen Test mit dem Namen „Study of Values" umgearbeitet und mit dessen Hilfe versucht, Werteinstellungen zu messen.

Kultur
Im Sinne der Kulturpädagogik beinhaltet die Kultur ein Wertsystem, das in seiner Allgemeinheit für alle Menschen verbindlich ist.

Durch den Erzieher werden die objektiven Werte der Kultur vermittelt und sollen im subjektiven Erleben des Zöglings lebendig werden. Deshalb geht auch seine Bewegung vom Objektiven zum Subjektiven, indem die Werte der Kultur aufgrund der Wertempfänglichkeit des Menschen überliefert werden.

"Erziehung ist also der von einer gebenden Liebe zu der Seele des Anderen getragene Wille, ihre totale Wertempfänglichkeit und Wertgestaltungsfähigkeit von innen heraus zu entfalten." (SPRANGER, 1950, 381)

In dieser Definition ist enthalten:
1. daß "die seelische Entwicklung allein von den Werten aus beeinflußt werden kann, nicht von der bloßen Gesetzlichkeit eines Sachgebietes als solchem" (ebenda);
2. daß wahre Erziehung nicht in der Stoffübermittlung, sondern in der formalen Bildung (Kraftbildung) ihren Mittelpunkt hat;
3. daß sie, da sie auf das Ganze der Seele und auf ihre Stellung zum Leben gerichtet ist, immer von einem religiösen Geist erfüllt sein muß.

Werte
Werte sind die für den Menschen und sein Handeln gültigen Normen, die aus dem objektiven und normativen Geist hergeleitet werden, an den Dingen als Qualitäten haften und so dem menschlichen Handeln Sinn verleihen. Die Werte stehen im Ganzen einer Wertrangordnung.

Sie erfolgt an den echt wertvollen Gehalten des gegebenen objektiven Geistes, hat aber zum letzten Ziel die Entbindung des autonomen normativen Geistes (eines sittlich-idealen Kulturwillens) im Subjekt. Der objektive Geist hat seine Wurzel im Erleben und Schaffen der menschlichen Individuen, denn durch sie ist er entstanden und in ihnen muß er immer wieder neu zum Leben erweckt werden. Von diesem Gedanken leitet E. SPRANGER die Folgerung ab, daß die geistige Struktur der Seele mit der Struktur des objektiven Geistes in den Grundrichtungen übereinstimmt.

Die Sinnrichtungen der Akte und Erlebnisse der individuellen Seele und der Wertgebiete der Kultur sieht er im Verhältnis der Spiegelung, jedoch nur hinsichtlich der Grundtendenz, nicht auch hinsichtlich des historischen Gehaltes. In beiden nämlich wirkt das gleiche gestaltende Prinzip, der normative Geist. Ein zweites Verhältnis aber besteht gleichzeitig neben dem der Spiegelung - das Verhältnis der Wechselwirkung. Das besagt: Der Sinn der historisch gegebenen objektiven Kultur bestimmt den Sinn des individuellen Lebens, und umgekehrt wird die historische Kultur immer neu belebt und umgestaltet durch die lebendigen Seelen, die sie tragen. Gegenseitiges Tragen und Getragenwerden ist für dieses zweite Verhältnis kennzeichnend.

"Über beiden aber leuchtet zielweisend ein Leitstern: Der allseitige Inbegriff der Normen, die für die individuelle Seele gelten, ist die Idee des Menschentums; ihre Erweiterung auf den objektiven Geist führt zu der Idee der echten Kultur." (SPRANGER 1950, 28)

Entsprechend kennt E. SPRANGER auch zwei Bestimmungsmöglichkeiten für die Grundrichtungen, in die sich das geistige Leben differenziert:
1. Man kann von der historisch gegebenen objektiven Kultur ausgehen und aus ihrer wesenhaften Gliederung auf die Sinnrichtungen schließen, die in der Struktur der Einzelseele dauernd enthalten sein müssen.
2. Man kann versuchen, aus den ewigen Grundakten der Einzelseele die Gliederung der Kultur synthetisch entstehen zu lassen. Akte und Erlebnisse sind zeitliche Vorgänge, aber damit ist nicht auch gleich ihr Inhalt zeitlicher Natur. Es muß an ihnen zweierlei unterschieden werden:
   a) die ewige Tendenz (das in ihnen lebende geistige Gesetz) und
   b) die historische Wirklichkeit, durch die die Akte gestaltet, d. h. mit Sinn erfüllt werden.

Über den ökonomischen Gütern z. B. schwebt "das Ökonomische", über den Erkenntnissen "das Wahre", über den Kunstwerken das „Schöne" etc. In die Zeit gelangen diese ewigen Gegenstände oder Ideen (z. B. das Schöne) in einer doppelten Weise: einmal im Hinblick auf die räumlich-zeitliche Welt, in der sie auf eigentümliche Art 'verwirklicht' oder im Kampf mit ihr 'erarbeitet' (z. B. der Materie eingebildet) werden. Zum anderen aber werden sie durch die seelischen Akte im Erlebnis dieser oder jener Seele realisiert.

Daß aber der Gehalt, geistiger Akte für E. SPRANGER an sich zeitlos ist, geht schon daraus hervor, daß sie über Raum und Zeit hinweg verstanden werden können. Dies ist nur möglich, wenn in ihnen ein Gesetz oder eine Geltung liegt, die von der Verwirklichung oder Realisierung hier und dort unabhängig ist. (a. a. O., 27)

Geistige Erscheinungen sind zeitlich bedingt oder eingehüllt, während der geistige Gehalt die gesetzliche Struktur der geistigen Erscheinungen zeitlos ist. "Geistiges Verstehen heißt also eigentlich: die zeitlosen Erscheinungen des Geistes auf ihren zeitlosen, gesetzlichen Sinngehalt zurückführen." (ebenda)
Die Erziehung gehört ihrer Natur nach zu den sozialen Tätigkeiten. Diese sind seelische Akte, aus denen typisch soziale Menschen herausgehen können, deren Orientierung sich an sozialen Werten ausrichtet.

"Ohne den Geist der Liebe, ohne Hinwendung zu den noch unentfalteten Wertmöglichkeiten der jungen Seele würde es überhaupt nicht zur Erziehung kommen." (SPRANGER 1950, 378)

E. SPRANGER unterscheidet Erotik und Liebe und bezeichnet die pädagogische Liebe als eine besondere Erscheinungsform der Liebe. Erotik ist die ästhetisch geartete Liebe (sie gilt der Anmut und Kraft der Erscheinung), die sich "bis zu der Einfühlung in die seelische Schönheit des anderen vergeistigen kann." (ebenda) Liebe im eigentlichen Sinn aber ist für ihn "die verstehende Hinwendung zum Wertgehalt der anderen Seele und die darauf begründete Gemeinschaft im Wert" (SPRANGER 1950, 378). In der reinsten Form erscheint diese Liebe, wenn sie der ganzen Seele des Anderen (nicht nur dieser oder jener Seite) gilt.
Auf diesem Boden unterscheidet er:
- die empfangende Liebe (sie gibt sich der tatsächlichen Wertfülle des Geliebten hin),
- die gebende Liebe (sie möchte den anderen mit ihrer Wertfülle seelisch reich machen) und
- die entfaltete Wertgemeinschaft (Geben und Empfangen zwischen zwei persönlichen Wertwelten halten sich die Waage).

Für die pädagogische Liebe ist ein Zweifaches charakteristisch:
1. Sie trachtet, nicht allein durch die bloße Liebe zu wirken (wie es die karitative Liebe tut, in der der Liebesgeist selbst das wesentlich wirkende Moment ist).
2. Sie ist nicht bestrebt, diese oder jene einzelne Wertrichtung im Anderen zu fördern, sondern sie will mit der Liebe zu der ganzen wertfähigen Seele des Anderen zugleich alle positiven Wertrichtungen in ihm entfalten.

Die Kulturpädagogik hat immer das Zueinander von materialer und formaler Bildung betont von der Einsicht her, daß „Form und Stoff... im Leben nicht trennbar" (SPRANGER 1973, 20) sind. Das leitende Kriterium bilden dabei allein die

Werte und ihre Realisierung in Gegenständen, in Stoffen - im unterrichtlichen Sinn verstanden. Ist ein Wert nur mit einem ganz bestimmten Unterrichtsgegenstand verbunden, dann wird der materialen Bildung der Vorrang eingeräumt. Wenn aber das Werterlebnis nicht unbedingt an die Vermittlung eines Inhalts gebunden erscheint, sondern an jedem beliebigen Inhalt erlebt werden kann, dann wird von formaler Bildung gesprochen. Oberstes Leitziel bei dieser Diskussion bleibt die Wertvermittlung, während die ausgewählten Inhalte das Vermittlungsobjekt sind, an dem diese Werte vorhanden sind und somit realisiert werden können.

2.3.2.2   Die Bildungstheorie G. Kerschensteiners

G. KERSCHENSTEINER gilt als ein Begründer der Arbeitsschule, einer Richtung reformpädagogischer Bewegungen, und orientiert sich gegen Ende seines Lebens vor allem an der Wert- und Kulturpädagogik E. SPRANGERs. Aus dieser Auseinandersetzung zwischen Allgemeinbildung und Berufsbildung heraus konzipiert er am Ende seines Lebens die bisher umfassendste Monographie über die 'Theorie der Bildung', die es in der pädagogischen Literatur gibt. Hier zieht er ein Resümee der Diskussion um die menschliche Bildung, die damit zu einem wesentlichen Bereich der Pädagogik als Wissenschaft führen sollte.

Er unterscheidet zwischen Bildung als Zustand und Bildung als Verfahren oder Prozeß. Als Zustand der Bildung versteht er eine Wesensbestimmung von Bildung. Sie ist eine überzeitliche Idee, die durch Wesensschau (Phänomenologie) erkannt wird und auch interkulturell gültig ist, weil ihre Wurzeln in den Ideen der Wahrheit, der Schönheit, der Sittlichkeit und der Heiligkeit liegen.

Bildung „ist ein durch die Kulturgüter geweckter, individuell organisierter Wertsinn von individuell möglicher Weite und Tiefe" (KERSCHENSTEINER 1926, 18). Sie ist die je individuelle Verlebendigung von Werten (axiologischer Aspekt), die durch Ausbildung von Gewohnheiten und Fertigkeiten, durch Stärkung der Kräfte des Menschen (psychologischer Aspekt) sowie durch die Berufsbildung (teleologischer Aspekt), die Individuum und Gemeinschaft miteinander verbindet, realisiert wird.

In Anlehnung an H. RICKERTs neukantianische Werttheoric versteht G. KERSCHENSTEINER den Wert als „die Eigenschaft eines Dinges, die ihm in bezug auf ein fühlendes Bewußtsein" (KERSCHENSTEINER 1926, 561) zukommt.

Werte sind daher mit Objekten oder Dingen verknüpft, sie haften an ihnen und auf der Seite des Subjekts sind sie relational zu einem fühlenden Bewußtsein, das das Zentrum des menschlichen Ichs anspricht. Fühlen und Wollen sind die seelischen Akte, die am Prozeß des Wertens beteiligt sind. Die Erkenntnis von Werten hingegen kann nicht das Erleben von Werten ersetzen. Werte müssen im Menschen lebendig und nicht unbedingt der Erkenntnis zugänglich sein. Deshalb ist Bildung nicht abhängig von intellektuellen Fähigkeiten und realisiert sich bei allen Menschen ohne Berücksichtigung ihrer differentiellen geistigen Fähigkeiten.

G. KERSCHENSTEINER unterscheidet zwischen den sinnlichen und den geistigen Werten. Sinnliche Werte wie Lust oder Unlust, Annehmlichkeit, Behaglichkeit und Sinnengenuß sind fundamental mit dem Triebsystem des Menschen verbunden. Die geistigen Werte umfassen Wahrheit, Sittlichkeit, Schönheit und Heiligkeit. Sie haben Sollens-Charakter und stehen über den sinnlichen Werten. Die geistigen Werte findet man in Kulturgütern. Sie müssen im Individuum lebendig werden, d.h. sie müssen erlebt werden. Die Erlebnisse bilden eine geistige Struktur im Menschen aus und bedingen und beeinflußen den Menschen in seinem weiteren Lebenslauf. Das Wissen um den Wert macht diesen nicht lebendig, daher kann die Wissensschule auch keine Bildungsanstalt sein. So gehört zum Lebendigsein die Tätigkeit, das Handeln, wodurch sich das Verwirklichen von Werten vollzieht. So wird Bildung nicht an die Intellektualität gebunden, sondern an das Fühlen, an das Erleben und an die Handlung. Daher kann auch Bildung nie ein Privileg einer bestimmten Schule - z.B. des Gymnasiums - sein.

Bildung als Prozeß wendet sich analytisch zunächst dem Bildungsobjekt, dem Zögling zu. Hier bestimmt in Anlehnung an I. KANT (Grundlegung der Metaphysik der Sitten) das Interesse den Kern seiner Aussagen. Interesse bewirkt das Praktisch-werden der Vernunft oder die Bestimmung des Willens zur Handlung.

G. KERSCHENSTEINER bedauert das Verschwinden dieses Begriffs aus dem Vokabular der deutschen Psychologie seiner Zeit und zeigt, wie hier die Tradition in der amerikanischen Psychologie weiterlebt und bei J. DEWEY, einen zentralen Aussagenwert bekommt. So ist also „das Interessensystem eines Individuums korrelativ mit seinem Zweck - wie mit seinem Wertsystem" (KERSCHENSTEINER 1926, 265).

Die Interessen wiederum differenziert er in die Reizinteressen, die auf äußere Reize hin entstehen, d.h. den Gegenstand nicht aufsuchen, und in die Triebinteressen, die den Gegenstand aufsuchen. Hier bleibt die Frage, ob das Reizinteresse noch ein 'Interesse' im eigentlichen Sinn sein kann. „Die Arbeitsschule 'greift' in erster Linie nicht die Reizinteressen, sondern die Triebinteressen auf" (KERSCHENSTEINER 1926, 273).

Die Triebinteressen haben ihren Ursprung in der Spontaneität des Menschen und werden als die eigentlichen Interessen angesehen. Anthropologisch gesehen, geht er von zwei Urtrieben aus: dem Trieb zur Selbsterhaltung und Selbsterweiterung und dem Urtrieb zum Altruismus. Egoismus und Altruismus bilden so die bipolaren Grundtriebe in jedem Menschen.

Werte, Zwecke und Interessen bestimmen die verschiedenen Entwicklungsphasen des Menschen. So sieht er in den ersten zwei Lebensjahren eine Prävalenz der Reizinteressen und der sinnlichen Werte. Im Spielalter, der Periode der zweiten Kindheit (3.-7. Lebensjahr), erlebt das Kind soziale Werte und setzt sich die ersten Zwecke beim Spielen. Im anschließenden dritten Stadium (8.-14. Lebensjahr) tritt das Kind in das Alter der egozentrisch gerichteten Arbeit. Erst danach kommt es zum Erleben geistiger Werte und zur Ausbildung des geistigen Interesses.

Man kann diese Entwicklung auch als Weg von der Fremdbestimmung zur Selbstbestimmung, von den sinnlichen Werterlebnissen zu den geistigen Werten charakterisieren. Bildung als lebenslange Aufgabe des Menschen bekommt hier ihre Fundierung und führt den Menschen zur sittlich autonomen Persönlichkeit.

Zusammenfassung

Die Kulturpädagogik verbindet geisteswissenschaftliche Intentionen mit dem Neukantianismus der SÜDWESTDEUTSCHEN SCHULE (H. RICKERT).

Die Pädagogik wird begründet durch die geisteswissenschaftliche Psychologie in ihren Ausprägungen als generelle geisteswissenschaftliche Psychologie und differentielle geisteswissenschaftliche Psychologie.

Das zentrale Interesse geht dahin, die Verbindung zwischen dem Individuum (subjektiver Geist) und den Kulturgebilden (objektiver Geist, normativer Geist) aufzuzeigen. Die generelle geisteswissenschaftliche Psychologie erhellt die Beziehung der menschlichen Seelenstruktur zum objektiven und normativen Geist .

Der individuelle Mensch als Geistwesen lebt im objektiven Geist als seiner geistigen und geschichtlichen Umwelt. Der objektive Geist übersteigt das Subjekt (Transsubjektivität), er beruht auf der Wechselwirkung der Subjekte (Kollektivität) und enthält Normen für das Handeln der Menschen (Normativität), die sich in unechten und echten Werten artikulieren.

Demgegenüber enthält der normative Geist (in Anlehnung an G.W.F. HEGELs absoluten Geist) das Weltgesetz der Sittlichkeit, das im Menschen wirkt, und richtet sich als ideeller Normenkomplex auf die wahren und echten, d. h. überzeitlichen Werte.

Die differentielle geisteswissenschaftliche Psychologie widmet sich den individualisierten Seelenstrukturen (Idealtypen), die als Ausprägungen einer bestimmten Seite des objektiven und normativen Geistes aufgefaßt werden.

Als solche Idealtypen werden der ökonomische Mensch, der soziale Mensch, der Machtmensch, der ästhetische Mensch, der theoretische Mensch und der religiöse Mensch unterschieden. Sie entsprechen sowohl den Wertklassen, die in einer Rangordnung stehen als auch den geistigen Akten, die einen bestimmten Sinn intendieren. Unter Sinn versteht E. SPRANGER immer einen Bezug zu einem Wert, der in einem Wertganzen eingegliedert ist.

Die Bedeutsamkeit der Werte für den Menschen liegt in seiner Wertempfänglichkeit, und diese ermöglicht seine Erziehung und Bildung. Die Werte müssen von den Menschen erlebt werden, und ihre persönliche Aneignung geschieht durch das Erlebnis.

Aufgabe der Kulturpädagogik bleibt, die Auseinandersetzung mit den Werten als den objektiven Inhalten der Kultur zu ermöglichen, um den Menschen als Persönlichkeit zu einem Wertträger, zur Persönlichkeit emporzubilden, der befähigt ist, Wertsetzungen und Wertentscheidungen in und für seine Gemeinschaft zu fällen.

G. KERSCHENSTEINER entwirft weithgehend auf dem Fundament E. SPRANGERs seine Theorie der Bildung, die er aspekthaft als Zustand und als Prozeß differenziert. In seinem Interessenkonzept verbindet er J. F. HERBART´sches Gedankengut mit reformpädagogischen Intentionen. Er faßt Bildung als Problem der Wertvermittlung auf. Die Selbsttätigkeit bekommt aus ganzheitlicher Sicht (Kopf-Herz-Hand) einen wichtigen Stellenwert in der Arbeitsschule.

2.3.3 Die Pädagogik als dialektisch-hermeneutische Wissenschaft

Das folgende Kapitel informiert Sie über
- *das reflexive Denken als dialektisches Denken,*
- *den Unterschied zwischen dem Sinnallgemeinen und dem Sachallgemeinen,*
- *die Beziehung zwischen dem Allgemeinen und dem Individuellen,*
- *die doppelte Aufgabe der Pädagogik als Handlungswissenschaft,*
- *die Methoden der Pädagogik aufgrund der Eigenartigkeit des Subjekt-Objekt-Bezugs,*
- *die dialektische Bildungstheorie als Reflexionsstufentheorie.*

Das Anliegen der Hermeneutik wird bei TH. LITT und J. DERBOLAV mit der von G.W.F. HEGEL übernommenen und durch sie modifizierten Dialektik verbunden.

Der Inhalt der Pädagogik als Wissenschaft ist die Reflexion über das erzieherische Handeln. TH. LITT faßt die Pädagogik als Handlungswissenschaft auf. Diese Handlungen kann man als Erziehung und Bildung bezeichnen. In der Reflexion aber zeigt sich das dialektische Denken (Ich/Nicht-Ich), denn "reflektierendes Denken ist seinem innersten Wesen nach dialektisches Denken" (LITT 1949, 134). Daraus resultieren die verschiedenen Reflexionsstufen, um den Subjekt-Objekt-Bezug der Geisteswissenschaften zu begründen. Als erste Stufe der Reflexion erfährt sich der Mensch als gewußtes Objekt, d.h. vergegenständlicht. In der zweiten Stufe als Reflexion auf die Reflexion wird die Vergegenständlichung aufgehoben, und der Mensch wird wieder Subjekt, als der im Wissen Gewußte. TH. LITT verbindet die Lebensphilosophie mit der Dialektik, die Hermeneutik mit der Phänomenologie, denn „das Fundament schlechthin für alle Geisteswissenschaften" (LITT 1926, 7) bildet für ihn die Phänomenologie.

In den Phänomenen zeigt sich die Struktur der Wirklichkeit, die als gleichbleibende Grundbeziehungen die lebendige Daseinsfülle erst erkennbar macht. Der weitere Weg führt durch die Methode der Reduktion (E. HUSSERL) zum Wesen einer Sache. Die Struktur der Wirklichkeit bildet die Beziehung von dem im Besonderen immer schon vorhandenen Allgemeinen. Diese zeigt sich auch in der im Erlebnis liegenden Grundbeziehung von Ich und Du als dialektische Vermittlung des Ich mit der Gemeinschaft, und daraus wird die Eigenart der pädagogischen Beziehung verstehbar. Denn "es liegt im Wesen meines Du-Erlebnisses, daß dieses Du mir gegenwärtig ist als ein solches, für das ich genauso ein Du bin, wie es für mich ein Du ist" (LITT, 1926, 408).

Dialektik
Ihren Ursprung hat die Dialektik in den sokratischen Dialogen des PLA-
TON. Das Gespräch als Rede und Widerrede hat die Aufgabe, die Wahr-
heit eines Sachverhaltes herauszufinden. Bei KANT wird Dialektik als
Antinomie (Gegensatz) der reinen Vernunft verstanden. Bei FICHTE und
HEGEL bedeutet Dialektik jenen Prozeß des Geistes, der sich von der
These über die Antithese zur Synthese vollzieht.

2.3.3.1 Sachallgemeines und Sinnallgemeines

Die Wissenschaft will ein gesichertes Wissen über einen Gegenstandsbereich
erreichen. Dieses realisiert sich in spezifischen Beziehungen des Besonderen zum
Allgemeinen. Diese Relationen führen zu einem Stufenaufbau des Wissens nach
TH. LITT. Die unterste oder erste Stufe bezeichnet er als das Sachallgemeine. Im
Subjekt-Objekt-Bezug des Sachallgemeinen dominiert die Vergegenständlichung
des Objektbereichs (1. Reflex). Die Ermittlung des Sachallgemeinen geschieht
durch Subsumtion (Unterordnung) des Besonderen als Exemplar oder exemplari-
scher Fall unter das Allgemeine. Das Sachallgemeine ist daher "das Ergebnis einer Bearbeitung" (LITT 1961, 232).
Als Beispiel führt TH. LITT die Naturwissenschaften an, in denen "das Besondere . zum 'Exemplar' der allgemeinen Gattung, zum 'Fall' des allgemeinen Ge-
setzes" (LITT 1961, 233) wird und damit seine Besonderheit verliert. In dieser
Stufe des Allgemeinen geht der Begriff der Individualität unter. Um aber das Besondere in seiner Eigenwertigkeit gegenüber dem Allgemeinen herauszustellen,
bedarf es einer zweiten Reflexion, der Reflexion auf die erste Reflexion und
damit die Aufhebung der Vergegenständlichung.
Daher wird die zweite Reflexionsstufe als "Übergang vom Besonderen zum Allgemeinen, wie er sich im Aufstieg der Selbstbesinnung verwirklicht" (a. a. O.,
232) notwendig. Das Besondere wird hier nicht untergeordnet, wie bei der Bearbeitung der Sachen oder Gegenstände, sondern ist mit dem Allgemeinen identisch. Es geht im Allgemeinen der Denkbewegung des Subjekts nicht unter, sondern wird von innen heraus emporgebildet. Das Sinnallgemeine entsteht so durch
die Selbstaufstufung des Subjekts, das das Bewußtsein seiner Identität trotz allen
Wechsels und aller Veränderung beibehält. Die Verbindung zwischen Subjekt-

Objekt ist hier so intensiv wie bei der Reflexion des Denkens auf sich selbst. Den Kern dieses Verhältnisses aber bildet die Identität von Subjekt und Objekt.

"Das Ganze der von uns durchgeführten Untersuchungen war ein fortlaufender Versuch (...) den Nachweis zu führen, daß die Wissenschaft vom Menschen es bei aller methodischen Sublimierung niemals dahin bringen kann, daß die in der Identität von Subjekt und Objekt begründete Einheit, die durch alle Stufen und Grade menschlicher Selbstbesinnung hindurchgreift, durch ein Auseinandertreten von Subjekt und Objekt abgelöst wird." (LITT 1962, 146)

In dieser Identität sind auch Erkennen (Sein) und Handeln (Sollen) die zwei Momente einer Geistigkeit.

"Ist es doch derselbe Geist, der mit derselben geschichtlichen Welt von innen her als Handelnder, von außen her als Betrachtender sich auseinandersetzt, um dort wie hier in ihr sich selbst wiederzufinden." (LITT 1918, 173)

Der Geist richtet sich auf sein eigenes Tun (Selbstreflexion) und seine Entwicklung und will diese erforschen.
In dieser Reflexionsstufe erweist sich die Sprache "als vollkommenste Versinnlichung des unsinnlichen Geschehens, das sich in ihr ausspricht" (LITT 1961, 236).
Als Medium der Selbstbesinnung bedient sie sich nicht einer allgemeinen Terminologie, sondern bewahrt das Individuelle im Allgemeinen.
Das Sinnallgemeine und das Sachallgemeine bleiben gemäß den Reflexionsstufen in einem Begründungszusammenhang miteinander verbunden, in dem

„die jeweils höhere Stufe immer nur zusammen mit der jeweils tieferen, d. h. in lebendig-präsenter Rückbeziehung auf das weiter abwärts liegende, ihren Sinn erfüllt und ihre Funktion verrichtet. Das Allgemeine ist und bleibt das Allgemeine 'seines' Besonderen, nicht ist es ein Allgemeines 'oberhalb' oder 'jenseits' eines abgetanen Besonderen." (Litt 1961, 238)

In dieser Sicht verbinden sich auch die Naturwissenschaften mit den Geisteswissenschaften und stehen nicht in einem beziehungslosen Nebeneinander.

2.3.3.2 Die Pädagogik als Geisteswissenschaft

TH. LITT lehnt für die Wissenschaft der Pädagogik sowohl den Kunstcharakter als auch die Bezeichnung einer angewandten Wissenschaft ab. Pädagogik als Kunst würde eine Wissenschaft der Pädagogik unmöglich machen, weil dieses Verständnis die Erziehung in den Bereich des Irrationalen verweisen würde, wenn Kunst mit dem genialen Können eines Künstlers gleichgesetzt wird. (Der geborene Künstler - der geborene Erzieher).

Die Auffassung von der Pädagogik als angewandter Wissenschaft in Analogie zur Technik beraubt die Pädagogik ihres eigentlichen Inhaltes und würde sie zu einer Technologie reduzieren. Sie müßte die Handlungsanweisungen von anderen Wissenschaften übernehmen und hätte zu ihrem Inhalt nur das Sachallgemeine im Sinne der Vorherrschaft der Kausalbeziehung. Daher stellt sich ihm die Frage,

> „ob nicht eine pädagogische Theorie denkbar ist, die den Zusammenhang der pädagogischen Gedankenbildung mit dem irrationalen Kern der Persönlichkeit und der kulturellen Gesamtlage als wesentliches Moment umfaßt und in methodischer Besonnenheit in das Ganze ihrer Überlegungen mit einbezieht." (LITT 1968, 84f.)

Als Theorie eines Handelns hat sie eine doppelte Aufgabe, einerseits das Verstehen der gegebenen Handlungszusammenhänge und andererseits die Normierung des Handelns als erzieherisches Handeln. Es wird eine Pädagogik gefordert, die danach strebt, „Theorie eines Handelns zu werden, weil das Stück Lebenspraxis, dem sie zugewandt ist, nach einer solchen Theorie verlangt" (LITT 1968, 88).

Der Mensch als zwecksetzendes Subjekt umfaßt sowohl das Sein als auch das Sollen in einer Wechselwirkung. Der Erzieher muß bemüht sein, sich zu vergewissern „was der Zögling ist, und [er] wird alle erzieherischen Pläne und Maßnahmen zurückhalten, bis er dieses seines Seins kundig geworden ist" (LITT 1968, 105).

Aus diesem geisteswissenschaftlichen Ansatz der Pädagogik resultiert TH. LITTs Bildungstheorie als Reflexionsstufentheorie. Bildung vollzieht sich im Spannungsfeld zwischen dem Sinnallgemeinen und dem Sachallgemeinen, in der dialektischen Vermittlung zwischen dem subjektiven und dem objektiven Geist. Die Polaritätsspannung von Leib und Seele, von Mensch und Welt verlangt eine Konzeption der Bildung, die die Vermittlung dieser Gegensätze möglich macht und dies geschieht in und durch die Dialektik.

2.3.3.3   Die Methoden der Pädagogik

TH. LITT konstatiert einen Dualismus der Methoden in der Pädagogik. Auf der einen Seite die empirischen oder erfahrungswissenschaftlichen Methoden einer 'Erfahrungspädagogik' und auf der anderen Seite die Methoden, die als philosophisch zu bezeichnen sind. Ein „solcher Dualismus der Methoden und Ergebnisse ist auf die Dauer nicht zu ertragen" (LITT 1921, 81), zumal es sich um ein und denselben Objektbereich handelt, der als Erziehungswirklichkeit mit verschiedenen Methoden erforscht werden soll. Es muß daher gefragt werden, ob dieser Dualismus nicht auf einem Schein beruht. Mit Hilfe der Unterscheidung von Sinnallgemeinem und Sachallgemeinem und ihrer gegenseitigen Beziehung sieht TH. LITT, daß bei der Übernahme naturwissenschaftlicher Methoden der Objektbereich der Pädagogik als Sache vergegenständlicht wird.

„Von dem um Erkenntnis bemühten Subjekt wird (...) denkende Konzentration auf diesen Sachzusammenhang [verlangt] und, was damit gleichbedeutend ist, Zurücktreten seines ganzen individuellen Erlebnisgehaltes zugunsten einer rein auf 'Feststellung' objektiver Sachzusammenhänge gerichteten Denkbestätigung." (LITT 1921, 83)

Diese Einstellung beruht auf der Subjekt-Objekt-Beziehung in den Naturwissenschaften. In der Pädagogik bekommt die Subjekt-Objekt-Relation eine geisteswissenschaftliche Sichtweise, d.h. das Objekt,

„mit dem die Theorie der Pädagogik zu tun hat, das Wirklichkeitsganze der Erziehung, in Wahrheit dem erkennenden Subjekt nicht in säuberlicher Ablösung als ein rein sachliches Gefüge gegenübersteht, vielmehr das Subjekt selbst als ein Glied in sich einschließt." (LITT 1921, 84)

Diese Einbeziehung des Subjekts und seine Einbettung in den Kulturzusammenhang, in dem das Subjekt selbst geformt wird, zeigt, daß diese Ganzheit nur über das Verstehen zum Ausdruck gebracht werden kann. Dies erfordert von seiten des Subjekts einen eigenen Akt, um die Analyse zu realisieren, in der Subjekt und Objekt erst auseinandertreten können. Darin unterscheidet sich die Pädagogik von den Naturwissenschaften. Das, was in der Pädagogik als Objekt fungiert, wird durch die pädagogische Theorie konstituiert. Erst dann kann eine Trennung zwischen Subjekt und Objekt vollzogen werden. Der Objektbereich der Pädagogik wird nicht vorgefunden, sondern gesetzt. „Was Erziehung ist, kann nur der feststellen, der schon eine gewisse Vorstellung davon hat, was Erziehung soll." (LITT 1968, 103)
Sein und Sollen, Tatsachen und Werte gehören notwendig in der Pädagogik zusammen und der Wissenschaftler muß trotz dieser innigen Verflechtung Rechenschaft ablegen können, was zum Bereich der Forschung und was zur persönlichen Entscheidung gehört.

„Echte Wissenschaft sieht nicht ihre Aufgabe darin, auch das auf theoretisch formulierte Sätze und Regeln zurückzuführen, was seinem Wesen nach solcher Rationalisierung widerstreitet: vielmehr tritt sie gerade für Recht und Eigenart und Selbständigkeit dessen ein, was seinem Sinn und Gehalt nach außer- und überwissenschaftlich ist und bleiben muß, ja, mit ihren eigenen Erkenntnis- und Beweismitteln legt sie erst recht fest, daß und warum es überwissenschaftlich ist." (LITT 1921, 86)

In dieser Einheit zeigt sich der geisteswissenschaftliche Entwurf als Synthese von rationaler Wissenschaftstheorie und transwissenschaftlichen Bedingungen.

Den Unterschied zwischen den Natur- und den Geisteswissenschaften bindet TH. LITT an einen Stufenbau der Wirklichkeit, an dem sich auch die Eigenart der Wissenschaften je nach ihrer Bestimmung des Subjekt-Objekt-Verhältnisses der Erkenntnis (LITT 1948, 91) ablesen läßt. Die verschiedenen Schichten differenzieren sich nach den regionalen Aufgaben der bestimmten Wissenschaften. In diesem Sinne spricht TH. LITT von den Körperwissenschaften, den Lebenswissenschaften, den Seelenwissenschaften und schließlich den Geisteswissenschaften.

In der Unterscheidung von Körper- und Geisteswissenschaften findet sich die alte Dichotomie zwischen Natur- und Geisteswissenschaft wieder. Das Leben und die Seele werden neue Schichten, die sich wissenschaftlich erschließen und werden vermittelnd-überleitende Disziplinen. Das Einteilungskonzept geht von außen nach innen.

Die Geisteswissenschaft oder Noologie ist die Wissenschaft von der 'Selbst-besinnung' (LITT 1948, 97), d.h. eine nach innen gerichtete Wissenschaft. „Sie enthüllt das Bedingungsgefüge, das den Geist im ganzen Umfange seiner Selbstverwirklichungen trägt." (LITT 1948, 106f.)

2.3.3.4 Die Bildungstheorie J. DERBOLAV's

In derselben Weise, aber mit pointierten Korrekturen versteht auch J. DERBOLAV den Inhalt der Einzelwissenschaften in der Vergegenständlichung ihrer Objektbereiche. Diese Vergegenständlichung muß zurückgenommen und auf ihre Voraussetzungen hinterfragt werden.

Während sich die Wissenschaftstheorie darauf beschränkt, die gegenstandskonstitutiven Kategorien der Gegenstandsbereiche herauszuarbeiten und in einen systematischen Ableitungszusammenhang zu bringen, fällt die Frage nach kate-

gorialen Sinn- und Zweckbestimmungen bereits in die Kompetenz einer 'Kritik der praktischen Vernunf' (DERBOLAV 1969, 136).
Die Verbindung von Theorie und Praxis stellt die Beziehung zwischen den einzelwissenschaftlichen Fragestellungen und der Philosophie her.

Bildung
Bildung (nach DERBOLAV) als dialektischer Prozeß geht von der Thesis als 'Bei sich selber sein' aus (Subjektivität) über die Anthithesis 'Beim anderen sein' (Entfremdung) zur Synthesis als 'Im anderen zu sich selber kommen'.

So werden die Vergegenständlichungen der einzelwissenschaftlichen Theorien durch den Bildungsprozeß bedingt und zugleich aufgehoben. Daher stellt die Bildungstheorie das zentrale Problem der Pädagogik dar. Die Pädagogik hat die Aufgabe, in der Verbindung von Theorie und Praxis die Theorie in ihren Lebensvollzug zu bringen, und dies gelingt ihr nur durch die Reflexion auf die Reflexion, wie sie sich im Bildungsprozeß widerspiegelt. Bildung heißt bei J. DERBOLAV 'Im anderen zu sich selber kommen', und dieser Stufenprozeß vollzieht sich in Analogie zu TH. LITT in drei einander sich aufhebenden Reflexionsschritten.
1. Reflexionsstufe: In dieser Phase geht es um den anschaulich-praktischen Umgang des Kindes mit seiner Welt als Umwelt, wie sie z. B. in der Aneignung der Muttersprache als muttersprachliche Bildung bezeichnet werden kann. Der Selbstbezug des subjektiven Geistes bildet die Grundlage dieses ersten Schrittes.
2. Reflexionsstufe: Die Hinwendung zu den Objektbereichen und Ergebnissen der Wissenschaften als objektiviertes Wissen erfordert ein Heraustreten des Geistes aus seiner Subjektbezogenheit in die Sphäre der Objektivität. Dies geschieht über die kritisch distanzierende Reflexion oder, wie G.F.W. HEGEL es bezeichnen würde, durch die Entfremdung des subjektiven Geistes von sich selbst. In dieser Phase erfolgt die Konstituierung des Gegenstandsbewußtseins.
3. Reflexionsstufe: Als Synthese des 'Zu-sich-selbst-Kommens' im Anderen und durch den Anderen (das Andere) erfolgt die Hinwendung zum Sinn und macht erst die eigentliche Bildung als Selbstverwirklichung des Menschen aus.
Diese Darstellung des Bildungsprozesses richtet an den Menschen immer wieder die Frage und Forderung nach der Vermittlung von Sinn und Sein und ist ihm Aufgabe für sein ganzes Leben. Diese Selbstaufstufung des Geistes versteht sich

nicht als eine Entwicklungstheorie, sondern realisiert sich als Prozeß der Bildung in allen Lebensphasen des Menschen.

Die Bildungstheorie stellt nach J. DERBOLAV das „eigentlich systematische Prinzip der Erziehungswissenschaft dar" (DERBOLAV 1959, 9), weil sie nach den Bedingungen der Möglichkeiten von Erziehung und Bildung fragt und so erst die Erziehungwirklichkeit fundiert.

Im Lichte dieser Bildungstheorie differenziert er die Erziehungswirklichkeit in die Frage nach dem Erziehungssubjekt (*Educandus*) als Aufgabe der pädagogischen Anthropologie und der pädagogischen Handlungstheorie, die vom Erzieher her die Wirklichkeit konstituiert.

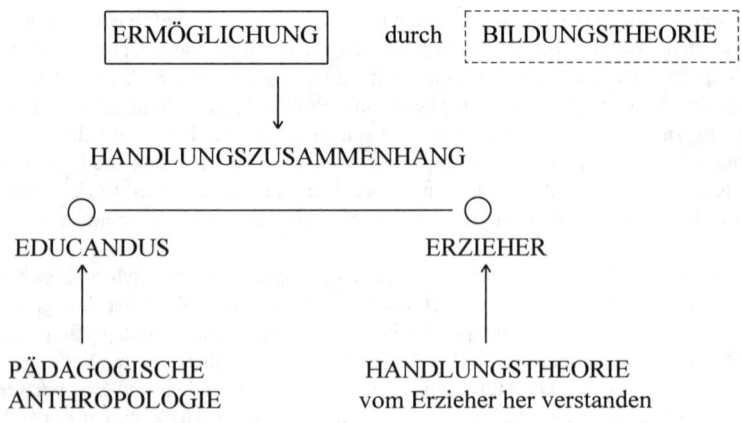

Zusammenfassung

Die Pädagogik als Geisteswissenschaft zentriert sich auf die Bildung des Menschen, die als dialektischer Prozeß über das Sachallgemeine zum Sinnallgemeinen führt oder in der *Synthesis* das "Über den anderen zu sich selber kommen" (DERBOLAV) bedeutet. Dieses Verständnis bestimmt die Verhältnisse und Interessen, die in der Pädagogik zum Tragen kommen.

Der Subjekt-Objekt-Bezug geht von der Identität als Einheit von Subjekt und Objekt aus und bekommt erst durch die erste Reflexion auf diese Einheit das Auseinandertreten in Subjekt und Objekt.

1. Reflexionsstufe: Im Subjekt-Objekt-Bezug wird das Objekt vergegenständlicht (Sachallgemeines).
2. Reflexionsstufe: Aufhebung dieser Vergegenständlichung und das Finden der Einheit im Sinn (Sinnallgemeines).

Der Objektbereich der Pädagogik wird nicht vorgefunden, sondern durch die Theorie konstituiert. Die dialektische Hermeneutik beschreibt die Prozeßhaftigkeit des Denkens und die Bildung des Individuums.

Die Bildungstheorie wird zum systematischen Prinzip der Pädagogik. Die Sprache, im umfassenden Sinn verstanden, bildet die Ermöglichung zwischenmenschlicher Beziehungen und der Erkenntnis der Welt. Ihre Verbindung zum objektiven Geist verbindet und ermöglicht das Verständnis der Menschen untereinander.

Das Allgemeine gliedert sich in das Sachallgemeine, das das Einzelne als Individuelles in seiner Eigenheit aufhebt und unter sich subsumiert, und in das Sinnallgemeine, in dem das Individuelle in seiner Eigenart erhalten wird und das Individuum zu sich selber kommen läßt.

In Fortsetzung und Erweiterung dieses Ansatzes steht der bildungstheoretische Entwurf von F. FISCHER einem Schüler DERBOLAVs in seinen Bildungskategorien. Darin begnügt er sich nicht Bildung losgelöst von anderen Wissensbereichen zu verstehen, sondern er versucht einen Stufenaufbau der einzelnen Wissenschaftsbereiche darzustellen. Die Differenz des Meinens des Gemeinten sieht er als Ausdruck von Sinn und vom Sinn des Sinnes. Diese Einbeziehung des Ganzen der Wissenschaft und die Einordnung der einzelnen Disziplinen in einen Zusammenhang, ermutigen dann auch J. DERBOLAV den Weg zu einer Praxeologie zu suchen, die Praxisfelder verschiedenster Art in einen Zusammenhang bringt. Die Pädagogik wird als ein Praxisfeld im Insgesamt anderer Praxen verstanden. Diese Rückbindung der Pädagogik an die Politik und damit an die Öffentlichkeit will ihre Einhausung in einen theoretischen Elfenbeinturm verhindern.

Sein Schüler D. BENNER führt diesen Ansatz, wenn auch modifiziert, in dieser Weise weiter.

2.3.4 Die hermeneutisch-existenzphilosophische Richtung

Das folgende Kapitel informiert Sie über
- *die Bedeutung der Anthropologie für die Pädagogik, die*
  Verbindung von philosophischer Anthropologie und
  Regionalanthropologien (Einzelwissenschaften vom Menschen),
- *den hermeneutischen Zirkel und seine Anwendung in der*
  Pädagogik,
- *die kategoriale Analyse der Erziehungswirklichkeit,*
- *den strukturellen Aufbau des Schichtenmodells,*
- *die dreifache Bedeutung der Sprache für die Pädagogik.*

Die Auseinandersetzung mit existenzphilosophischen Aussagen in der Pädagogik und die Verbindung zur Lebensphilosophie rückt die menschliche Existenz in den Mittelpunkt des Interesses.
Wenn man K. JASPERS, M. HEIDEGGER und J. P. SARTRE als die wichtigsten Anreger pädagogischer Gedankengänge berücksichtigt, kann man die verschiedenen rezipierten Konzeptionen in der Pädagogik verstehen.

Existenzphilosophie
Die an S. KIERKEGAARD anknüpfenden philosophischen Richtungen des 20. Jahrhunderts, die sich als Reaktion auf die philosophischen Systementwürfe des Deutschen Idealismus der konkreten menschlichen Existenz in ihrem Philosophieren zuwenden.

Die Pädagogik übernimmt von diesen Vertretern Einsichten, die für den Entwurf einer Anthropologie wichtig sind. Der Mensch und seine Existenz als historische Sinnganzheit und die Lebenswelt werden Ausgangspunkt einer pädagogischen Betrachtungsweise, die bei O. F. BOLLNOW am deutlichsten sich ausprägt. Seine Auseinandersetzung mit der Existenzphilosophie und der Lebensphilosophie führt ihn zu einer Konzeption der Pädagogik, in deren Zentrum das Interesse am Menschen steht.

2.3.4.1 Die Pädagogik als anthropologische Wissenschaft

Die philosophische Anthropologie hat nach O.F. BOLLNOW die Aufgabe, nach dem Menschen als Ganzem zu fragen. Die Pädagogik nimmt diese Fragestellung auf und modifiziert sie unter dem Aspekt der Erziehung. Im Zentrum der anthropologischen Problematik steht die Grundfrage: "Wie muß das Ganze des Menschseins beschaffen sein, damit ich in ihm diese bestimmte einzelne Erscheinung, für die ich mich aus irgendeinem Grunde interessiere, darin als sinnvolles und notwendiges Glied begreifen kann?" (BOLLNOW, 1969, 46) In dieser Grundfrage ist seine Auffassung der Pädagogik enthalten. Sie verzichtet nicht auf eine Beschreibung von Einzelphänomenen, bleibt aber dabei nicht stehen, sondern vergewissert sich ihrer Bedeutung für den Gesamtzusammenhang menschlicher Existenz. Diese Ausrichtung auf das Ganze als Sinneinheit ist aber nur erfahrbar durch die Hermeneutik als Daseinsauslegung. Der Gang der Hermeneutik vom Ganzen zu den Teilen und von den Teilen zum Ganzen bildet als hermeneutischer Zirkel die methodische Grundlegung der Pädagogik.

O. F. BOLLNOWs Methode des Beschreibens übernimmt Anregungen aus der Phänomenologie als "Kunst der behutsamen Beschreibung und des differenzierten Sehens" (BOLLNOW 1966, 139).

Anthropologie
bedeutet die Wissenschaft vom Menschen. Als Einzelwissenschaft vom Menschen (Regionalanthropologie) betrachtet sie den Menschen unter einem speziellen Aspekt (psychologischer Aspekt, sozialer Aspekt usw.). Diese Sichtweise bezeichnet man als Formalobjekt, während das Materialobjekt - der Mensch - das gemeinsame Objekt dieser Einzelwissenschaften ist. In der philosophischen Anthropologie fallen Materialobjekt und Formalobjekt zusammen.

Die ersten umfangreichen Studien zur philosophischen Anthropologie finden sich in der ersten Hälfte unseres Jahrhunderts bei M. SCHELER, H. PLESSNER und A. GEHLEN.

Die Pädagogik ist in O.F. BOLLNOWs Verständnis eine anthropologische Wissenschaft, denn "die Anthropologie ist der Schlüssel eines jeden pädagogischen Systems" (BOLLNOW 1965, 16). In dieser Konzeption wird die Geschichte der Pädagogik zur Geschichte der Menschendeutungen. Gleichzeitig weiß er genau, daß es die Anthropologie als umfassende Wissenschaft noch nicht gibt und die verschiedenen Einzelwissenschaften, die sich mit den Menschen befassen, in ihrer Intention und Terminologie deutlich differieren. Deshalb fordert er eine philosophische Anthropologie, die sich in einer doppelten Weise auf ihren Gegenstand hin bewegt. Einerseits muß sie die Ergebnisse der Einzelwissenschaften zur Kenntnis nehmen und sie auf die ihnen zugrunde liegenden philosophischen Fragestellungen neu durchdenken und andererseits muß sie wiederum ein unmittelbares Lebensverständnis des Menschen bewußtmachen, in dem dem Einzelnen der unmittelbare Zugang durch die Erfahrung des Menschseins offensteht. Die Aussagen müssen sich an ihrem Bezug zur Lebenswirklichkeit ausweisen und dies wird durch die phänomenologische Methode, die sich von der Phänomenologie E. HUSSERLs grundsätzlich abhebt, erreicht. Die Hermeneutik als die Methode jeglicher Anthropologie zeigt den „zirkelhaften Gang jeder philosophisch-anthropologischen Frage, die das Einzelne aus dem Ganzen und das Ganze wiederum aus dem Einzelnen zu begreifen versucht" (BOLLNOW 1965, 58). Diese Verbindung von Hermeneutik, Phänomenologie und Lebensphilosophie unter Einbeziehung der Existenzphilosophie bildet hier den Ansatz einer Pädagogik als anthropologische Wissenschaft.

In Auseinandersetzung mit dem Anspruch einer empirisch-analytischen Pädagogik grenzt er seinen Erfahrungsbegriff deutlich davon ab, indem er die Unterscheidung zwischen Erfahrung und Empirie fordert.

"Im Begriff des Empirischen ist viel stärker der aktive Charakter einer planmäßig eingestellten Forschung enthalten, während im deutschen Wort Erfahrung viel stärker der passive Zug eines widerwillig Erlittenen mitschwingt." (BOLLNOW 1968, 236)

Deshalb spricht er auch nicht von Erfahrungswissenschaften, sondern von empirischen Wissenschaften. Die Berechtigung der empirischen Wissenschaften leugnet O.F. BOLLNOW nicht, nur sind sie nicht in der Verkürztheit ihrer Ergebnisse für die Pädagogik bedeutsam, weil die Pädagogik den Auftrag hat, das Ganze der Erziehung zu erforschen, und dazu kann sie auf die Hermeneutik nicht verzichten. Für eine ganze Pädagogik bleibt die unabdingare Notwendigkeit der wechselseitigen Ergänzung dieser heterogenen Fragestellungen. "Erst in beiden zusammen kann diese dem Ganzen der unverstümmelten pädagogischen Erfahrung gerecht werden." (a.a.O., 252) Dies wird besonders klar, wenn nach den Voraussetzungen und den Bedingungen empirischer Forschung gefragt wird.

So kommt O.F. BOLLNOW zur kategorialen Analyse der Erziehungswirklichkeit, die sich in den verschiedenen Stufen strukturell aufgliedert. Dies zeigt er an einem Stufensystem von Schichten, die sich überlagern, wobei die jeweils höhere Schicht auf den niederen Schichten aufbaut und diese voraussetzt. O.F. BOLLNOW unterscheidet fünf verschiedene Schichten:

„1. die Aufzucht und Pflege im leiblichen wie im geistigen Sinn,
2. die funktionale Erziehung im Sinn einer von selbst geschehenen Anpassung an die Gesellschaft,
3. der Unterricht und die Lehre im Sinne einer planmäßigen und geregelten Übermittlung von Kenntnissen und Fertigkeiten,
4. die Bildung im Sinne einer organischen Gestaltung und des damit verbundenen pflanzenhaften Wachstums von innen.
5. die appellierende Pädagogik im existentiellen Sinne."
(BOLLNOW 1966, 140)

Die Schichten sind auch dadurch bestimmt, daß ihnen ein je eigenes Begriffssystem zugeordnet werden kann. Damit aber wird in der Pädagogik das Nebeneinander verschiedener Aussagensysteme, je nachdem, auf welche Schicht sie sich beziehen, transparent. Dies darf nicht als ein bloßes Nebeneinander mißverstanden werden, sondern muß in Hinsicht auf den Aufbau der verschiedenen Schichten gesehen werden. Die letzten beiden Schichten bilden jenen Bereich, den O.F. BOLLNOW in Ausfaltung des Erziehungsbegriffs als die stetigen und unstetigen Formen der Erziehung anspricht. Als stetige Form der Erziehung interpretiert er den traditionellen Begriff der Bildung, der seine Ausrichtung am organischen Denken nimmt. "Wo man von Bildung spricht, da geht es um die allseitige und harmonische Entfaltung aller menschlichen Kräfte." (BOLLNOW 1959, 121) Diese Formel sieht er vor allem im klassischen Bildungsbegriff bei W. v. HUMBOLDT repräsentiert, in dem die Erfahrung des Anderen zwar zum Bildungsprozeß gehört, aber dieser Andere oder dieses Andere für den Menschen nicht das Unbekannte, das Fremde ist, sondern das im objektiven Geist Bekannte, das ihn in stetiger Weise formt. Er findet in der Bildung das ihm Eigene seiner Existenz wieder. Diese stetige Formung und Entwicklung des Menschen hat die Aufgabe der "Entfaltung aller Kräfte im Menschen zum ausgeglichenen, reich differenzierten Ganzen, das dann die eigentliche Begegnung allererst ermöglicht" (a. a. O., 124). Denn Begegnung wird zu einem Zentralbegriff der unstetigen Formen von Erziehung, weil durch die Begegnung ein Bruch mit dem Vertrauten, dem Alltäglichen entsteht und der Mensch in der Erschütterung mit dem ihm Fremden, mit der Unbedingtheit seines Anspruches konfrontiert wird. Diese unstetigen Formen des menschlichen Lebens bilden die Einschnitte im Leben des Menschen, denen er sich, in seiner Existenz betroffen, stellen muß. Dies zeigt auch der Katalog jener zentralen Begriffe, die mit den unstetigen Formen der Erziehung verbunden bleiben, wie die 'Krise', die 'Erweckung', die 'Ermahnung', die 'Beratung', die 'Begegnung', das 'Wagnis' und das 'Scheitern'. Die unstetigen Formen der Erziehung bedeuten keine Entwertung der anderen Schichten. Sie sind im Gesamtzusammenhang zu sehen und bilden die in den Ausnahmesituationen geforderten Entscheidungen des Menschen, die seine ganze Existenz betreffen. Sie lehnen sich an die Grenzsituationen, wie sie K. JASPERS beschrieben hat, an.

2.3.4.2 Das Problem der Sprache als anthropologisches Phänomen

O.F. BOLLNOW sieht die Bedeutung der Sprache in der gegenwärtigen Pädagogik zu einem Mittel der Verständigung reduziert, und bescheinigt ihr so eine Sprachfeindschaft. Dabei übersah die Pädagogik, daß "der Mensch in der Sprache lebt und durch die Sprache geformt wird" (BOLLNOW, 1966, 16). Die Sprache leistet für den Menschen die Weltvermittlung und seine Selbstverwirklichung als Mensch. O.F. BOLLNOW kommt daher zu drei grundlegenden Aussagen:

- „Die Sprache ist das Medium menschlicher Selbstentfaltung. In ihr sind die Möglichkeiten des Lebens enthalten.
- In der Sprache erfährt er das verantwortlich gesprochene Wort.
- Seine Selbstwerdung vollzieht sich im Einlösen des im Versprechen gegebenen Wortes." (a.a.O. 195).

1. Die Formung des Menschen durch Sprache

In der Sprache vollzieht sich die Erschließung der Welt. Wesentlicher aber ist, daß der Mensch durch die Sprache zu seinem eigenen Wesen findet. O.F. BOLLNOW knüpft hier an J.G. HERDER an, der sagt, daß der Mensch erst Vernunft durch die Sprache besitzt. Im Gebrauch der sprachlichen Mittel, mit deren Hilfe die Welt erfaßt wird, sie sich gliedert und gestaltet, geschieht zugleich die Entwicklung der seelischen Kräfte. Da ebenso der Mensch durch die Sprache geformt wird, ist es entscheidend, „wie dem Menschen durch die Erziehung die Sprache vermittelt wird, und später auch, wie er in seiner Selbsterziehung die Sprache in die Hand nimmt" (a.a.O., 183).

Der Mensch wird praktisch durch die Sprache, d.h. das Wesen des Menschen ändert sich mit der Entwicklung seiner Sprache (z.B. Nachlässigkeit oder Disziplinierung der Sprache). Dies ist ein entscheidendes pädagogisches Problem. Über die Sprache kann der Pädagoge auf die Formung des Menschen einwirken. Es besteht jedoch dabei die Gefahr, daß die Sprache zum Selbstzweck wird.

2. *Selbsterfassung im Medium der Sprache.*

Der Mensch lernt mit Hilfe seiner Sprache sowohl seine äußere als auch seine innere Welt, also sich selbst kennen (Tugenden, Laster, seelische Eigenschaften usw.). Es gibt allerdings kein vorgezeichnetes Charakterbild durch sie (sonst hätten alle Menschen mit gleicher Sprache den gleichen Charakter), sondern eine Bereitstellung von verschiedenen Möglichkeiten. Der Erzieher soll durch die Sprache positive Möglichkeiten bereitstellen.

Für die Entwicklung des Menschen ist es auch sehr wichtig, mit welchem Namen er von anderen angesprochen wird. Wird der Mensch von anderen mit seinem Namen angesprochen, gewinnt er inneren Halt, "denn soziale Rolle und inneres Selbstsein sind im Namen untrennbar verbunden" (a. a. O., 187).

Hohe pädagogische Bedeutung besitzt das echte Freundesgespräch, in dem der Mensch gelöst ist und sich selbst entfalten kann.

3. *Die Festlegung des Menschen durch das gesprochene Wort.*

Hierunter fallen das ausgesprochene Wort, das eine Situation klärt und den Menschen festigt, indem er etwas vor den Mitmenschen festlegen muß, weiterhin das Geständnis und das Bekenntnis. Letztere bezeichnen eine Reaktion auf ein Verhalten der Umwelt. Der Mensch gibt sich durch sie eindeutig zu erkennen; das erfordert sittliche Kraft. Als pädagogische Folgerung resultiert die Erziehung zum verantwortlichen Umgang mit dem gesprochenen Wort. Eine Änderung des ausgesprochenen Wortes bedeutet Zugeben des Irrtums, wobei sich das alte Wort nicht ändert, sondern durch ein neues, besser begründetes ersetzt wird. Auch der Widerruf, der ja ein Durchringen erfordert, ist ein Schritt zur Selbstwerdung des Menschen.

Durch das Geständnis des Kindes wird einem Schwebezustand ein Ende gesetzt. Durch diese Krise "ergreift sich der Mensch in der Verantwortung für sich selbst" (a. a. O., 191).

Beim Bekenntnis zu etwas identifiziert sich der Mensch mit etwas. Er geht frei eine Bindung ein. Dadurch gewinnt er selbst Festigkeit. Der Pädagoge muß des-

halb versuchen, die Bereitschaft zum freien Bekenntnis zu stärken und das ausgesprochene Bekenntnis in seiner menschlichen Würde zu beachten.
Die Herstellung der Sprache in ihrer anthropologischen Bedeutung für die Erziehung bildet einen Versuch, den Ermöglichungsgrund für wissenschaftliche Aussagensysteme in der Pädagogik auf diesem Hintergrund aufzuweisen.

Zusammenfassung

Die Pädagogik als anthropologische Wissenschaft konstituiert sich aus der wechselseitigen Beziehung zwischen Philosophie und Einzelwissenschaften. Die Erziehungswirklichkeit kann analytisch in fünf verschiedene, aufeinander sich aufbauende Schichten differenziert werden, denen ein eigenes Aussagesystem zugeordnet ist. Die zentrale Aufgabe der Sprache besteht in der differenzierten Darstellung der Inhalte dieser Aspekte des Menschen als eines erziehungsbedürftigen Wesens.
Die Subjekt-Objekt-Beziehung wird als Verbundenheit von Subjekt und Objekt im Lebenszusammenhang verstanden, der methodisch durch die Hermeneutik erschlossen wird. Der Schichtenaufbau der Erziehungswirklichkeit bildet das systematische Prinzip dieser Wissenschaft. Die Vermittlung der Welt und die Selbstverwirklichung geschehen durch die Sprache.

2.4 Der transzendentalphilosophische Wissenschaftsbegriff als Grundlage einer normativen Pädagogik

- *den transzendentalphilosophischen Wissenschaftsbegriff,*
- *die Pädagogik als deduktive Wissenschaft*
- *die Bedeutung der Kultur für die Grundlegung der Pädagogik,*
- *die Abhängigkeit des Tatsächlichen vom Prinzipiellen,*
- *die wechselseitige Beziehung zwischen Unterricht und Erziehung.*

Konzeptionen der Pädagogik, die ihre Ausrichtung an der Transzendentalphilosophie nehmen, werden als normative Richtungen bezeichnet. Je nach der Anlehnung an unterschiedliche Ansätze der Transzendentalphilosophie differieren auch deren Standpunkte.

Die Vertreter dieser Richtung berufen sich in erster Linie auf I. KANT und J.G. FICHTE, während die Neuhegelianer eine Verbindung mit der Phänomenologie und der Lebensphilosophie suchen.

> *Transzendentalphilosophie*
> Philosophische Ansätze, deren zentrale Frage sich nach den Ermöglichungsbedingungen von Erkenntnis (I. KANT), von Handeln (J. G. FICHTE), von Sprache (Sprachphilosophie) und von Werten (Wertphilosophie) artikuliert und kritisch ihre Bedingungen aufzeigen will. Die transzendentale Methode als analytische Methode setzt auf die Gesetzmäßigkeit der Vernunft.

Der Neukantianismus, der seine Wurzeln im 19. Jahrhundert hat, brachte im deutschsprachigen Raum zwei bedeutende Schulen hervor - die MARBURGER SCHULE, die sich mehr mit dem Problemkreis der Erkenntnis befaßte, (Kritik der reinen Vernunft) und die SÜDWESTDEUTSCHE SCHULE, deren Vertreter den Schwerpunkt in der Wertphilosophie sahen (Kritik der prakt. Vernunft).
Die wichtigsten Vertreter hier sind P. NATORP, J. COHN und R. HÖNIGSWALD, sowie die von R. HÖNIGSWALD inspirierte PETZELT-SCHULE, deren Vertreter bis in die Gegenwart mehr oder weniger originell die pädagogische Diskussion mitbestimmen.
I. KANT versteht in seiner Darlegung der Grundlage der Transzendentalphilosophie unter 'transzendental' die Erkenntnis,

„die sich nicht sowohl mit Gegenständen, sondern mit unserer Erkenntnisart von Gegenständen, insofern diese apriori möglich sein soll, beschäftigt. Ein System solcher Begriffe würde Transzendentalphilosophie heißen." (KANT, Kr. d. r. V. B 25)

Die Vernunft ist für ihn das 'Vermögen der Prinzipien' (KANT, Kr. d. r. V. B 356). I. KANTs Transzendentalphilosophie findet ihre Darstellung in den drei Kritiken: der 'Kritik der reinen Vernunft', der 'Kritik der praktischen Vernunft' und der 'Kritik der Urteilskraft'. Vereinfachend könnte man darin die alten Transzendentalien des Wahren, des Guten und des Schönen sehen und damit den Kreis zur Tradition schließen. Auf die Bedeutung der Kritik der Urteilskraft als vermittelndes Werk zwischen den beiden anderen wird in der gegenwärtigen Diskussion besonderer Wert gelegt. In der Pädagogik sind darüber noch wenig Arbeiten erschienen.

Der Neukantianismus der SÜDWESTDEUTSCHEN SCHULE sieht im Primat der Kritik der praktischen Vernunft nicht etwa nur einen Vorzug vor den anderen Kritiken, sondern die Idee der Sittlichkeit, die allem menschlichen Handeln zugrunde liegt.

In Erweiterung der Transzendentalphilosophie I. KANTS versucht J.G. FICHTE in seiner Wissenschaftslehre von 1794 das Ich als transzendentales Ich, als absolute *Thesis* zu fassen, dem in der Denkbewegung der Reflexion ein Nicht-Ich als *Antithesis* gegenübersteht, das sich vom Ich unterscheidet. Diese werden wiederum in einer absoluten *Synthesis* vereinigt, die erneut eine *Antithesis* in der Reflexion hervortreibt. Damit gewinnt J. G. FICHTE die Möglichkeit, eine Denkbewegung als Methode der transzendentalen Deduktion zu fassen, deren Ausgangspunkt die Vernünftigkeit des transzendentalen Ichs als absolute *Thesis* ist. Die Begrenzung des transzendentalen Ichs durch das Nicht-Ich in der Wissenschaftslehre J. G. FICHTEs, wobei als Nicht-Ich auch das Du als Anderes angenommen werden kann, führt zu einer möglichen transzendentalen Begründung einer Philosophie der Interpersonalität. In dieser Konzeption begrenzt zwar das Nicht-Ich das Ich und bestimmt es dadurch, wird aber selbst seinerseits durch das Ich bestimmt. Die Spontaneität des Ichs wird damit in die ihm zukommenden Grenzen gewiesen. In dieser gegenseitigen Begrenzung wird die Interpersonalitätstheorie als Ermöglichung zwischenmenschlicher Kommunikation begründet und umfaßt die Erfahrungen des empirischen Ichs als empirisches Subjekt.

2.4.1 Philosophie und Pädagogik

Grundlegend artikuliert sich die Frage nach der Möglichkeit von Erziehung und Bildung. Wodurch wird Erziehung und Bildung des Menschen überhaupt möglich? Diese Frage stellt sich als Frage nach den Prinzipien, aus denen erst das gefolgert werden darf, was sich als Pädagogik ausgeben kann. Wissenschaft ist für I. KANT ein aus Prinzipien abgeleitetes Wissen. Wissenschaftstheorie wäre demnach Metatheorie der Theorie und umfaßt die Beziehung zur ganzen Philosophie. Die Begründungen aus der Ethik oder der Ästhetik allein machen nur einen Aspekt der Philosophie aus.

Jede Wissenschaft ist ein System, das sich aus obersten Prinzipien ableiten läßt und die Mannigfaltigkeit des Gegebenen durch die Einheitlichkeit der Prinzipien ordnet. Wissenschaft ist somit immer ein Wissen aus Prinzipien und umfaßt den gesamten Bereich des Wißbaren in einem System. Deshalb bleibt Wissenschaft am Allgemeinen ausgerichtet, und jedes Besondere bekommt erst seinen Sinn aus seiner Begründbarkeit aus den Prinzipien selbst.

Diese enge Beziehung zwischen Philosophie und Pädagogik findet sich bei allen Vertretern dieser Richtung, sowohl bei den Neukantianern als auch bei den Vertretern, die sich an J. G. FICHTE anlehnen und hier eine Basis für eine Interpersonaltheorie sehen, die aller Pädagogik zugrundliegt.

Für P. NATORP bildet die Platonische Ideenlehre das Prinzip und das Ziel der Pädagogik. Das Charakteristikum der Platonischen Idee sieht er in der Verbindung von Mannigfaltigkeit und Einheitlichkeit.

„In ganzer Tiefe begriffen aber ist die Einheit von Philosophie und Pädagogik bei PLATO, der mit gleich großem Recht der wissenschaftliche Begründer beider genannt werden darf. Philosophie, die ganze Philosophie, ist ihm ebenso wesentlich die Wegweisung ('Methode') der Menschenbildung, wie sie die Wegweisung ('Methode') der Wissenschaften ist." (NATORP 1909, 5)

Die Bedeutung der Philosophie für die Pädagogik liegt in "der Aufgabe einer prinzipiellen Rechtfertigung der pädagogischen Grundbegriffe überhaupt" (a. a. O., 104). Diese obersten 'Leitbegriffe' können nach ihm nie aus der Praxis gewonnen werden. Das Fundament für die Pädagogik als Wissenschaft muß durch vernünftige Deduktion ausgewiesen werden. Ist aber dieses geschaffen, dann wird auch induktive, auf konkrete, empirische Erforschung der Praxis beruhende Forschung legitim, weil sie durch diesen Überbau eine Orientierung erfährt. So kann P. NATORP von einer doppelten Basis reden, auf die jede Theorie der Erziehung aufbauen muß: "auf die reinen Norm- oder Gesetzeswissenschaften, Logik, Ethik und Ästhetik einerseits, auf die Psychologie andererseits" (a. a. O., 67).

J. COHN fordert von den Erziehungszielen, daß sie in jedem konkreten Problem mitgesetzt werden, und, da sie auf der "Gesamtheit der Ansicht über Wert und Sinn des Menschenlebens" (COHN 1919, 11) beruhen, reichen sie in den Bereich philosophischer Fragestellungen hinein.

A. PETZELT bestimmt die Pädagogik als "Inbegriff von Prinzipien, die das Lehrer-Schüler-Verhältnis der Gemeinschaft definieren (...)" (PETZELT, 1962, 97).

Die Forderung an die Pädagogik als Wissenschaft bildet die kritische Analyse ihrer Grundbegriffe (HÖNIGSWALD 1966, 2).

Pädagogik ist die Theorie einer Praxis oder die Theorie eines Handelns. Der eigentliche Sinn des pädagogischen Verhaltens liegt in der "planmäßig gewollten Überlieferung des in einer Gegenwart gegebenen wissenschaftlichen und außerwissenschaftlichen Kulturbestandes an nachfolgende Generationen durch die Vermittlung des zeitlich nächsten." (HÖNIGSWALD 1918, 18)

Wenn Pädagogik eine Wissenschaft sein will, so darf sie sich nicht der Irrationalität der Wirklichkeit oder einer Praxis überlassen, sondern muß sich um den 'Begriff' dieser Praxis bemühen, d. h. um das, was daran rational aufweisbar ist. So wie ein Begriff der Geschichte Geschichte erst zur Wissenschaft macht und sie aus dem Irrationalismus des Besonderen erhebt, gilt dies in gleicher Weise auch für die Pädagogik. Die Frage nach der Wissenschaft der Pädagogik ist eine transzendentalphilosophische Frage.

Noch deutlicher kommt dies bei R. LAUTH in Anlehnung an J.G. FICHTE zum Ausdruck, der die Pädagogik in zweierlei Hinsicht von der Transzendentalphilosophie abhängig sein läßt: von der Ethik einerseits und von der Theorie der Interpersonalität andererseits. Wenn Pädagogik "als die Lehre von der kunstgerechten, persönlichen, geistbestimmten Einwirkung auf eine andere Person (resp. Personen), die darauf abzweckt, zu ermöglichen, daß diese Person wird, was sie werden soll" (LAUTH 1967, 305), aufgefaßt wird, dann muß das Ziel in dieser Idee teleologisch gegeben sein. Dieses setzt "das Wissen um die Möglichkeiten und die Wirklichkeit dessen [voraus], was da gestaltend verändert werden soll" (a. a. O., 306). Daher gehört zur Pädagogik das Wissen,

"wie die zeitlose Wesensform der Vernunft in der Geschichtlichkeit entfaltet und wie die geschichtliche Wesenheit mit der empirisch-historischen Gegebenheit vermittelt ist." (a. a. O., 310).

Die Interpersonaltheorie führt R. LAUTH auf R. DESCARTES, I. KANT, G.F. LEIBNIZ und J.G. FICHTE zurück. Als ihr Kernstück sieht er den Menschen als endlich vernünftige Existenz, "ein einziges zusammenhängendes Ganzes, daß man als solches begreifen muß, wenn man begreifen will, wie es zu formen sei" (a. a. O., 309).

Pädagogik ist in diesem Sinne eine technisch-praktische und angewandte Wissenschaft und so auf theoretische Wissenschaften angewiesen. Daraus resultiert seine Kritik an der Gegenwartspädagogik, die sich einem Pluralismus anheimgibt oder in eine bewußtseinsvergessene Technologie mündet, und damit jegliche Orientierung verliert, weil die Anstrengung des Denkens nicht geleistet wird. System aber bekommt eine Wissenschaft erst durch die auffindbaren Evidenzen.

2.4.2 Bildung als subjektive Seinsweise der Kultur

Pädagogische Fragestellungen sind ohne Einbeziehung der Kultur und den in ihr geltenden Werten nicht möglich.

Bei NATORP steht der entscheidende Satz: "Von der Kultur reden wir, wenn wir an die Gemeinsamkeit des Aufbaues der geistigen Welten, von Bildung, wenn wir den Anteil des Einzelnen an dem gemeinsamen Werke deuten." (NATORP 1909, 70) Bildung ist für ihn die subjektive Seinsweise der Kultur, wobei der Einzelne über die Kultur immer mit der Gesellschaft verbunden bleibt. Bei J. COHN soll der Zögling "zum autonomen Glied der historischen Kulturgemeinschaften, denen er angehören wird" (COHN 1927, 46), gebildet werden und sich als sittliche Persönlichkeit durch die Bindung an Werte aus seiner Naturverbundenheit befreien.

Die ausführlichste Verbindung der Pädagogik zur Kultur arbeitet R. HÖNIGSWALD heraus. Die Pädagogik ist nach ihm in den Begriff der Kultur eingebettet, denn "jeder noch so elementare Akt pädagogischer Betätigung (...) ist eine Besonderung des Kulturgedankens selbst" (HÖNIGSWALD 1918, 42). Sein Kulturverständnis differenziert sich in dreifacher Weise:

1. Die Kultur ist ein "System der objektiven Geltungswerte (...) (Wissenschaft, Kunst, Sittlichkeit, Recht, Religion)" (a. a. O., 43). Der Geltungswert bestimmt sich aus der Tatsache, daß Werte Geltung beanspruchen und damit das Objektive am Objektsein ausmachen. Die Geltung der Werte ist unabhängig von den Subjekten und ihrer Anerkennung von Werten. "Geltung und Geltungswert haben, heißt nicht, von irgend jemand als geltend anerkannt sein oder gar von irgend jemandes Anerkennung und Zustimmung abhängen." (a. a.20) Dies zeigt er am Beispiel der Wahrheit, die nicht von der Zustimmung abhängt, sondern Anerkennung im Sinne von Geltung fordert, weil es sie gibt.

2. Kultur bedeutet auch die Repräsentation dieser Geltungswerte "in der normativen Idee aller Pädagogik", und die Idee liegt in der "Höherbildung der Menschheit" (a. a. O., 43).

3. Schließlich erscheint Kultur in den Werken und in den Gesinnungen, in denen sich diese Idee manifestiert oder konkretisiert.

Diese drei Bestimmungen stehen in einem 'unauflösbaren Bedingungsverhältnis' und sind nicht verschiedene Deutungsweisen der Kultur, sondern Konkretionsstufen des Kulturbegriffs. Daher muß die Anerkennung dieser Geltungswerte als zentrale Aufgabe der Erziehung erkannt werden, und dies geschieht in der 'Konzentration'. Die Einbeziehung außerwissenschaftlicher und wissenschaftlicher Geltungsbereiche durch "die Idee eines harmonischen Systems der 'Wahrheiten' aller möglichen Geltungsgebiete 'wird' zum bewußten Motiv der Lebenshaltung seines Zöglings" (a. a. O., 30) gemacht. Damit aber ist für den Erzieher ein wichtiges Prinzip der Pädagogik aufgedeckt, das sich an der Kultur ausrichtet und die Vermittlung von Geltungswerten zum Ziel hat.

Aus der Sicht des Zöglings soll dieser zur Anerkennung dieser Geltungswerte gebracht werden, die ihre Geltung unabhängig von seiner Anerkennung beanspruchen. Der Zögling ist Subjekt, d.h. ein Ich, ein Erlebniszentrum, eine Monade (LEIBNIZ). Die *Monas* begreift er als Individualität in der "Einzigkeit des Erlebnismittelpunktes", als "individuelles Ich" (HÖNIGSWALD 1970, 29). Die *Monas* als Erlebnismittelpunkt bezeichnet nicht nur die Individualität eines Einzelnen sondern auch die Individualität einer Gemeinschaft als Verständigungsgemeinschaft. Damit eröffnet sich bei ihm die Beziehung zur Sprache. "Erlebnismittelpunkt und Sprache können an der Struktur des Gegenstandes immer nur aufgewiesen werden." (a. a. O., 452) Das Denken bedeutet Ich-sagen zu sich selbst. Auch der Wert fordert den Begriff der Sprache. "So erschließen sich Werte, auch wenn sie sich zu den höchsten Höhen der 'Unaussprechlichkeit' erheben oder in die Tiefen eines sprachfreien Erlebens hinabtauchen sollten, nur sprechenden Wesen." (a. a. O., 452) Letzten Endes ergibt sich die Bedingung alles Gegebenen, aller Gegebenheiten als der Sprache affin durch die Erschließung der Gegebenheiten in "der Gemeinschaft sprachlicher Verständigung und pädagogischer Konzentration" (a. a. O., 453).

2.4.3   Pädagogik als Unterricht und Erziehung

Der Ausgangspunkt von A. PETZELTs Pädagogik liegt einerseits in den pädagogisch relevanten Beziehungen und andererseits in der Spontaneität des Ichs. Die Selbstbestimmung des Menschen hat ihren Ursprung in der Einheit des Ichs. "Alle Handlungen sind ichbestimmend (...). Das Ich bleibt die Einheit seiner Akte, die es immer von neuem zu vollziehen hat." (PETZELT 1961, 15) So gehören Wissen und Haltung zusammmen wie Unterricht und Erziehung, ohne ihre Eigenheit aufzugeben, denn in der Relation beider liegt ihre Bedeutung für den Menschen.

Logos
bedeutet im Anschluß an die PLATON-Interpretationen der Neukantianer die Idee der Vernünftigkeit. Der Logos gibt die Begründung des Gegebenen, des Tatsächlichen durch den Aufweis der Prinzipien, die dieses konstituieren. Aufgabe der Theorie ist es, den Logosgehalt alles Tatsächlichen in Kategorien und Prinzipien herauszustellen.

Damit stellt sich der Pädagogik nicht nur das Problem der Wissensvermittlung, sondern das der Förderung einer Haltung als sittliche Haltung beim Zögling. Sie wird so "zur Theorie der Sinngebung als Ordnungssetzung innerhalb der Gemeinschaft der Menschen für den LOGOS" (a. a. O., 62). Damit stellt sich für die Pädagogik nicht nur das Problem der Wissensvermittlung.

A. PETZELT geht von der Grundbeziehung zwischen Erzieher und Zögling aus. Spontaneität und Sinnorientierung sind die Grundlage für alles Handeln des Menschen. Ohne Aktivität kann sich das Ich nicht bestimmen. In jedem Akt findet ein wechselseitiger Prozeß zwischen dem Ich und dem Gegenstand statt, der zum Gegenstand hinführt und zum Ich wieder zurückführt und dadurch das Ich verändert. Der Grund der Aktivität ist der Wille, dieser wiederum ist das Prinzip allen Wollens. Das Ich entscheidet, was es will, indem es sich Sachverhalten gegenüberstellt. Das Ich muß immer nach Prinzipien handeln und sein Handeln verantworten. Ziel ist eine "durch Aktivität verantwortlich sich gestaltende Persönlichkeit" (PETZELT 1961, 144).

In dreifacher Differenzierung der Aktivität sieht A. PETZELT das Verhältnis von Unterricht und Erziehung ausgedrückt.

Unterricht ist analytisch gesehen immer auf Wissensvermittlung ausgerichtet, Erziehung auf Haltung. Der erziehende Unterricht verbindet beide Aspekte in einer *Synthesis*, die die beiden analysierten Inhalte wieder zusammenbringt, um die wechselseitige Verbundenheit von Haltung und Wissen entsprechend herauszustellen.

	UNTERRICHT	ERZIEHUNG	ERZIEHENDER UNTERRICHT
RELATION	Lehrer - Schüler Ich - Gegenstand	Erzieher-Zögling	
ZIEL	Wissensvermittlung	Haltung	Haltungsgebundenheit allen Wissens, Wissensbezug aller Haltung
	erkennende Aneignung des Gegenstandes durch das Ich	Ich urteilt über den im Gewissen gegebenen Zustand	
		Gewissen= Verantwortlichkeit, aktiver Bezug zu sich selbst	
	Jedes Ich aktiviert einen Besitz (Possessivverhältnis)	Ich ausgerichtet auf die sittliche Ordnung	
BEWERTUNG	richtig - falsch	gut - schlecht	

Dieser Versuch zeigt exemplarisch eine Konzeption der Pädagogik, die als Prinzipienwissenschaft konzipiert wurde und versucht, bis zur Konkretisierung fortzuschreiten.

„Wenn das Ich als Aktivität und Überschaubarkeit anzusprechen ist, dann ergibt die Einheit zwischen Präsenz und Gerichtetheit die Aufgabenhaftigkeit des Ichs im Prinzip (...). Präsenz, Aktivität, Aufgabenhaftigkeit treffen die Natur des Ichs. Verlauf, Tatsachen, Akte, Aufgaben bilden die zeithaften Momente, die von den Prinzipien abhängen und auf sie bezogen werden müssen: Verlauf auf Präsenz, Akt auf Aktivität, Tatsachen auf Prinzipien." (PETZELT 1961, 77)

Zusammenfassung

Pädagogik begründet sich als Wissenschaft durch und aus Prinzipien. Sie ist eine Wissenschaft, die sich in ihrer Theorie aus rational einsichtigen Prinzipien herleiten läßt, die transzendental begründet werden müssen. Dies leistet die Transzendentalphilosophie I. KANTs und J.G. FICHTEs. Je nach der Rezeption dieses philosophischen Fundaments unterscheiden sich die verschiedenen Ansätze. Allgemein leistet die Philosophie eine grundsätzliche Rechtfertigung der Begriffe der Pädagogik und weist ihren Zusammenhang in deduktiv-rationaler Weise auf. So entsteht das System. Pädagogik wird als Kulturwissenschaft verstanden. In der Erziehungswirklichkeit vollziehen sich jene Prozesse, die als erziehender Unterricht Wissen und Haltung selbsttätig anregen sollen.

2.5   Die phänomenologisch-deskriptive Pädagogik

Das folgende Kapitel informiert Sie über
- *die Bedeutung des Phänomenbegriffs für die Pädagogik,*
- *die Deskription als theoriefreie Beschreibung der Erziehungswirklichkeit,*
- *das Verstehen und die Einfühlung als Methoden zur Erfassung der Phänomene,*
- *die Konzeption der Pädagogik als Strukturwissenschaft,*
- *die Erfassung von Strukturen durch drei Reduktionsschritte.*

W. DILTHEYs Forderung, daß die Pädagogik mit der Deskription des Verhältnisses von Erzieher und Zögling zu beginnen habe, wurde im Zusammenhang mit der phänomenologischen Richtung von einigen Pädagogen aufgenommen. Der Ruf der Phänomenologie, 'zu den Sachen selbst', um an ihnen das Wesen der Erscheinungen am Leitfaden der intentionalen Erlebnisse herauszuarbeiten, setzte ein Programm, an dem sich auch die Pädagogik orientierte. Eine konsequente Übernahme der Phänomenologie E. HUSSERLs ist aus verschiedenen, nicht immer von der Pädagogik zu vertretenden Gründen, in Ansätzen steckengeblieben. Man reduzierte die Phänomenologie auf eine möglichst theoriefreie und evidente Erfassung der pädagogischen Felder. Alle Vertreter dieser Richtung sind in erster Linie an nicht begrifflich geleiteter Erkenntnis pädagogischer Handlungen interessiert. Deshalb liegt die Annahme sehr nahe, daß damit erfahrungsorientierte Forschung betrieben werden sollte. Das Interesse richtet sich in erster Linie auf die im Lebenszusammenhang gegebenen Phänomene. Dabei wird vorausgesetzt, daß die Phänomene so erkannt werden können, daß eine Evidenz als Gewißheit erreicht werden kann, in der das Wesen der Phänomene erfaßt wird. Das Wesen macht die Allgemeinheit eines Phänomens aus und befreit es aus der Besonderheit, in der es in Raum und Zeit immer schon gegeben ist.

Zwei Vertreter stehen hier am Anfang: Der aus der MÜNCHNER PHÄNOMENOLOGISCHEN SCHULE um A. PFÄNDER herkommende A. FISCHER und R. LOCHNER, wobei letzterer nach der Konzeption einer deskriptiven Pädagogik den Wechsel zur empirisch-analytischen Richtung vollzog. Man könnte den Weg R. LOCHNERs von der deskriptiven Pädagogik zur Erziehungswissenschaft als empirische Sozialwissenschaft bezeichnen.

Weiters gehören M. LANGEVELD und ST. STRASSER, die einen weiteren Begriff von Phänomenologie als A. FISCHER und R. LOCHNER vertreten, als Exponenten der niederländischen Pädagogik dazu. Ferner F. KANNING, der mit seiner strukturwissenschaftlichen Pädagogik einen Versuch unternahm, die verschiedenen Reduktionen der Phänomenologie E. HUSSERLs auf die pädagogische Praxis anzuwenden. Doch dieser Versuch ist ein Einzelfall geblieben, und die Aufarbeitung der phänomenologischen Richtung in der vollen Breite ist für die Pädagogik von keinem dieser Vertreter geleistet worden.

In neuerer Zeit bahnt sich unter Einbeziehung von M. MERLEAU-PONTY eine Wiederentdeckung phänomenologischer Methodologie an, wobei vor allem der Begriff der Lebenswelt eine wichtige Rolle spielt.

Aber auch die Einbeziehung der durch M. HEIDEGGER in 'Sein und Zeit' konzipierten Erweiterung der E. HUSSERLschen Phänomenologie hatte einen Einfluß auf die Pädagogik, vor allem bei der Konzeption der Bildungstheorie. Die Bedeutung der Sprache und ihre Verwendung bei der Phänomenbeschreibung beruht sehr oft auf der Methode - soweit man hier von einer Methode sprechen kann - die M. HEIDEGGER am Leitfaden der Sprache entwickelte, um die Phänomene zu erfassen. Dies stellt aber einen wichtigen Bezug zur Hermeneutik und zum hermeneutischen Zirkel her, wie er bei einigen Vertretern der Geisteswissenschaften aufscheint. Vor allem TH. BALLAUFF hat seine pädagogische Konzeption als Rezeption und Auseinandersetzung mit M. HEIDEGGERs Gedanken verstanden.

2.5.1 Pädagogik als Wissenschaft von der Tatsache der Erziehung (Tatsachenforschung)

Die grundlegende und umfassende programmatische Definition gibt R. LOCHNER:

„Erziehungswissenschaft ist diejenige theoretische, selbständige, 'reine' Wissenschaft (Wissenschaft im exakten Sinn, genommen als 'Grundlagenforschung'), die sich auf die Gesamtheit der Erziehungserscheinungen (Vorgänge und Abläufe sowie Unternehmungen, dynamische und statische Phänomene, Gestalten und Ergebnisse) richtet, sie feststellend, beschreibend aus der Fülle der sonstigen Lebenserscheinungen heraushebt, als eigentümliche Gegenstände betrachtet, erklärt, zu verstehen und zu deuten sucht. Sie unternimmt es, einen bestimmten Ausschnitt aus der Wirklichkeit mit Hilfe vorgefaßter, vorläufiger Begriffe zu erfassen, zu sichten, zu durchleuchten. So gesehen ist sie eine phänomenologische Einzeldisziplin oder 'Tatsachenforschung' im eigentlichen Wortsinn und nichts weiter." (LOCHNER 1963, 415)

Hier sind folgende Bestimmungen enthalten:
- als Objekt fungiert die Gesamtheit der Erziehungserscheinungen oder Erziehungsphänomene (prozessuale und statische Phänomene)
- die Methoden haben die Aufgabe herauszuheben, zu erklären, und zu deuten
- das System sucht Strukturen zu ermitteln.

Das Ordnungsprinzip bilden die Begriffe, unter denen die Phänomene zusammengefaßt werden. Diese sind nicht apriorisch gegeben, sondern vorläufige Bestimmungen, die veränderbar sind.

In analoger Weise, wenn auch verkürzt, definiert auch A. FISCHER die deskriptive Pädagogik als "die wissenschaftliche Erforschung der Tatsache des pädagogischen Tuns" (FISCHER, 1950, 7).

Das zentrale Interesse richtet sich nach dem aus, was ist. Im pädagogischen Tatbestand als konkreter Handlung sind Sein und Sollen miteinander verbunden. Diese können deskriptiv erfaßt werden. Die normative Pädagogik zählt R. LOCHNER in dieser seiner ersten Phase noch zur Pädagogik, aber im Zentrum seines Interesses stehen die Gegebenheiten im pädagogischen Feld. Bei A. FISCHER sieht man eine Einschränkung derart, daß für ihn die deskriptive Pädagogik zwar nicht die ganze Pädagogik, aber ein nicht unwichtiger Teil von ihr ist, und daß er sie bisher in der Pädagogik vermißt hat.

Diese Bestimmung der Pädagogik setzt eine Klärung der Deskription voraus. Die deskriptive Pädagogik bedeutet für A. FISCHER das Nachdenken über das

"Verhältnis von Tat und Theorie" (FISCHER 1950, 7). Als pädagogische Tat versteht er das pädagogische Tun oder die pädagogische Praxis, die von der Theorie getrennt bleibt, weil in der Handlung des Erziehers die Erkenntnis keinen Platz hat. Um nun diese Handlungen beschreiben zu können, bedarf es zunächst einiger Voraussetzungen. Als Methode verweist er auf die Phänomenologie und fordert eine Schulung der Wissenschaftler, die "eine hochentwickelte psychologische und pädagogische Achtsamkeit und eine Weite der Einfühlung und des Nachverstehens" (a. a. O., 10) erreichen soll. Das Einfühlen, sowie das Nachverstehen oder das Nacherleben richtet sich auf die Erlebnisse und muß sich an der Grundfrage nach dem, was dieses Gegebene zu diesem Gegebenen macht, orientieren. Dabei soll sich die Aufmerksamkeit auf den Sachverhalt richten und darf nicht durch irgendwelche Theorien verstellt werden. Die Unmittelbarkeit der Erfassung des Gegebenen muß gewährleistet sein, will die Deskription ihr Ziel erreichen, d. h. man muß die Frage so weit treiben, bis ein weiteres Fragen unsinnig geworden ist, weil die Evidenz des Erfaßten sich einstellt. Die Deskription beinhaltet daher keine Anhäufung von Fakten, sondern immer die Darstellung eines Zusammenhangs. Nichts als die gegebene Sache muß in der Deskription zum Vorschein kommen, und daher wird von ihr auch die Theoriefreiheit gefordert. Dies geschieht durch die Reduktion, die "all diese Einschläge, Zusätze, Namen, welche die Unmittelbarkeit des Gegebenen beeinträchtigen und das Gegebene selbst verdecken" (a. a. O., 19), weglassen muß. Trotzdem wird auch die Deskription sprachlich durch Begriffe vermittelt. Doch auch da macht A. FISCHER eine Einschränkung, indem er fordert, daß der Tatbestand "mit unbeirrbarer Fixation ins Auge gefaßt werden" muß und "nicht eher einen Namen oder Terminus in Anwendung bringt, als bis die Struktur des Gegenstandes, seine Stellung zu mir, seine Teile und abstrakten Momente (...) durchsichtig geworden" (a. a. O., 20) sind. Jede Einbeziehung einer vorgefaßten Terminologie oder Theorie würde das Beschreiben in falsche Bahnen lenken. Genauso muß jede Wertung der gegebenen Tatsachen bei der Deskription wegfallen. So beschränkt sich die Beschreibung auf die reine Feststellung.

„Wir beschreiben also einen Tatbestand als pädagogischen, wenn wir in den dabei beteiligten Menschen gewisse Motive und Zielvorstellungen als vorhanden und wirksam erweisen, die auf Beeinflussung der Menschen hindeuten, wenn wir an den beeinflussenden Menschen alle Züge hervorheben, welche die Beeinflußbarkeit als möglich, ethisch und juristisch erlaubt und als notwendig erscheinen lassen." (a. a. O., 25)

An diese Beschreibung können dann die weiteren, sich ihr anschließenden pädagogischen Fragestellungen anknüpfen. Die damit gegebenen Forderungen können zusammengefaßt werden als:
- Herausstellung des Wesens,
- interesselose Beschreibung,
- voraussetzungsfreie Beschreibung (theorielos),
- Ausrichtung auf Erlebnisse.

Für R. LOCHNER bedeutet Deskription eine "theoretische Betrachtung (...), die sich auf ein Sein bezieht, die den Zusammenhang des Tatsächlichen erforschen will, die Phänomene beschreiben und im weiteren Sinne erklären will" (LOCHNER 1964, 3). In seinem Deskriptionsbegriff kommt zwar auch der Terminus Phänomen vor, er hat jedoch nicht dieselbe Bedeutung wie bei A. FISCHER, der sich an der Wesenserfassung der Phänomenologie orientiert.
R. LOCHNER fordert die Wertfreiheit in der Beschreibung wie A. FISCHER, kommt aber in seiner weiteren Entwicklung zu einem reduktiven Begriff der Deskription, den er in seinem Werk über die „Deutsche Erziehungswissenschaft" als "schlichtes Feststellen, Beobachten, Beschreiben von Gegenständen und Vorgängen jeglicher Art" (LOCHNER 1963, 27) umschreibt. Die Bedingung der Theoriefreiheit, Standpunktfreiheit und Voraussetzungslosigkeit wird genauso gefordert wie bei A. FISCHER, doch nähert er sich bereits den empirischen, quantitativen Methoden an und sieht in der Erklärung die Ursache-Wirkung-Relationen aufgedeckt, die zweite Methode der Pädagogik. Die Deskription nennt dann R. LOCHNER 'beobachtendes Beschreiben' und setzt dieses vom 'erklärenden Beschreiben' (a. a. O., 29) ab. Diese Methoden sind aufeinander bezogen, denn "ohne sorgfältiges Beobachten und Beschreiben gibt es kein hinreichendes Erklären" (ebenda). Da die Grenzen dieser aus den Naturwissenschaften übernommenen Methoden auf der Hand liegen, um menschliche Phänomene zu erfassen, ergänzt R. LOCHNER die beiden Methoden durch das Verstehen, das nach ihm „auf den Sinn gerichtet" (LOCHNER, 1963, 30) ist. Der Sinn aber erfordert eine Deutung, ein Nacherleben. Dies führt ihn zu der Feststellung, daß die Methode des Verstehens einen "weniger großen wissenschaftlichen Sicherheitsgrad" (a. a. O., 36) besitzt. Die Forderung der Nachprüfbarkeit aber gilt ebenso für das Verstehen, wenn auch nicht in gleicher Weise wie bei den Methoden der Beschreibung und Erklärung. Nach A. FISCHER aber fällt das Verstehen auch unter die Deskription und so unterscheidet sich dieser weite von jenem engen Deskriptionsbegriff.

2.5.2   Pädagogik als Strukturwissenschaft

Neben diesen deskriptiven Ansätzen steht der Versuch eine strukturwissenschaftliche Pädagogik zu begründen. E. HUSSERLs Ruf "zu den Sachen selbst" ging
vom intentionalen Erleben aus, in dem Subjekt und Objekt eins sind. Mit Hilfe
der phänomenologischen Wesensschau "der konkreten pädagogischen Wirklichkeit" soll "der Weg zu einer Strukturwissenschaft des pädagogischen Handelns
und Denkens sichtbar gemacht werden" (KANNING 1953, 3). Der Weg geht von
der konkreten Existenz zum Wesen. Das Wesen aber erschließt sich in der Darstellung der Struktur. Die Entwicklung der modernen Strukturwissenschaften
zeigt, daß "eine strukturwissenschaftliche Erhellung und Analyse von Pro-
blemeinheiten, die den Charakter konkreter Situationen, konkreter menschlich-
gesellschaftlich-geschichtlicher Wirkungszusammenhänge besitzen" (a. a. O.,
36), möglich ist. Hierdurch erhält die Pädagogik die Gelegenheit, vom intentionalen Erlebnis auszugehen und aus ihm die Strukturen der darin gegebenen Gegenständlichkeit zu erfassen und herauszustellen. Dies erweitert den W. DILTHEY-
schen Ansatzes vom Erleben, Ausdruck und Verstehen durch die Intentionalanalyse des Bewußtseinsaktes.

Um dies zu veranschaulichen beschreibt F. KANNING ein Experiment: Einer
Klassengruppe von fünfzehnjährigen Jugendlichen wurde die Aufgabe gestellt,
das Wesen des religiösen mittelalterlichen Menschen an Hand mittelalterlicher
Dome zu erfassen. Die enge Verbindung von Erlebnis und Wesensschau sollte
hier nachvollzogen werden. Als erster Schritt erfolgte die phänomenologische
Reduktion, indem versucht wurde, die Unmittelbarkeit des Erlebnisses in seiner
Konkretheit zu fixieren: "Wie nämlich das intentionale Bewußtseinserlebnis des
Bauwerkes als ein sinnliches Wahrnehmungserlebnis zugleich einen bestimmten
nicht anschaulichen Sinn in sich faßt." (a. a. O., 65) Als zweiter Schritt vollzieht
sich die Intentionalanalyse des Bewußtseins. Diese führt zur Erhebung der ex-
pliziten Ausfaltung der Struktur, indem die Distanz zum Erlebniszusammenhang
hergestellt wird, der implizit bereits diese Strukturen enthält.

Das Ziel der Intentionalanalyse wird durch die Umformung des Erlebnisses in die
Vorstellung erreicht, und dies geschieht durch die Distanz.

"Diese grundlegende Gewinnung des betreffenden Gesamterlebens als Vorstellung (...), das
sich nun in der Form der Sprache oder der theoretischen Erkenntnis oder auch der ästhetisch-
künstlerischen Darstellung vollziehen kann." (a. a. O., 69)

Reduktion
Als Methode der Phänomenologie bei E. HUSSERL bedeutet Reduktion die Begründung der Phänomene in den einzelnen Stufen.
Die eidetische Reduktion zielt auf die Einklammerung aller Zufälligkeiten eines Phänomens, um sein Wesen, sein Eidos, herauszuarbeiten.
Die transzendentale Reduktion fragt nach der Konstitution des Phänomens durch das Bewußtsein. Als Ermöglichungsgrund werden das transzendentale Ich, die Lebenswelt und die Intersubjektivität angenommen.

Den dritten Schritt bildet dann die eidetische Reduktion. War in der Vorstellung das Bauwerk des Domes sprachlich erfaßt, geht es bei dieser letzten Stufe um die Einklammerung der Raum-Zeit-Bedingungen der Einzelheit, um zur Wesensschau, zum Allgemeinen zu kommen. Der Ausgang vom Erlebnis zur Vorstellung führt jetzt zur Einklammerung des Erlebnisses und des in ihm gegebenen besonderen Gegenstandes. Den Abschluß bildet ein 'übergreifendes Schema', ein 'zusammenschließendes Symbol' (a. a. O., 70).

„Am Ende des Prozesses stand die Herauslösung der Wesenserkenntnis des Domes aus der Verflechtung mit der konkreten und individuell bestimmten Wirklichkeit der einzelnen Dome. Dabei ist aber das Eigenartige dieser Wesensschau, daß ihre Vorstellung sich zu dem Gegenstande "wirklicher Einzeldom" nicht etwa wie ein verallgemeinertes Abbild zu seinen konkreten Urbildern oder wie ein Bewirktes zum Bewirkenden verhält. Sondern der sinnlich sichtbare Bau faßte zugleich diesen über seine sinnliche Sichtbarkeit weisenden Sinn in sich und stellte ihn insofern unmittelbar für das Bewußtsein dar." (KANNING 1953, 71)

Dieses Beispiel wurde ausgewählt, um exemplarisch zu zeigen, wie der Versuch gewagt wird, die E. HUSSERLsche Phänomenologie in die Pädagogik miteinzubeziehen. Gleichzeitig zeigt auch dieses Beispiel, daß dieses Bemühen in den Anfängen steckengeblieben ist und keineswegs den ganzen Anspruch der Phänomenologie in die Pädagogik mit einbringen konnte. Die Richtung der Phänomenologie, an die F. KANNING sich anschließt, wird als Strukturtheorie von der PRAGER SCHULE vertreten.

Zusammenfassung

Diese Richtung der Pädagogik geht vom Phänomencharakter der Erziehungswirklichkeit aus und soll sie deskriptiv, d. h. beschreibend erfassen. Wird der Phänomenbegriff als eine naive, voraussetzungslose Gegebenheit verstanden, dann bedeutet Deskription eine theorielose Beschreibung der Tatsachen. Wird der Phänomenbegriff in Anlehnung an E. HUSSERL verstanden, dann soll sich aus dem Phänomen heraus aufgrund einer Reduktion das Wesen einer Sache zeigen, und damit ihre Struktur aufgedeckt werden (strukturwissenschaftlicher Ansatz).

Der Subjekt-Objekt-Bezug konstituiert sich aus der Einheit des intentionalen Erlebens, in dem die Verbindung von Subjekt und Objekt gegeben ist.

Als Methoden fungieren die Beschreibung (Deskription), das Verstehen und Deuten von Einzelphänomenen, an denen der überzeitliche, evidente Gehalt der Phänomene herausgearbeitet werden soll. Die bewußte Anwendung der Sprache ergibt sich aus der Notwendigkeit, sie von theoretischen Voreinstellungen zu den Phänomenen zu reinigen, damit sie zum Ausdruck bringen kann, wie sich ein Sachverhalt darstellt.

Soweit Strukturen aufgewiesen werden, ergeben sie einen Ordnungszusammenhang, der als System wissenschaftliche Aussagen miteinander verbindet. Der Prozeß der Erkenntnis geht immer vom Besonderen zum Allgemeinen.

2.6 Der empirisch-analytische Ansatz der Erziehungswissenschaft

Das folgende Kapitel informiert Sie über
- *die Induktion und die Deduktion als Wissenschaftsmethode der Erziehungswissenschaft,*
- *das Experiment und die Beobachtung als zentrale Forschungsmethoden der empirischen Erziehungswissenschaft,*
- *die Erfassung von Erziehungsprozessen durch funktionale Modelle,*
- *die Konzeption der Erziehungswissenschaft in Anlehnung an den kritischen Rationalismus und die analytische Philosophie*
- *die Differenzierung der Pädagogik in drei unterschiedliche Satzsysteme als Erziehungswissenschaft, Philosophie der Erziehung und praktische Pädagogik.*

Im Zentrum dieser Ansätze steht die Grundannahme, daß die in den Naturwissenschaften üblichen klassischen Methoden des Experiments und der Beobachtung auch auf die Erziehungswirklichkeit übertragen werden können, um damit Erkenntnisse zu gewinnen. Dabei spielt sowohl der hypothetisch-deduktive Ansatz des kritischen Rationalismus als auch das hypothetisch-induktive Vorgehen unter der Einbeziehung statistischer Methoden eine wichtige Rolle. Als Unterschied kann dabei herausgestellt werden, ob die einzelnen Vertreter einer empirisch-analytischen Pädagogik diese Position als eine mögliche Teildisziplin einer umfassend zu konzipierenden Pädagogik als Wissenschaft verstehen oder diese auf Erziehungswissenschaft reduzieren. Bei letzterem Standpunkt wird die Pädagogik bzw. die Erziehungswissenschaft zu einer Realwissenschaft, die zusammen mit den Naturwissenschaften eine Einheitswissenschaft bildet. Diese Differenzierungen finden sich auch in den historisch gegebenen Versuchen einer Begründung der Pädagogik bis in die Gegenwart.

Wie C. MENZE in seinem Aufsatz über "Die Hinwendung der deutschen Pädagogik zu den Erfahrungswissenschaften vom Menschen" hervorhob, gibt es diesbezüglich drei historische Phasen. Von den Philanthropisten in der zweiten Hälfte des 18. Jahrhunderts über die experimentelle Pädagogik am Anfang unseres Jahrhunderts zur Einbeziehung psychologischer und soziologischer Verfahrensweisen in die Pädagogik nach dem Zweiten Weltkrieg.

Der erste Lehrstuhlinhaber für Pädagogik in Deutschland, E. C. TRAPP (1745-1818), sieht die Notwendigkeit von Erfahrungsgewinnung zur Erstellung eines allgemeinen pädagogischen Systems noch sehr optimistisch:

"Wenn wir die gehörige Anzahl richtig angestellter pädagogischer Beobachtungen und zuverlässiger Erfahrungen hätten, so könnten wir ein richtiges und vollständiges System der Pädagogik schreiben (...). So könnten wir die öffentliche Erziehung und den Schulunterricht auf einen solchen Fuß setzen, daß nichts daran zu ändern und zu bessern übrig bliebe." (TRAPP 1930, 26)

Die Methode wird klar formuliert: durch Induktion und Quantität zu allgemeingültigen Aussagen zu kommen, zu Theorien über die Erziehung, die nicht mehr korrigierbar, sondern allgemeingültig, d.h. für alle Zeiten und an allen Orten gültig sind. Dieser optimistische Empirismus orientiert sich an der Medizin, die für E.C. TRAPP als Vorbild für die Pädagogik einen induktiven Weg wählte. Diese Versuche sind seither in der Pädagogik immer wieder zum Programm erhoben worden. Das methodische Prinzip bildet dabei die Induktion, die J. STUART-MILL wie folgt definiert:

„Induction ist das Verfahren, wonach wir schließen, das was von gewissen Individuen einer Classe wahr ist, auch für die ganze Classe wahr ist, oder das was zu gewissen Zeiten wahr ist, unter ähnlichen Umständen zu allen Zeiten wahr sein wird." (STUART-MILL 1868, 340)

W. DILTHEY spricht hier von einem dogmatischen Methodismus, der die Methoden nicht mehr in Einklang mit den Objekten sieht, sondern sie um ihrer selbst willen verselbständigt und sie zum Inhalt der Wissenschaft schlechthin erklärt. W.A. LAY und E. MEUMANN begründen am Beginn unseres Jahrhunderts nicht nur eine Zeitschrift für experimentelle Pädagogik, sondern richten ihr ganzes Forschungsinteresse auf die Erfahrungsgewinnung im pädagogischen Feld. Das Programm der empirischen Pädagogik eines E. MEUMANN, der von der Psychologie herkommt, steht noch im System einer umfassenden pädagogischen Theorie.

„Hierdurch erschließen wir, der Pädagogik als empirischer Forschung (...) die großen Probleme der Schulorganisation, der Beziehung sozialer und kultureller Fragen zum Erziehungswerk und erweitern damit ihren Forschungsbereich auf die Gesamtheit der äußeren Bedingungen, unter denen Erziehungsziele verwirklicht werden. So umfaßt die experimentelle Pädagogik den gesamten empirischen Unterbau der Pädagogik." (MEUMANN 1914, 12)

W.A. LAY allerdings sieht im Experiment, in der Beobachtung, in der Statistik und in der Hypothesenbildung die einzig zulässigen Methoden einer Gesamtpädagogik und grenzt sich damit von E. MEUMANN ab. Dieser Methodenmonismus verwendet auch das zur Verfügung stehende historische Material zur Hypothesenbildung und stellt so "den Zusammenhang zwischen der alten und neuen Pädagogik her" (LAY 1920, 53).

Induktion
Unter Induktion wird jener logische Schluß verstanden, in dem der Schlußsatz inhaltlich und umfangmäßig über die ihn bedingenden Urteile (Prämissen) hinausgeht.

In der gegenwärtigen Diskussion um die empirische Erziehungswissenschaft unterscheidet sich die induktiv verfahrende Erziehungswissenschaft von jenen Ansätzen, die im Gefolge des kritischen Rationalismus Erziehungswissenschaft als Realwissenschaft verstehen. Trotzdem ist eine klare Trennung nicht immer möglich.

2.6.1 Die Erziehungswissenschaft als empirische Wissenschaft

Die Konzeption der Erziehungswissenschaft, die auf dem Wege der Induktion versucht, Erkenntnisse zu gewinnen, hat bereits Geschichte. Als ein Vertreter, der sich in besonderer Weise bemüht hat, diese empirischen Ansatzpunkte zu erhellen, kann W.A. LAY genannt werden. Die Konzeption seiner experimentellen Pädagogik basiert auf der Psychophysik. Als Forschungsmethode wird nicht nur das Experiment, sondern auch die Statistik und die systematische Beobachtung mit einbezogen. Seine Konzeption einer experimentellen Didaktik richtet sich auf die Erforschung des Erziehungsfeldes Schule durch Errichtung experimenteller Laboratorien, die internationale Verbreitung fanden. Daher stellt er auch seine Forderung an die Pädagogen, "endlich einmal ihr eigenes Brot zu backen, endlich einmal die Pädagogik zur selbständig forschenden Wissenschaft [zu] erheben" (LAY 1920, 41). Nur als Experimentalpädagogik wird sie imstande sein, eine selbständige Wissenschaft zu werden.

Er fordert Pädagogik als Tatsachenforschung, die sich in Hypothesen und Theoriebildung verwirklicht. Die Hypothesen vermitteln dabei zwischen Theorie und Tatsachen, denn jede Forschung beginnt mit Hypothesen. Er wendet sich vor allem gegen J.F. HERBART, der in seiner Konzeption die Erkenntnisse der Pädagogik von der Psychologie und der Ethik abzuleiten versuchte.

Als erste Aufgabe der Pädagogik sieht er die Beobachtung. Diese versucht das Gegebene zu beschreiben und die Bedingungen der Erscheinungen zu erheben. Auf die Beschreibung folgt die Erklärung als Aufweis der Ursache-Wirkung-Beziehungen. Das System erhält man durch Vergleich und Ordnung der erhobenen Einzelbeobachtungen. So entsteht das System durch Induktion. Die Beobachtung gliedert er in "die Selbstbeobachtung, die Fremdbeobachtung, die statistische Beobachtung, die Statistik, und die experimentelle Beobachtung, das Experiment (...) als Methode der gesamten Pädagogik und Didaktik" (a.a.O., 46). Damit erfüllt er auch eine Forderung I. KANTs in dessen pädagogischen Vorlesungen, in denen er Experimentalschulen forderte, um die Pädagogik als Wissenschaft begründen zu können. W.A. LAY unterscheidet zwischen einer empirischen und einer wissenschaftlichen Induktion sowie zwischen einer schulmäßigen und einer wissenschaftlichen Deduktion.

Bei der wissenschaftlichen Induktion geht es um die Einordnung des Besonderen in das Allgemeine, wobei das Allgemeine an Inhalt gewinnt und so die Erklärung des Besonderen leistet.

„Die Verallgemeinerung erfolgt hier durch Einführung neuer, fundamentaler Tatsachen: (...) der Bewegungsvorstellungen in den psychologisch-methodischen Begriff des Rechtschreibens, des Sprach-, Gesang-, Zeichen-, Turn- und Handarbeitsunterrichts, der Anschauungstypen und der Reaktion in den pädagogischen Begriff der Anschauung." (a. a. O., 59)

Es ist eine wechselseitige Beziehung von Allgemeinem und Besonderen und gleichzeitig eine qualitative Erweiterung. Experimentelles Vorgehen erfordert die Herstellung von Bedingungen, an denen die Verknüpfung von gegebenen Faktoren leichter beobachtet werden kann.

Bei der wissenschaftlichen Deduktion müssen folgende Differenzierungen berücksichtigt werden:

1. Die Anwendung einer Gesetzesaussage auf einen speziellen Fall, in dem Umstände vorkommen, die nicht im Gesetz berücksichtigt sind;

2. die "Ableitung einer neuen allgemeinen Tatsache aus dem zuvor bekannten Gesetze" (a. a. O., 60). Das Verhalten beim Rechtschreiben kann aus dem Wechselspiel der Sach-, Schrift-, Schreib-, Hör- und Sprachvorstellungen erklärt werden;

3. bereits bekannte Gesetze können miteinander kombiniert werden;

4. die Verifikation vorhandener Ergebnisse im pädagogischen Feld. Induktion und Deduktion bilden für ihn keine Gegensätze, sondern die Induktion setzt die Deduktion voraus, denn "jede Einzelwahrnehmung ist als Fall einer allgemeinen Regel, jede Einsicht als Schlußsatz aus einem Obersatze aufzufassen". (a. a. O., 58)

Die experimentelle Pädagogik kann aber auch nicht auf jene Erfahrungen verzichten, die in der Geschichte der Erziehung und in der Praxis der Erzieher bereits vorliegen, nur wissenschaftlich noch nicht verwertet wurden. Sie bilden eine wichtige Quelle der Erfahrung. Daher verwertet sie die Anregungen aus der Geschichte der Pädagogik und aus der erzieherischen Wirklichkeit.

Die Einbeziehung der Statistik wird wegen der Notwendigkeit der Erhebung von Daten wichtig. Ihr Erkenntniswert besteht in den erhobenen und aufbereiteten Daten, die aber in einen vorgegebenen Gesamtzusammenhang eingeordnet werden müssen. Als Beispiel verweist er auch auf die Befragung. Sie muß auf die Zielgruppe hin zugeschnitten sein und einen eindeutigen Sinn zum Ausdruck bringen. In diesem Versuch einer Begründung der Pädagogik kommen bereits, wenn auch unter einer noch nicht ausgefeilten Terminologie, viele Forderungen bereits vor, die die Diskussion der Pädagogik als Wissenschaft bzw. die Konzeption der Erziehungswissenschaft beeinflussen werden.

Diese Intentionen greift F. WINNEFELD auf, der von der Pädagogik eine Erforschung der konkreten, pädagogisch relevanten Situationen fordert. Das hätte für die Erziehungswissenschaft den Vorteil der Praxisnähe und damit der Rückübersetzbarkeit der Forschungsergebnisse in das pädagogische Handeln. F. WINNEFELD gibt nicht die Einmaligkeit der Struktur pädagogischer Situationen preis, sondern arbeitet mit einer Typologie, die in der Verallgemeinerung Ähnlichkeiten in neuen Situationen mit bereits bekannten auffinden will, um so ihre Erkenntnis zu ermöglichen. Diese Tatsache der Ähnlichkeit "ermöglicht die Formulierung von Aussagen über typische Bedingungsstrukturen, deren allgemeine Form begründete Hypothesenbildungen erlaubt, die man als Gesetze ansprechen kann" (WINNEFELD, 1970, 17). Dadurch sind direkte Verbindungen zwischen einem Einzelfall und solchen Hypothesen herstellbar und hebt die besondere Konstellation pädagogischer Situationen nicht auf. Die Erziehungswissenschaft geht von der Beobachtung (Deskription) aus und führt über die Erklärung (U-W-Zusammenhang) zur Deutung (Hermeneutik) der Befunde. Er versteht sie als "die Wissenschaft von den durch soziale Interaktionen bewirkten Steuerungs- und Umsteuerungsvorgängen menschlichen Verhaltens" (a. a. O., 83). Unter Einbeziehung der LEWIN'schen Feldtheorie und der Verwendung von Modellen versucht F. WINNEFELD zu einer Darstellung der Erziehungswirklichkeit zu kommen. Als Problem der Erziehungswissenschaft, die er als empirisch-kausal-analytische Wissenschaft versteht, sieht er die Begriffsbildung an. Er unterscheidet zwei mögliche Wege, um zur Begriffsbildung zu kommen: Den deskriptiven Weg als vorurteilsloses Herangehen an die Wirklichkeit, der von der Beschreibung unter Beobachtung der Abstraktionsstufen zu allgemeinen Begriffen führt (Als Beispiel verweist er auf HOMANs „Theorie der sozialen Gruppe") oder den Weg der konstruktiven Begriffe, wie sie K. LEWIN in seiner Sozialpsychologie verwendet hat.

Der erste Weg vollzieht sich in fünf Schritten: Am Anfang steht
1. die nahezu völlige Theorielosigkeit, dann folgt
2. die echte Beschreibung, d. h. die Erfassung der Phänomene, schließlich
3. die Reflexion auf die Voraussetzungslosigkeit, und dann
4. die Möglichkeit, komplexe und hochabstrakte Begriffe der künstlichen Fachsprache durch strikten Rückgang auf einfachste, beschreibbare Tatbestände semantisch einwandfrei zu erfassen, und endlich
5. die volle Klarheit über die jeweils erreichte Abstraktionsstufe.
    (WINNEFELD 1970, 84f.)

Die Konstruktion von Begriffen vergleicht er mit der Konstruktion von Typen. Die Anwendungsmöglichkeit muß sowohl in "der Darstellung von allgemeinen

Gesetzen, als auch in der Erfassung des Einzelfalls" (a. a. O., 85) liegen. Dieser empirisch-pragmatische Ansatz der Erziehungswissenschaft bildet einen programmatischen Beitrag zur Konzeption einer empirischen Erziehungswissenschaft, wobei analytische und empirische Aspekte miteinander in der Konzeption der Wissenschaft von der Erziehung verbunden werden.

2.6.2 Die Begründung der Erziehungswissenschaft als Realwissenschaft durch die Metatheorie der Erziehung

In seiner "Metatheorie der Erziehung" - einer vollständigen Neubearbeitung der Schrift "Von der Pädagogik zur Erziehungswissenschaft" versucht W. BREZINKA unter Einbeziehung der Wissenschaftstheorien des kritischen Rationalismus und der empirisch analytischen Richtung sowie der sprachanalytischen Philosophie den Gesamtbereich der unter dem Titel 'Pädagogik' zusammengefaßten Aussagen in drei verschiedene Aussagensysteme zu differenzieren.

Der Pädagogik im herkömmlichen Verständnis wirft W. BREZINKA vor, sie verwende in ihren Theorien verschiedenartige Aussagen, die aus der Philosophie, aus Weltanschauungen und aus Ideologien herrühren und so kann sie zu keinem klaren Wissenschaftsverständnis kommen. Um den Wissenschaftscharakter der Pädagogik deutlich herausstellen zu können, nimmt er eine analytische Aufgliederung der Pädagogik vor, die eine Abgrenzung und Unterscheidung der inhaltlich vermischten Aussagen ermöglichen soll.

So unterscheidet er in

1. die Satzsysteme der Erziehungswissenschaft als Gesetzesaussagen über die Erziehung. Diese beziehen sich auf die gegebene Erziehungswirklichkeit als nomothetische Erziehungswissenschaft. In der Historiographie der Erziehung werden geschichtliche Theoreme über diesen Problemkreis erhoben und auf ihre Relevanz hinterfragt;

2. die Aussagensysteme der Philosophie der Erziehung, die sich als normative Philosophie in rationaler Kritik und Begründung im Sinne der sprachanalytischen Philosophie dem Zweck-Mittel-Verhältnis zuwenden;

3. die Satzsysteme der praktischen Pädagogik, die durch ihren unmittelbaren Bezug zur Anwendung im Erziehungsfeld Handlungsanweisungen für den Erzieher vermitteln.

Zwischen diesen Satzsystemen gibt es grundlegende Unterschiede. Eine Vermittlung in eine integrative Synthese erscheint ihm als 'undurchführbar' (BREZINKA 1978, 273).

2.6.2.1 Das Aussagensystem der Erziehungswissenschaft

Der Inhalt der Erziehungswissenschaft ist die Erziehung

„Unter Erziehung werden soziale Handlungen verstanden, durch die Menschen versuchen, das Gefüge psychischer Dispositionen anderer Menschen in irgendeiner Hinsicht dauerhaft zu verbessern oder seine als wertvoll beurteilten Komponenten zu erhalten." (BREZINKA 1974, 95)

Schon in dieser grundlegenden Definition zeigt sich die Reduktion des ganzen Ansatzes. Wenn W. BREZINKA von sozialen Handlungen spricht und die Erziehungswissenschaft als Sozialwissenschaft versteht, kann er dies nicht einfach postulieren. Er muß auf eine Position der Handlungstheorie Bezug nehmen. Er verweist dabei auf M. WEBER, der in den ersten Kapiteln des ersten Halbbandes seines umfangreichen Werkes „Wirtschaft und Gesellschaft" eine begriffliche Einführung in die Sozialwissenschaft vorausschickt. Hier heißt es aber bereits im ersten Abschnitt:

„Soziologie (...) soll heißen: eine Wissenschaft, welche soziales Handeln deutend verstehen und dadurch in seinem Ablauf und seinen Wirkungen ursächlich erklären will." (WEBER 1960, 5)

Hier versucht bereits M. WEBER von einem Ineinander von Verstehen und Erklären bei der Konstitution der Soziologie auszugehen und nicht von einer Trennung. Wichtig aber erscheint sein Verständnis sozialen Handelns,

„welches seinen von dem oder den Handelnden gemeinten Sinn nach auf das Verhalten Anderer bezogen wird und daran in seinem Ablauf orientiert ist." (WEBER 1960, 5)

Das Handeln selbst steht bei M. WEBER für ein äußeres oder inneres Tun, also Tätigkeiten, aber auch für ein Nicht-Tun, wie das Unterlassen oder Dulden.
Die eingehende Analyse zeigt, daß M. WEBER bereits hier nicht einen linearen Handlungsbegriff verwendet, sondern die erste Beschreibung von Interaktion liefert, die W. BREZINKA als zu komplexe Kategorie ablehnt. Er könnte mit Interaktionen ein stark zielgerichtetes Handeln kaum rechtfertigen.
Erziehung als soziales Handeln ist immer an einem Ziel orientiert (Zweck, zweckrationales Handeln) und bedient sich dabei bestimmter Mittel zur Realisierung dieses Ziels. Daher wird das Zweck-Mittel-Verhältnis zum zentralen Gegenstandsbereich der Erziehungswissenschaft, über den die erziehungswissenschaftliche Theorie Auskunft gibt.

Disposition
ist ein Möglichkeitsbegriff und bezeichnet die Fähigkeit eines Gegenstandes, jederzeit unter bestimmten gegebenen Bedingungen in einen anderen Zustand übergeführt werden zu können. Z. B. Zucker ist löslich in Wasser, Zucker hat die Disposition sich in Wasser aufzulösen.

Die Theorie wird als ein "System von Gesetzesaussagen" (BREZINKA 1978, 108) verstanden. In diesem Sinne wird die Aufgabe der Erziehungswissenschaft formuliert: "Gesetzmäßigkeiten zu suchen und Gesetzeshypothesen zu prüfen" (a. a. O., 107). Diese orientieren sich an der Realität oder wenden ihr Interesse geschichtlichen Aussagen zu.

Im ersten Fall spricht er von dem 'nomothetischen Aufgabenbereich der Erziehungswissenschaft' (a. a. O., 111), in der zweiten Hinsicht von der 'Historiographie der Erziehung' (a. a. O., 168).

2.6.2.1.1 Der nomothetische Aufgabenbereich der Erziehungswissenschaft

Das Wort aus dem Altgriechischen bedeutet: *NOMOS* = Gesetz; *TITHEMI* = aufstellen: Gesetze aufstellen. Siehe auch die Wissenschaftseinteilung bei W. WINDELBAND.

Wie der kritische Rationalismus sieht W. BREZINKA Probleme und Hypothesen am Beginn der Formulierung von Theorien. Es erscheint ihm nicht wichtig, wie Theorien gewonnen werden; nur wenn sie als wissenschaftliche Satzsysteme aufgestellt werden, müssen sie einen adäquaten Allgemeinheitsgrad (niedere - höhere Stufe) aufweisen, werturteilsfrei und intersubjektiv nachprüfbar sein. Das Prüfverfahren verknüpft zwei Aspekte. Die Satzsysteme der Theorien müssen sich an den logischen Regeln ausrichten und werden an der Erfahrung geprüft.

"Die Beziehungen zwischen Theorie und Erfahrung sind indirekter Art. Eine realwissenschaftliche Theorie ist eine Konstruktion, d. h. eine gedankliche Schöpfung, die über das, was aus Beobachtungen erfahrbar ist, hinausgeht, andererseits aber auch wieder durch Rückgriff auf Beobachtungsergebnisse begründet werden muß." (BREZINKA 1978, 135)

> **Kritischer Rationalismus**
> Eine wissenschaftstheoretische Position, die ihren Ausgangspunkt von der Kritik als Problematisierung geltender Theorien nimmt, um einen Fortschritt der Erkenntnis zu erreichen. Diese Kritik vollzieht sich nach logischen Gesetzen. Theorien sind deduktive Systeme, die allein die Falsifikation als Kriterium wissenschaftlichen Fortschrittes zulassen, um neue Lösungsmöglichkeiten für die Probleme zu finden.

Deduktion und Induktion, Falsifikation und Verifikation sind dabei in gleicher Weise zugelassen. Da die Erziehungswissenschaft in diesem Verständnis eine Sozialwissenschaft ist (Erziehung als soziales Handeln), besitzt sie aus der Sicht einer Wissenschaftstheorie, die Wissenschaft normativ aus allgemeinen Gesetzesaussagen aufgebaut sieht, einen Mangel, den sie mit den Sozialwissenschaften teilt und mit dem sie leben muß.

Im Objektbereich (Zweck-Mittel-Verhältnis) gibt es unüberwindbare Hindernisse auf dem Weg zu allgemeingültigen Aussagen, wie die Komplexität des Objektbereichs, die Unbeobachtbarkeit des fremden Innenlebens, die Einmaligkeit und Veränderlichkeit gewisser Phänomenkomplexe, Erlebnisganzheiten statt Elemente usw. Diese Einschränkungen, die aus dem Objektbereich resultieren, entheben den Wissenschaftler nicht, an dieser Wissenschaftskonzeption festzuhalten und ein in diesem Rahmen mögliches Gesetzeswissen anzustreben.

> **Werturteilsfreiheit**
> bedeutet die Ausschaltung von Werturteilen aus der Wissenschaft.
> Nur Tatsachenaussagen sind zugelassen. Werturteile sind Aussagen, die Forderungen oder Normen für das Handeln und Stellungnahmen oder Bewertungen zu Sachverhalten enthalten.

Aus diesem Grund bleiben auch die erziehungswissenschaftlichen Theorien unvollständig und offen und sind daher immer korrekturbedürftig (Kontingenztheorem).

Um realitätsbezogene Gesetzeshypothesen zu gewinnen, muß der Erziehungswissenschaftler alle ihm zur Verfügung stehenden Methoden und Techniken anwenden. Beobachtung und Experiment, Felduntersuchungen und multivariate Verfahren sollen ihn im Lichte der Hypothesen Scheinwerfertheorie zur kritischen Prüfung der Satzsysteme führen.

Die Anwendung der gewonnenen Theorie in Hinsicht auf das Erziehungsfeld besteht in Erklärungen, d.h. Ursache-Wirkungs-Beziehungen, in Prognosen oder Voraussagen und in der Lösung technologischer Probleme. Als Erklärungen, d. h. Ursache-Wirkungs-Beziehungen im Erziehungsfeld, können sowohl im Sinne von K.R. POPPER die deduktiv-nomologische Erklärung, als auch gemäß der empirisch-analytischen Konzeption die induktiv-statistische Erklärung herangezogen werden. "Einen Vorgang kausal erklären heißt, einen Satz, der ihn beschreibt, aus Gesetzen und Randbedingungen deduktiv ableiten." (POPPER, 1966, 31)

Die Einschränkungen und die Grenzen von Erklärungen (Ursache-Wirkungs-Beziehungen) in der Erziehungswissenschaft liegen in der Komplexität des Objektbereichs. Deshalb muß sie sich oft mit Residuen von Erklärungen zufrieden geben, solange sie noch nicht weitere Forschungen unternommen hat. W. BREZINKA spricht dabei von einer partiellen Erklärung und sogar von Erklärungsskizzen. Diese Unvollkommenheit der Erklärung liegt in der mangelnden Möglichkeit zur Erfassung eines Sachverhalts. Wenn in einem pädagogischen Experiment bestimmte Ursache-Wirkungs-Beziehungen ermittelt wurden, so können diese Erklärungen in anderen erzieherischen Situationen nur begrenzt angewendet werden, besonders dann, wenn z. B. Störfaktoren hinzukommen (und so nur einen bedingten Aussagewert haben).

Neben der Erklärung hat die Theorie auch die Aufgabe der Prognose. W. BREZINKA zeigt dabei einerseits die Strukturähnlichkeit von Erklärungen und Voraussagen auf (wenn-dann-Sätze), arbeitet aber auch die Unterschiede heraus. Beziehen sich Erklärungen auf vergangene Situationen, richten sich Voraussagen oder Prognosen auf zukünftige Ereignisse. Auch hier muß man mit störenden Faktoren rechnen, vor allem in Hinsicht auf die Voraussagbarkeit von Antezedensdaten. "In Wirklichkeit sind jedoch nie alle Bedingungen, die in einer Erziehungssituation gegeben sind, bekannt." (BREZINKA 1978, 161)

Als dritte Anwendungsmöglichkeit von Theorien fungieren technologische Probleme, die zwar bei der gegenwärtigen Situation der Erziehungswissenschaft noch keine Realisierungschance besitzen, von der Intention her aber in dieser Wissenschaftskonzeption enthalten sind. Die technologische Formulierung weist von ihrer logischen Seite her mit der Erklärung und der Prognose eine ähnliche Struktur auf. Aus einer All-Aussage in Form einer Gesetzeshypothese und einem singulären Satz als Prämisse folgt ein singulärer Schlußsatz. Technologische

---

Technologie
Als Technologie bezeichnet man entscheidungslogische Vorschriften für das Handeln, die durch operationale Definitionen gegeben werden.

Aussagen beziehen sich auf die Wahl der Mittel, die eingesetzt werden müssen, um bestimmte Ziele zu erreichen.

"Während technologische Aussagen lediglich über Handlungsmöglichkeiten informieren, enthalten technische Regeln Handlungsvorschriften." (BREZINKA 1978, 164)

2.6.2.1.2 Die Historiographie der Erziehung

Bei diesem Teilaspekt der Erziehungswissenschaft geht es nicht um eine Geschichte der Pädagogik, wie sie sich seit der Etablierung der geisteswissenschaftlichen Pädagogik eingebürgert hat, sondern um Aussagen informativen Gehalts, die aus der Geschichte der Pädagogik erhoben werden sollen. Es kommt dabei nicht auf den geschichtlichen Charakter einer Aussage an, sondern nur auf ihren theoretischen Gehalt.

Als Gegenstände einer Historiographie der Erziehung fungieren in erster Linie alle Probleme, die bereits in der nomothetischen Erziehungswissenschaft von Interesse sind, wie der Handlungsbegriff der Erziehung und die damit verbundenen Phänomene, aber auch die kritische Beleuchtung pädagogischer Meinungen, die Entmythologisierung der Schulgeschichtsschreibung und schließlich die Aufklärung des pädagogischen Aberglaubens. Nach dieser Auffassung von Wissenschaft gehören auch die Geschichtswissenschaften zu den Realwissenschaften. Daher werden auch hier die erfahrungswissenschaftlichen Methoden zur Erkenntnisgewinnung angewendet. Wie in der nomothetischen Erziehungswissenschaft geht es auch hier um kausalanalytische Erhebungen von - durch Aussagen vermittelter - Wirklichkeit, nicht aber um die Normierung erzieherischen Handelns.

Ausgehend von den gegebenen Daten, die als Fakten zu erheben sind, wie Statistiken, Chroniken oder archäologische Befunde, wendet sich die Historiographie der Erziehung den Quellentexten zu, die methodisch zu erschließen sind. Die Quellenkritik und die Interpretation der sprachlich vermittelten Inhalte sollen die

Tatsachen herausstellen, die in historischen Texten vorhanden sind. Das Verstehen wird dabei als vorwissenschaftliche Methode eingestuft.

"Das Verstehen bringt kein sicheres Wissen, sondern lediglich eine Hypothese zur Deutung der fraglichen Handlung, die dem Verstehenden zwar subjektiv plausibel erscheint, jedoch der Überprüfung bedarf. Es gibt also gar keine verstehende Methode, sofern damit eine Prüfungsmethode gemeint ist, sondern das Verstehen hat seinen Platz im Entdeckungs- oder Entstehungszusammenhang einer Wissenschaft." (BREZINKA 1978, 181)

Daher fällt die Hermeneutik als wissenschaftliche Methode aus dem Kanon der Wissenschaft heraus und so werden die Ansätze der geisteswissenschaftlichen Pädagogik insgesamt in den Vorhof der Wissenschaft verwiesen.

2.6.2.2 Das Aussagensystem der Philosophie der Erziehung

Unter den verschiedenen Auffassungen von Philosophie greift W. BREZINKA bestimmte Positionen heraus. Auf der einen Seite sieht er die Aufgabe der Philosophie in der Kritik, der Kontrolle und der Korrektur wissenschaftlicher Erkenntnisse und Methoden. In diesem Verständnis wird Philosophie die Grundlagenwissenschaft der Erziehungswissenschaften und als 'analytisch-erkenntniskritische' oder 'epistemologische Philosophie' (a. a. O., 134) verstanden. Als Metawissenschaft (Wissenschaftstheorie) begründet sie die Erziehungswissenschaft als Einzelwissenschaft.
Ein zweiter Aufgabenbereich der Philosophie richtet sich auf die praktischen Probleme der Erziehungswissenschaft. Als Philosophie der Erziehung bezieht sie sich wie die praktische Philosophie auf das erzieherische Handeln, das sie anleiten soll. Die Orientierung findet sie als normative Philosophie am Zweck-Mittel-Verhältnis der Erziehungswissenschaft.

"Der philosophische Charakter der normativen Philosophie besteht gerade darin, daß ihre Sätze vernünftig begründet werden. Aber diese Begründung kann in keinem Fall so vollständig sein, daß sie eine Entscheidung überflüssig macht." (BREZINKA 1978, 218)

Sprachanalytische Philosophie
Die zentrale Aufgabe dieser philosophischen Richtung besteht in der logischen Analyse der Sprachinhalte. Dabei werden verschiedene Unterscheidungen verwendet: Objektsprache (ungedeuteter Kalkül) und Metasprache (gedeuteter Kalkül) oder inhaltliche bzw. materiale Sprache und formale Sprache. Nicht nur der Aufbau der wissenschaflichen Sprache interessiert diese Richtung, sondern vor allem auch die Umgangssprache und die in ihr liegende Bedeutungsmannigfaltigkeit.

Sie differenziert sich in eine 'normative Philosophie der Erziehungsziele' und eine 'normative Philosophie der Mittel' (a. a. O., 219).

2.6.2.2.1   Die normative Philosophie der Erziehungsziele

"Erziehungsziele sind Ideale von der Persönlichkeit des (oder der) Educanden. Sie drücken etwas Gewolltes aus: die psychischen Dispositionen (Fähigkeiten, Tüchtigkeiten, Tugenden), die der Educand erwerben und zu deren Erwerb der Erzieher durch Erziehung beitragen soll." (BREZINKA 1978, 220)

In sprachanalytisch-kritischer Absicht geht es in erster Linie um die Herausarbeitung des Normgehalts von Erziehungszielen. Als Kriterium fungiert die Bestimmung und Einengung des Handlungsspielraumes des Erziehers. Je allgemeiner und unbestimmter Erziehungsziele formuliert werden, desto unbedeutender sind sie für die Orientierung des Erziehers. Das, was erreicht werden soll, muß präzise umschrieben werden. Alle anderen Formulierungen sind nach W. BREZINKA 'pseudo-normative Sätze'.

In zweiter Linie richtet sich die normative Philosophie der Erziehungsziele auf die Begründung der Normen. Diese erfolgt einerseits durch deduktive Schlußfolgerung, andererseits durch Normsetzungsverfahren und durch "Angabe der empirischen Gründe (oder Begründung der Norm im inhaltlich-wertenden Sinne)" (a. a. O., 225).

Dabei intendiert diese Metatheorie der Zieltheorie eine rationale Kritik bestehender Zielformulierungen, akzentuiert die Frage nach der Legitimation von Erziehungszielen sowie nach ihrer inhaltlich-wertenden Begründung. Die Entscheidung kann sie dabei dem Erzieher nicht abnehmen.

2.6.2.2.2   Die Metatheorie der pädagogischen Mittel

Ihr Inhalt richtet sich auf eine normative Ethik für die Erzieher, die W.
BREZINKA in der Ausarbeitung einer normativen Lehre von den Tugenden des
Erziehers und einer Ethik der erzieherischen Handlungen der Erzieher sieht.
Zu den pädagogischen Mitteln zählen die Lehrinhalte und die Erziehungsorganisationen. Die normative Philosophie hat demnach die Aufgabe, eine Werttheorie
der Lehrinhalte als normative Didaktik zu begründen wie auch die Metatheorie
der Erziehungsorganisationen, in denen es um die Axiologie der Lehrinhalte geht.

2.6.2.3 Die Satzsysteme der 'Praktischen Pädagogik'

Die Praktische Pädagogik leitet das pädagogische Handeln an. Sie geht, von der
Entstehungsgeschichte her gesehen, allen Versuchen, Pädagogik als Wissen-
schaft zu konstituieren, voraus und wird auch dann nicht überflüssig, wenn sich
Pädagogik als Wissenschaftsdisziplin etabliert. Sie ist Kunst- und Meisterlehre
für den Praktiker, verwendet Satzsysteme, die sich auf die Wirklichkeit beziehen,
enthält aber auch weltanschauliche und ideologische Komponenten, die in die
Handlungsnormen und Handlungsanweisungen für den Erzieher eingehen und so
Praxis erst ermöglichen. Doch diese Satzsysteme haben keine wissenschaftliche
Dignität. Es besteht nach W. BREZINKA kein Zweifel an der Notwendigkeit
dieser nichtwissenschaftlichen Theorien. Die einzige Hilfeleistung der Wissenschaft sieht der Verfasser in einem Empfehlungskatalog für die Erstellung solch
eines nichtwissenschaftlichen Satzsystems.
Der sprachanalytische Befund der Aussagensysteme im Bereich der Praktischen
Pädagogik registriert Aussagen deskriptiver, normativer, präskriptiver und emoti-
ver Art.
Eine besondere Funktion erhält die Erziehungslehre bei der Ausbildung von Leh-
rern, und W. BREZINKA verweist auch die Geisteswissenschaftliche Pädagogik
in den Bereich der Erziehungslehren. Dabei wäre zu berücksichtigen, daß diese
Bewertung durch W. BREZINKA die logische Folge seines reduzierten Wissenschaftsbegriffs ist. Es gibt nach ihm weder in der Gegenwart noch in der Zukunft
einen Ersatz für diesen Bereich der Pädagogik. Daher bleibt die Praxisanleitung
durch die Erziehungslehre erhalten und aus dem Bereich der Wissenschaft ausgeklammert. Auch im Falle der Bereitstellung technologischer Einsichten in der
Erziehungswissenschaft würde diese die Praktische Pädagogik nicht ersetzen,

weil eine Technologie der Erziehung präskriptive Aussagen wie "Was sollen wir tun?" (BREZINKA 1978, 268) nie total beantworten kann.
Die Praktische Pädagogik soll sich daher bei der Formulierung präskriptiver Sätze an "brauchbaren empirischen Erkenntnissen über die jeweils gegebenen Erziehungssituationen" (a.a.O., 270) orientieren und keine Sätze formulieren, die zu wissenschaftlichen Aussagen im Widerspruch stehen. Die Sprache soll für den Adressaten verständlich und nach logischen Gesetzen gestaltet sein. Wenn Werturteile verwendet werden, sollen die "Wertungsgrundsätze (Kriterien, Prinzipien), von denen aus geurteilt wird, genannt werden oder zumindest aus dem Kontext klar ersichtlich sein" (a.a.O., 270). Die normativen Handlungsvorschriften sollen keine abstrakten normativen Leerformeln enthalten, sondern inhaltlich aussagekräftig sein. Zuletzt empfiehlt W. BREZINKA den emotiven Sprachgebrauch zur Unterstützung der "rational begründeten Werturteile und moralischen Normen" (a.a.O., 271).

Zusammenfassung

Die Konzeption der Pädagogik als empirische Wissenschaft fordert die Anwendung der empirisch-quantitativen Methoden bei der Erforschung der Erziehungswirklichkeit. Dies geschieht von zwei Ansätzen her: von einem induktiven und einem deduktiven. Im Hinblick auf den induktiven Ansatz wird im eigentlichen Sinn von empirischer Wissenschaft gesprochen; der deduktive Ansatz verfolgt die Konzeption einer Wissenschaftstheorie und ihrer Anwendung in der Pädagogik, die aus dem kritischen Rationalismus übernommen wird. Erziehungswissenschaft ist Theorie einer Praxis.
Im Subjekt-Objekt-Verhältnis wird allein das Objekt berücksichtigt und die Aussagen über die Erziehungswirklichkeit sind objektive, d. h. überprüfbare, wertfreie und allgemeingültige Aussagen über den Objektbereich (Objektivismus).
Als Methoden der empirischen Erziehungswissenschaft wird die Deduktion allein oder die Deduktion in Verbindung mit der Induktion zugelassen, wobei das Problem der induktiven Logik bis heute in der Erziehungswissenschaft noch nicht diskutiert wird. Als Forschungsmethoden werden die empirisch quantitativen Methoden in ihrer Ausprägung als Beobachtung und Experiment angewendet. Es gibt ein objektives System als Zusammenhang der wissenschaftlichen Aussagen, der je nach den Erkenntnissen der Wirklichkeit revidierbar und veränderbar ist.

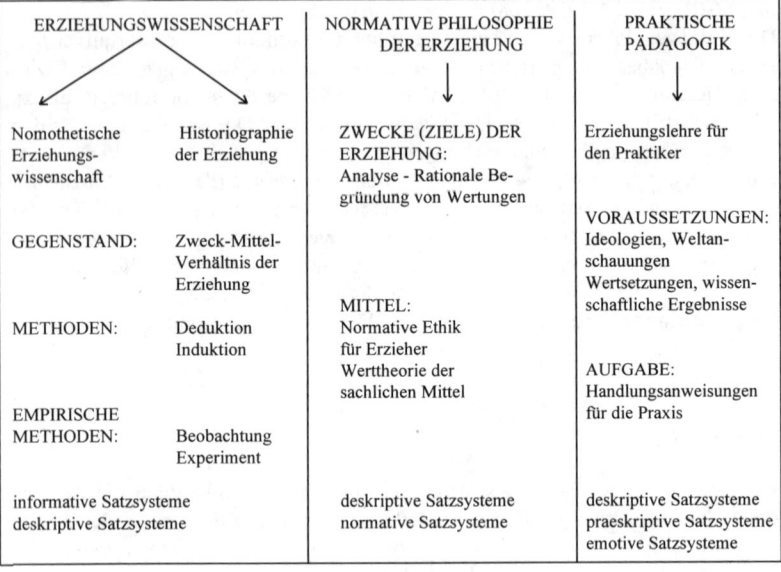

ERZIEHUNGSWISSENSCHAFT		NORMATIVE PHILOSOPHIE DER ERZIEHUNG	PRAKTISCHE PÄDAGOGIK
Nomothetische Erziehungs- wissenschaft	Historiographie der Erziehung	ZWECKE (ZIELE) DER ERZIEHUNG: Analyse - Rationale Be- gründung von Wertungen	Erziehungslehre für den Praktiker
GEGENSTAND:	Zweck-Mittel- Verhältnis der Erziehung		VORAUSSETZUNGEN: Ideologien, Weltan- schauungen Wertsetzungen, wissen- schaftliche Ergebnisse
METHODEN:	Deduktion Induktion	MITTEL: Normative Ethik für Erzieher Werttheorie der sachlichen Mittel	
EMPIRISCHE METHODEN:	Beobachtung Experiment		AUFGABE: Handlungsanweisungen für die Praxis
informative Satzsysteme deskriptive Satzsysteme		deskriptive Satzsysteme normative Satzsysteme	deskriptive Satzsysteme praeskriptive Satzsysteme emotive Satzsysteme

Die Sprache als Zeichen aufgefaßt, wird in der Sprachanalyse von Unschärfen gereinigt, um zu klaren und eindeutigen Begriffen zu kommen, die den Hauptinhalt der Theorien bilden.

Theoretische Aussagen sind allgemeine Aussagen und das Besondere wird als Spezialfall des Allgemeinen angesehen. Das Ideal der Wissenschaft sind Gesetzesaussagen über die Wirklichkeit, deren prognostische Funktion in der rationalen Handlung des Erziehers ihren Niederschlag findet (Technologie der Erziehung).

2.7 Erziehungswissenschaft als konstruktiv-normative Theorie für die Praxis

Das folgende Kapitel informiert Sie über
- *die Unterscheidung zwischen Meta-Theorie, Objekt-Theorie und Erziehungspraxis,*
- *Intersubjektivität und Lebenssicherung als erkenntnisleitende Metanormen der Wissenschaft,*
- *Aufgaben praktischer Diskurse,*
- *die Objekt-Theorie der Erziehungswissenschaft als Zweck-Mittel-Verhältnis,*
- *Erziehungsziele als normative Sätze,*
- *die Rahmentheorie und Individualtheorie in der Erziehungswissenschaft.*

Im Brennpunkt des Interesses der konstruktiven Wissenschaftstheorie der ERLANGER SCHULE steht die Bedeutung der praktischen Vernunft für jede theoretische Erkenntnis. Die Übernahme in eine Konzeption der Erziehungswissenschaft führt notwendigerweise zu einem grundlegenden Verständnis der Erziehungswissenschaft als normativer Disziplin. Daher steht die Begründung und Diskussion über die handlungsleitenden Normen im Mittelpunkt des Interesses. Der bisher umfassendste Versuch dazu stammt von E. KÖNIG in seiner dreibändigen Publikation über Erziehungswissenschaft, in der er sich im ersten Band kritisch mit den verschiedenen Positionen der Pädagogik als Wissenschaft auseinandersetzt und seine eigenen Thesen im zweiten und dritten Band zur Diskussion stellt. Andere heute vorliegenden Konzeptionen der Rezeption der Erlanger Position finden sich in der Curriculumdiskussion bei R. KÜNZLI, M. GATZEMEIER und P. FLÜGLISTER.
Den Ausgangspunkt E. KÖNIGs kennzeichnet die Trennung von drei verschiedenen Argumentationsbereichen in einem Stufenschema. Die Erziehungswirklichkeit, als Erziehungspraxis bezeichnet, wird als unterste Stufe zum Objektbereich der Erziehungswissenschaft. Diese Objekt-Theorie der Erziehungspraxis bekommt die Aufgabe, die für die Praxis handlungsleitenden Normen zu begründen und den Objektbereich deskriptiv zu erfassen. Demnach ist die Erziehungswissenschaft eine normativ-deskriptive Disziplin. Die verschiedenen Objekttheorien der Pädagogik werden erst in der dritten, metatheoretischen Ebene erfaßt, der es um die Analyse und Beurteilung der verschiedenen erziehungswissenschaftlichen Theorien geht und die eigene Position zu begründen hat. Erziehungspraxis,

Objekt-Theorie und Metatheorie werden in ihrer Eigenständigkeit so voneinander getrennt. (vgl. dazu E. KÖNIG 1975, 1, 31)

2.7.1   Die erkenntnisleitenden Metanormen der Wissenschaft

Jede Wissenschaft - und so auch die Erziehungswissenschaft - besitzt eine 'Wertbasis', d. h. in ihr gelten bestimmte metatheoretische Normen (KÖNIG 1978, 3, 10). Diese Basisnormen rechtfertigen die verschiedenen Einzelnormen, die in den Wissenschaften gelten, wie auch jegliche Normen, die durch diese Metanormen begründet werden können. E. KÖNIG stellt zwei Basis-Norm-Sätze auf.

"Die metatheoretischen Normen, die die neuzeitliche Wissenschaft regeln, lassen sich letztlich nur im Hinblick auf zwei Ziele verstehen: auf das Ziel der Intersubjektivität und auf das Ziel der Lebensicherung. Beide Ziele seien als Primärziele bezeichnet." (KÖNIG 1975, 2, 161)

Die Forderung nach Intersubjektivität als erster metatheoretischer Norm gewährleistet die Wahrheit wissenschaftlicher Aussagen. Wahrheit wird im Sinne der Konsensustheorie verstanden. Damit soll die subjektübergreifende Prüfung von vorgebrachten Argumenten rational gerechtfertigt werden.
Die Überprüfung der Intersubjektivität von Aussagen erfolgt in praktischen Diskursen. Die als wahr erhobenen Argumente können nun über Entscheidungen in Handlungen umgesetzt werden.

"Intersubjektiv gerechtfertigt soll eine Handlung dann genannt werden, wenn sie sich in der gegebenen Situation als optimales Mittel zur Erreichung beider Primärziele erweist. " (KÖNIG 1975, 2, 172)

Als zweite Metanorm fungiert die Befriedigung praktischer Bedürfnisse, die abgekürzt auch Ziel zur Lebenssicherung genannt wird. Mit dieser Norm soll zum Ausdruck gebracht werden, daß es in der Wissenschaft nicht nur um Erkenntnis geht, sondern der Zweck einer Wissenschaft liegt in der Umsetzung in ein Handeln, das menschlichem Leben dienlich ist, weil es zur Befriedigung praktischer Bedürfnisse dient. Die technische Umsetzung und die Verwertbarkeit wissenschaftlicher Erkenntnisse ist ein Kennzeichen der neuzeitlichen Wissenschaft.

"Nicht im Hinblick auf das Ziel der Intersubjektivität, wohl aber im Hinblick auf dieses Ziel 'Befriedigung praktischer Bedürfnisse', läßt sich die neuzeitliche Wissenschaft als besser im Vergleich zur Aristotelischen Physik verstehen." (KÖNIG 1975, 2, 152)

Die Bedürfnisse können in Primär- und Sekundärbedürfnisse untergliedert werden. So ist das Bedürfnis nach Nahrung ein Primärbedürfnis, weil seine Befriedigung erst die Lebensfähigkeit des Menschen garantiert. "Erst wenn die Primärbedürfnisse befriedigt sind, können überhaupt weitere Ziele verfolgt werden, können Sekundärbedürfnisse auftreten." (KÖNIG 1975, 2, 160)
Die Sekundärbedürfnisse sind abhängig von der soziokulturellen Lage, in der der Mensch lebt. Zu ihnen gehört auch das Bedürfnis, Wissenschaft zu treiben. Die Wissenschaft muß dabei immer vor Augen haben, daß ihre Aufgabe für die Lebenssicherung in der modernen Welt lebensnotwendig ist und sich auf alle Menschen erstreckt. Durch die zweite Meta-Norm unterscheidet sich die Wissenschaft der Neuzeit von allen anderen Ansätzen, die diese Norm als unwissenschaftlich ablehnen.

"Indem das Ziel der Lebenssicherung aus dem Blick verloren wurde, konnte in der Tat der Eindruck entstehen, Wissenschaft strebe ausschließlich nach Erkenntnis, d. h. sei nur auf das Ziel der Intersubjektivität hin angelegt." (KÖNIG 1975, 2, 163)

Diese beiden Meta-Normen sind weder beweisbar noch auf übergeordnete Normen zurückführbar. Sie sind aber frei von einer willkürlichen Festsetzung und nicht zu widerlegen. Jede in Diskursen verwendete Argumentation erfährt ihre letzte Begründung durch diese beiden Meta-Normen.

"Entscheidend für das hier vorgeschlagene metatheoretische Regelsystem praktischer Diskurse ist die Verknüpfung von methodischer Grundlegung unter Rückgriff auf die Primärziele als die notwendigen Bedingungen begründeten Argumentierens einerseits und zweckrationaler Entscheidungsverfahren andererseits." (KÖNIG 1975, 2, 184)

Damit die praktischen Diskurse, in denen Normen und Handlungen daraufhin überprüft werden sollen, ob sie den beiden Meta-Normen entsprechen, dem Kriterium der intersubjektiven Nachprüfung entsprechen, werden bestimmte Regeln als Kriterien aufgestellt. Dabei wird gefordert, daß jeder Diskursteilnehmer Argumente vorbringen kann, daß keines der vorgetragenen Argumente ungeprüft angenommen wird und schließlich die Überprüfung der Argumente unabhängig von der Stellung des Diskurspartners erfolgen muß.

E. KÖNIG versucht ein Verlaufsdiagramm eines Diskurses zu skizzieren, ohne jedoch dies als Schablone zu verstehen. In diesen praktischen Diskursen geht es um die Problemlösung von Zweck-Mittel-Verhältnissen, deren empirischer bzw. deskriptiver Aspekt (Mittel) genauso diskutiert werden muß, wie der normative Teil. Letzterer besonders in Hinsicht auf seine Vereinbarkeit mit den metatheoretischen Normen. Als Ergebnis dieser Diskurse stehen Handlungsanweisungen, die die optimale Alternative aus allen diskutierten Vorschlägen enthalten und so Entscheidungen rational begründen sollen.

Praktische Diskurse
sind rational geführte Fachgespräche, die Möglichkeiten, Rechtfertigungen und Begründungen für normengeleitetes Handeln in der Erziehungspraxis aufstellen sollen.

Die Diskurse sind immer situationsbezogen oder situationsvariant und in Hinsicht auf die Rechtfertigung von Handlungen '*dialogdefinit*',

"d. h. aufgrund der im Diskurs (Dialog) vorgetragenen Gründe und Gegengründe und unter dem Vorbehalt, daß neue Argumente, die möglicherweise zu einem anderen Ergebnis führen würden, grundsätzlich nie auszuschließen" (KÖNIG 1975, 2, 205).

Der Diskurs ist keine absolute Methode, sondern ein immer erneut zu realisierender Versuch.

2.7.2 Erziehungswissenschaft als normativ-deskriptive Theorie

Die Erziehungswissenschaft ist in diesem Konzept eine Theorie von der Praxis und für die Praxis, wobei unter Praxis die Erziehungswirklichkeit gemeint ist. Damit ist der Objektbereich normativ bestimmt. In der Praxis geht es um Handlungen, die in Situationen sich vollziehen, und um Ziele, die diese Handlungen bestimmen. Faßt man die Handlungen als Mittel und die Ziele als Zwecke auf, dann ist der Gegenstandsbereich der Erziehungswissenschaft das Zweck-Mittel-Verhältnis der Praxis. Dabei geht es nicht nur um die Deskription oder die Beschreibung dessen, was in der Praxis geschieht, sondern auch um die Normierung und die Rechtfertigung von Handlungen für die Praxis.

Erziehungswissenschaft als praktische Disziplin hat als oberstes Ziel Handlungsanweisungen für die Praxis zu erstellen.
Die erste Aufgabe der Erziehungswissenschaft liegt in der Begründung, Aufstellung und Rechtfertigung von Erziehungszielen oder Normen für die Erziehungspraxis. "Ziel einer Handlung ist die beabsichtigte Wirkung dieser Handlung." (KÖNIG 1975, 2, 20)
Die Begründung einer handlungsleitenden Norm sieht E. KÖNIG in der Verbindung eines deskriptiven und eines normativen Aspekts. Die Rechtfertigung einer
Norm erscheint ihm nur dann gegeben, wenn die intersubjektive Nachprüfung
beider Prämissen möglich ist. Umgekehrt wird der Prozeß der Rechtfertigung bei
Unhaltbarkeit einer der beiden Thesen nicht gewährleistet. Durch die Nachprüfung, die in Diskursen stattfindet, soll die Vereinbarkeit mit den metatheoretischen Normen - der Intersubjektivität und der Lebenssicherung - aufgewiesen
werden. Durch die folgende formale Argumentationsweise kann dies verdeutlicht
werden:

"In der Situation S hat die Handlung A die Wirkung E" (empirische Aussage) "Die Situation E
soll erreicht werden ('E)" (normative Aussage). „In der Situation S soll die Handlung A erfolgen." (KÖNIG 1973, 2, 21)

Die Intention der Erziehungsziele liegt im Erwerb von Dispositionen durch den
Zögling. Es sollen gewisse Fertigkeiten und Einstellungen vermittelt werden.
"Jemand hat eine Disposition E gelernt, wenn er in konkreten Situationen immer
wieder die betreffenden Handlungen richtig ausführt." (KÖNIG 1978, 3, 32) Erziehungsziele sind nach E. KÖNIG Dispositionsziele. Unter der Vielzahl der
möglichen Dispositionsziele lassen sich oberste Dispositionsziele bestimmen:

"(1) Jeder soll diejenigen Dispositionen erwerben, die gerechtfertigte Mittel zur Lebenssiche
    rung sind,
(2) jeder soll die Dispositionen für (möglichst) intersubjektive Kommunikation erwerben,
(3) die zum Erwerb gerechtfertigter Dispositionen verfügbaren Mittel sollen intersubjektiv
    verteilt werden!" (KÖNIG 1978, 3, 37)

Sind die beiden ersten Leitziele der Erziehung an den Meta-Normen orientiert,
will das dritte Erziehungsziel die Idee der Chancengleichheit artikulieren, durch
die die Verteilung der Mittel unter dem Gesichtspunkt der gleichen Rechte erfolgen soll. Die Rechtfertigung dieser obersten Erziehungsziele in Hinsicht auf die
Erziehungspraxis erfolgt wiederum in praktischen Diskursen.

Eine weitere Aufgabe der Erziehungswissenschaft liegt in der Festlegung der 'einheimischen' Begriffe. Gerade in Hinsicht auf die Wichtigkeit der praktischen Diskurse für die Rechtfertigung normierten Handelns muß eine Eindeutigkeit in der Verwendung erziehungswissenschaftlicher Termini gefordert werden. Auftretende Mißverständnisse beim Gebrauch von Begriffen können gemäß dem Zeichencharakter der Sprache (Semiotik) nach E. KÖNIG in zwei Bereichen liegen: in der Semantik, d. h. der Beziehung der Zeichen zu den durch sie erfaßten Objektbereichen, oder in der Syntax, d. h. der Beziehung der Zeichen untereinander.

Um Mißverständnisse auf der terminologischen Ebene zu beseitigen, werden im Normalfall bestimmte Ausdrücke definiert. Das Definitionsverfahren aber erscheint nur dann sinnvoll, wenn es eine gesicherte Terminologie gibt, durch die ein unklarer Ausdruck erfaßt werden kann. Dies trifft für die Erziehungswissenschaft nicht immer zu. Daher übernimmt E. KÖNIG den Vorschlag von W. KAMLAH und P. LORENZEN Beispiele zur Erläuterung heranzuziehen und so einen Begriff zu konkretisieren. Diese exemplarische Methode kann dann in einem weiteren Schritt zur Präzisierung eines Prädikators führen und seine Verwendung regeln. Wichtig dabei erscheint die Verdeutlichung dessen, was durch den Gesprächspartner gemeint ist, wenn er einen bestimmten Terminus verwendet.

Als eine weitere Möglichkeit der Präzisierung von verwendeten Ausdrücken führt E. KÖNIG die Operationalisierung an. In operationalen Definitionen sollen die in Dispositionszielen verwendeten Dispositionsprädikatoren so bestimmt werden, daß sie Überprüfungsverfahren und Überprüfungsresultate enthalten. Er führt hier folgendes allgemeines Beispiel an:

"Wenn ein Überprüfungsverfahren R bei der Überprüfung eines Gegenstandes x zu dem Überprüfungsresultat S führt, soll dem Gegenstand x der Dispositionsprädikator P zukommen!" (KÖNIG 1978, 3, 68)

Die Festlegung der Überprüfungsverfahren muß dabei dem Objektbereich angemessen sein. Dies wird für alle Ziele gefordert. Die Prüfverfahren reichen über Tests, Fragebogen bis zu Beobachtungsverfahren.

"Die Forderung nach Operationalisierung darf also weder die Art des Überprüfungsverfahrens von vornherein festlegen, noch kann sie sinnvollerweise bereits die Schritte (Teilziele usw.) zur Erreichung des operationalisierten Lehrziels aufgeben." (KÖNIG 1978, 3, 72)

Neben den verschiedenen Klärungsmöglichkeiten der verwendeten Termini (Definition, exemplarische Erläuterung und Operationalisierung) geht es in der Erziehungswissenschaft auch um die Methode der vernünftigen Rechtfertigung der verwendeten Ausdrücke. E. KÖNIG will dies am Grundbegriff der Erziehung aufweisen. Es kommt für ihn darauf an, zu zeigen, daß die Frage nach dem 'was' Erziehung sei, nicht mit einer Antwort in deskriptiver Form formuliert werden kann, sondern nur unter normativem Aspekt zu betrachten sei, wobei die Normen angegeben werden müssen, unter denen man einer bestimmten Verwendung den Vorzug gibt. In praktischen Diskursen muß geklärt werden, welche Ziele bei der Auswahl einer terminologischen Bedeutung verwendet werden und wie sie zu rechtfertigen sind.

Das semantische Problem zur Bestimmung des Erziehungsbegriffs artikuliert sich nach dem Ziel der Normierung des Erziehungsbegriffs und seiner Zweckmäßigkeit zur Erreichung bestimmter Ziele. Demnach soll die Frage 'Was ist Erziehung?' aufgegeben werden und an ihrer Stelle gefragt werden 'was gerechtfertigterweise unter Erziehung zu verstehen sei'.

Bei der Begründung und Rechtfertigung von Normen für die Handlungen des Erziehers muß aber nicht nur die Zielproblematik als Aufgabenfeld der Erziehungswissenschaft gesehen werden, sondern auch ihr deskriptiver Aspekt. Es geht dabei um die Erfassung der Wirklichkeit durch deskriptive Aussagen, und dies führt zur Einbeziehung der empirischen Erziehungswissenschaft. Dabei muß für die Handlungen das Problem der Generalisierbarkeit empirischer Untersuchungen artikuliert werden. Vermag die Erziehungswissenschaft allgemeine Satzsysteme über Erziehungshandlungen aufzustellen und so situationsinvariante Ursache-Wirkungs-Beziehungen zu bestimmen?

"Auch in einer empirischen Erziehungswissenschaft treten so gravierende wissenschaftstheoretische Probleme auf, daß es fraglich erscheint, ob sich überhaupt hinreichend gesicherte generelle Aussagen in der Erziehungswissenschaft aufstellen lassen, auf deren Basis (...) dann rationales Handeln in der Erziehungspraxis möglich wäre." (KÖNIG 1978, 3, 116)

Das methodische Vorgehen des kritischen Rationalismus wird für erziehungswissenschaftliche Probleme als unzureichend bezeichnet, denn in der Erziehungswissenschaft "werden nicht einfachhin generelle Aussagen in der konkreten Situation angewandt, sondern man hat offenbar zwei Bereiche wissenschaftlicher Praxis zu unterscheiden:

„Die von der konkreten Entscheidungssituation getrennte Erforschung von möglichen bzw. wahrscheinlichen Folgen verschiedener Handlungen bzw. Sachverhalte (Rahmentheorie) und die erst in dieser Situation durchzuführenden 'wissenschaftlichen' Untersuchungen etwa über besondere Einstellungen eines Schülers." (Individualtheorie) (KÖNIG 1978, 3, 127)

2.7.3 Rahmentheorie und Individualtheorie

Um die Reichweite wissenschaftlicher Sätze deutlich zu machen, unterscheidet E. KÖNIG zwischen der Rahmentheorie und der Individualtheorie. Das unterscheidende Merkmal liegt in der Situationsabhängigkeit der Individualtheorie und den situationsübergreifenden Aussagen der Rahmentheorie. Zu den Rahmentheorien zählt E. KÖNIG die meisten der empirischen Untersuchungen, die bisher erhoben wurden. In der Rahmentheorie geht es in erster Linie um generelle Aussagen, die Forschungsergebnisse erfassen, die in verschiedenen Situationen Geltung beanspruchen und sich insofern bewähren müssen, als aus ihnen zuverlässige Prognosen erstellt werden können. Dies geschieht durch mehrere Stichproben, die in verschiedenen Situationen durchgeführt werden müssen, um sie in situationsübergreifenden Aussagen zu artikulieren. Dabei soll den Felduntersuchungen vor den Laboratoriumsexperimenten der Vorrang eingeräumt werden. Die Rahmentheorie in ihrem allgemeinen Aussagensystem unterscheidet sich von allgemeingültigen Gesetzen darin, daß sie keine Raum-Zeit-Unabhängigkeit voraussetzt, sondern immer nur in Abhängigkeit von soziokulturellen Bedingungen und Normen ihre Geltung beanspruchen kann.

Neben den generellen Aussagen, aus denen Prognosen ableitbar sind, gibt es in den Rahmentheorien auch partikuläre Aussagen von der Form "in einigen Situationen gilt das und das" (KÖNIG 1978, 3, 131).

Rahmentheorie
verbindet allgemeine und besondere Aussagen über Handlungsmöglichkeiten in verschiedenen Situationen zur Anwendung im Praxisfeld.

Diese partikulären Aussagen schränken den Geltungsbereich auf bestimmte Typen von Situationen, Handlungen und Menschen ein und begrenzen damit auch die weitere Verwertbarkeit der erhobenen Erkenntnisse. E. KÖNIG schlägt hier zur Taxierung der Reichweite partikulärer Aussagen eine Ordinalskala vor, in der den Ergebnissen empirischer Untersuchungen bestimmte Wahrscheinlichkeitswerte zugeordnet werden können, und möchte damit für ihre Anwendung in der Praxis eine Orientierungshilfe für den Praktiker liefern.

"Eine empirische Rahmentheorie der Erziehungswissenschaft sollte den Praktiker zunächst über mögliche Mittel bzw. mögliche Folgen verschiedener Maßnahmen bzw. Situationen informieren. Und sie sollte darüber hinaus Hinweise darauf enthalten, wie häufig im allgemeinen mit den betreffenden Folgen zu rechnen ist." (KÖNIG 1978, 3, 134f.)

Die Individualtheorien schließen sich eng an das Handlungsfeld des Praktikers an. Es geht hier vor allem um die Erfassung einer konkreten Handlungssituation. Der Praktiker als Erzieher, der mit den *Educanden* in einer gemeinsamen Situation steht, muß Entscheidungen treffen, die situationsgerecht sind. Dabei steht er in seiner Entscheidung unter Zeitdruck. Die Schwierigkeit besteht in der Bereitstellung wissenschaftlicher Entscheidungshilfen als Prüfverfahren, wobei die pädagogische Einschätzung des Schülers eine besondere Rolle spielt.

Individualtheorie
beabsichtigt wissenschaftliche und praktikable Methoden für das situative Handeln des Erziehers in der Berufspraxis zu vermitteln.

Dazu benötigt der Praktiker diagnostische Verfahren. Den Ausgangspunkt bilden die Beobachtungen, die z. B. der Lehrer in der Unterrichtssituation von seinen Schülern macht. Dazu darf der Lehrer nicht allein auf sich gestellt sein und unsystematischen Beobachtungen ausgeliefert sein, vielmehr hat die Erziehungswissenschaft die Aufgabe, ihm praktikable Beobachtungsverfahren an die Hand zu geben, die ihm über eine naive Beobachtung hinaus eine differenziertere Diagnostik seiner Schüler ermöglichen. Dabei kommt es immer darauf an, wie leicht oder wie schwer solche Verfahren im Berufsalltag einsetzbar sind und wie weit sich der Lehrer auf ihre Ergebnisse verlassen kann. Ob er mit Hilfe des Soziogramms eine Analyse der Gruppenstruktur erstellt oder durch Interaktionsanalyse Gruppenprozesse beobachtet - immer wird die Auswahl der vorhandenen Beobachtungsmethoden nur dann für den Praktiker von Gewinn sein, wenn er die Stringenz ihrer Aussagen mit berücksichtigt. Im Rahmen der pädagogischen Diagnostik müssen auch die Entstehungsursachen für gewisse, am Schüler beobachtbare, Phänomene mit einbezogen werden, soweit sie handlungsrelevant sind. In die Diskussion um die Individualtheorien bezieht E. KÖNIG die Hermeneutik mit ein als das Verstehen von Handlungen im Hinblick auf die in ihr intendierten Ziele. Diese können offenkundig oder verdeckt sein; die Hermeneutik hat die Aufgabe, sie aus den Handlungen durch Interpretation zu erschließen. Im Umkreis von Individualtheorien bekommt die Methode des Verstehens die Möglichkeit eingeräumt, bloße Vermutungen über die Zielrelevanz von Handlungen in die praktischen Diskurse mit einzubringen, und diese sollen aus den Handlungen erschlossen werden. Eine andere Anwendung der hermeneutischen Methode gibt es nach E. KÖNIG in der Erziehungswissenschaft nicht. Daher sind hermeneutisch gewonnene Sätze für ihn auch nur ein Sonderfall von empirisch überprüfbaren Sätzen.

Zusammenfassung

Die Erziehungswissenschaft als normative und deskriptive Disziplin orientiert sich an den obersten wissenschaftlichen Normen der Intersubjektivität und der Lebenssicherung.

In praktischen Diskursen wird die Begründung und Rechtfertigung handlungsleitender Normen für die Erziehungspraxis diskutiert und es werden Entscheidungshilfen für den Praktiker vermittelt. Die Argumentation enthält sowohl einen deskriptiven als auch einen normativen Teil und nimmt ihre Ausrichtung an den Meta-Normen der Wissenschaft. Die Erziehungswissenschaft bestimmt in normativer Weise ihren Objektbereich als Zweck-Mittel-Verhältnis und interessiert sich für die Handlungsziele (Erziehungs- und Lehrziele) und die Normierung erziehungswissenschaftlicher Grundbegriffe.

Die deskriptiven Aussagensysteme orientieren sich an den Untersuchungen und Ergebnissen einer empirisch ausgerichteten Erziehungswissenschaft. Die handlungsleitende Gewinnung von Einsichten für die Erziehungspraxis erfolgt nicht nomothetisch sondern mit Hilfe von Rahmen- und Individualtheorien.

Die Rahmentheorien beinhalten generelle und partikuläre Aussagen und übergreifen einzelne Situationen, während die Individualtheorien Entscheidungshilfen für gegebene konkrete Situationshandlungen geben sollen.

2.8 Der radikale Konstruktivismus und seine Rezeption in pädagogischen Fragestellungen

Das folgende Kapitel informiert Sie über:
- Piagets Ansatz eines dialektischen Konstruktivismus
- Erziehung als Anpassungprozess an die Gesellschaft
- Reflexion als Grundlage einer Erziehungswissenschaft
- Unterricht als Lehren und Lernen in autopoetischen Systemen

Die Vertreter des radikalen Konstruktivismus beziehen sich immer wieder auf das Schrifttum des Genfer Psychologen J. PIAGET. Seine Handlungstheorie als Grundlage seiner Arbeiten trägt konstruktivistische Züge und er selbst bezeichnet seine Position in den letzten Publikationen als 'dialektischen Konstruktivismus' (PIAGET 1974, 68). Sein Einfluß auf die Pädagogik war schon zu seinen Lebzeiten sehr intensiv. Sein Verständnis von Erziehung im Zusammenhang mit seiner Handlungstheorie markiert den Weg, den eine so verstandene konstruktivistische Pädagogik gehen muß.

Eine Rezeption des radikalen Konstruktivismus in den pädagogischen Bereich hat vor allem einerseits eine grundlegende theoretische Bedeutung, andererseits bewegt sie sich an jenen Schnittstellen, wo es um das Verständnis von Lehren und Lernen oder um die Entwicklung und die Erziehung geht, vor allem aber um die Möglichkeit der Erziehung, soweit sie sich als ein intersubjektiver Prozeß versteht. Die erstere Position wird hier mit den marginalen Ausführungen von D. LENZEN belegt, die andere Sichtweise kommt aus dem Lager jener Konstruktivisten, denen es um eine Vermittlung von Inhalten eines Schulfaches (Physik) geht und ein Interesse voraussetzt, das diesen Prozeß der Vermittlung aus der Sicht des Konstruktivismus verständlich macht. Dies kann hier nur exemplarisch aufgewiesen werden.

2.8.1. J. PIAGET's Handlungstheorie als Grundlage seines Verständnisses menschlicher Entwicklung

Die fundierende Theorie J. PIAGETs, die sich durch alle Forschungsarbeiten der GENFER SCHULE durchzieht, ist seine Handlungstheorie. Als Handlung versteht er jene Prozesse, die sich zwischen einem Organismus und einer Umwelt ereignen und diese miteinander verbinden. Damit ein lebender Organismus in seiner Umwelt überleben kann, braucht er eine doppelte Anpassung an seine Umwelt: Einerseits die Anpassung des Organismus an die Umwelt, d. i. die Akkomodation und die Anpassung der Umwelt an den Organismus, d. i. die Assimilation. So wird diese Handlungstheorie von gegenläufigen Prozessen bestimmt, die gleichzeitig oder auch sukkzessive stattfinden können, je nachdem, auf welchem Pol - Lebewesen oder Umweltbedingungen - sich mehr das Ungleichgewicht zeigt. Das in diesen Prozessen liegende Ziel ist das Fließgleichgewicht oder die Äquilibration, die diese antagonistischen Kräfte im Gleichgewicht hält und sie damit bindet. Dieses Handlungsmodell wurde die Folie für das Verständnis von Entwicklung und damit auch des menschlichen Lebenslaufes. Prozesse der Entwicklung werden immer dann initiiert, wenn das Gleichgewicht in ein Ungleichgewicht der Kräfte umschlägt. So beginnt nach J. PIAGET die Entwicklung der Intelligenz beim Kinde mit dem sensomotorischen Stadium. Die Bewegung, die Bewegungskoordination sowie die Ausbildung der Grob- zur Feinmotorik bildet nicht nur ein Stadium des allzu beliebigen Reifens, sondern sie werden durch die Übungen und Aktivitäten des Kindes mitbestimmt. Gleichzeitig aber betont J. PIAGET, daß die Intelligenz des Menschen, der er sich in seinen Untersuchungen besonders intensiv widmet, von diesen Prozessen wesentlich mitbestimmt wird. In ähnlicher Weise sieht er auch die Bedeutung der Sinne für den Aufbau der Intelligenz sowie die Koordination der Sinne untereinander und auch mit der Motorik. In diesen Entwicklungsstadien dominiert die Handlung und führt dann zu der Phase, in der es die ersten Operationen als verinnerlichte Handlungen gibt. Die beiden Hauptphasen bilden ab dem 7. Lebensjahr dann das Stadium der konkreten Operationen, die schließlich von den formalen Operationen überhöhend abgelöst werden. Damit versucht J. PIAGET die Grundeinsichten in die kindliche Entwicklung der Intelligenz aufzuweisen: Von der Sensomotorik zu den formalen Operationen - immer ausgerichtet am Modell der Handlung. Das Kind sieht er als ein "aktives Wesen, dessen Tätigkeit durch das Wirken von Interessen oder Bedürfnissen bestimmt, nur dann ihren vollen Ertrag liefern kann, wenn man auf die autonomen Motivationen dieser Aktivität eingeht" (PIAGET 1978, 126). Durch die Wiederholung der Handlungen und Operationen entstehen im Menschen Schemata und Strukturen, die die Orientierung in der Lebenswelt des Individuums erleichtern. Die Schemata höherer Ordnung bezeichnet J. PIAGET als kognitive Strukturen.

Diese Genese der menschlichen Erkenntnis bleibt das Anliegen seiner Forschungsarbeit und die Rolle der Erziehung konzipiert er unter der Voraussetzung dieser Theorie des Handelns.

2.8.2. Die Konsequenzen für eine Erziehungstheorie

Unter Erziehung versteht J. PIAGET die Anpassung des Individuums an das es umgebende Milieu (PIAGET 1978, 125). Diese kurze und lapidare Feststellung bekommt erst ihre komplexe Bedeutung auf dem Hintergrund seiner Handlungstheorie, die in sich die dialektischen Prozesse umschließt. Er verzichtet kraft der Konzeption seiner Handlungstheorie nicht auf die dialektische Sichtweise dieser Theorie, noch auf die Beziehung von Subjekt und Objekt, die für ihn und seinen Ansatz konstitutiv für sein Verständnis von Wissenschaft ist. Darin unterscheidet er sich sicherlich von den radikalen Konstruktivisten. Erziehung als Anpassung bedeutet Akkomodation, Assimilation und Äquilibration unter Berücksichtigung der Spontaneität des Kindes. Er unterscheidet zwischen dem funktionellen Aspekt des Kindseins, der das Kind mit dem Erwachsenen verbindet und keinen Unterschied zuläßt. So gibt es zwischen der Spontaneität des Erwachsenen und des Kindes eben keinen Unterschied. Beide besitzen diese in derselben Weise. Wenn es aber um den Aufbau von Schemata und Struturen geht, sieht man den Unterschied zu den Erwachsenen deutlich. So liegt dann die Aufgabe der Erziehung in der Berücksichtigung des strukturellen Aspekts, in dem sich die Entwicklung des Kindes zum Erwachsenen vollzieht. Erziehung verbindet sich mit Strukturgenese, die unter einem doppelten Aspekt zu verstehen ist: "Jede Entwicklung geht von einer Struktur aus und mündet in eine Struktur" (PIAGET 1978, 268) und schließlich besitzt "jede Struktur... eine Genese" (PIAGET 1978, 270).

In diesem Sinne kann er die "moderne genetische Psychologie" als "die Quelle der neuen Methoden" der Erziehung sehen (PIAGET 1978, 120). Die Erziehung muß aber dabei die Einsichten der Entwicklungstheorie immer berücksichtigen. Die in der ersten Phase sich vollziehenden Prozesse vom Egozentrismus des Kindes bis zur Dezentrierung (PIAGET 1978, 145) sowie die Bedeutung der Sensomotorik für die Entwicklung der menschlichen Intelligenz bilden die Grundlage für die weitere kognitive Entwicklung des Kindes. Die Entwicklung der Intelligenz beginnt mit der Sensomotorik.

„Auch in höher gearteten Äußerungen, wo sie immer noch dank den Mitteln des Denkens funktioniert, besteht die Intelligenz immer noch darin, Handlungen zu vollziehen und zu koordinieren, allerdings in einer verinnerlichten und überlegenen Form." (PIAGET 1978, 31)

2.8.3. Der Entwurf einer reflexiven Erziehungswissenschaft

Die Selbstreferenz in Systemen bildet eine der zentralen Aussagen des Konstruktivismus. Selbstreferenz kann beim Menschen Reflexion genannt werden und bezieht sich immer auf das, was schon vorhanden ist. Aus der Selbstreferenz entwickeln sich aber auch Möglichkeiten in die Zukunft hin, die als Handlungsentwürfe die Weiterentwicklung der Kognition leisten. In diesem Sinne versteht D. LENZEN die Erziehungswissenschaft als reflexive Disziplin (LENZEN 1994, 76), die es sich zur Aufgabe macht, die Mannigfaltigkeit pädagogischer Theorien aufzuarbeiten, sie aber nicht in Frage zu stellen.

"Reflexive Erziehungswissenschaft wäre deshalb eine auf die anderen Pädagogiken, wie auf die Erscheinungen von Erziehung rückbezügliche, sich im wörtlichen Sinn rückbeugende Befassung mit Erziehung und den ihr korrespondierenden Wissenschaftsfragmenten." (LENZEN 1994, 6)

In der Reflexion bezieht sich diese Erziehungswissenschaft nie auf irgendein pädagogisches Feld, sondern auf die Theorien, die sich als Pädagogik oder als Erziehungswissenschaft ausgeben. Hiermit wäre sie eine Metatheorie der Erziehung und könnte damit als Wissenschaftstheorie der Pädagogik bestimmt werden.

Für D. LENZEN gibt es drei Interessenbereiche, auf die sich die reflexive Erziehungswissenschaft bezieht:
Als ersten Bereich nennt er die Erziehung als Technologie, wie diese von Vertretern der empirisch-analytischen Richtung als Programm und Ziel vertreten wird. Hier soll die Kontingenz solcher Entwürfe einsichtig gemacht werden. Aber auch die Kritik der wissenschaftlichen Begleitung von Modellversuchen soll aufzeigen, daß an "ausgewählten Kindern eine ja wohl für besser gehaltene Form des Unterrichts oder der Betreuung" (LENZEN 1994, 77) angewandt wird und die daraus resultierende Schlußfolgerung für erzieherisches Handeln als gefährlich angesehen werden muß, weil sie etwas vorgaukelt, was es in der Wirklichkeit eben nur in Ausnahmefällen gibt.
Der zweite Bereich umfaßt die Systematische Pädagogik, die nach Mythen durchleuchtet werden soll, die in gegenwärtigen Systementwürfen zu finden seien. Diese Entmythisierung müßte eine reflexive Erziehungswissenschaft leisten, weil sonst nie deutlich wird, wieviele Mythen den Feststellungen zugrundeliegen. Die dritte Dimension kreist um die Frage, was denn in der Pädagogik zu tun sei. Es sei ein vernachlässigter Bereich, weil hier der Weg einer Aesthetik einge-

schlagen werden müßte, der von D. LENZEN mit dem Begriff der platonisch-sokratischen Teilhabe (*METHEXIS*) umschrieben wird.

"Der Mensch hat Teil an der Idee des Menschen, nicht dadurch, daß der Erzieher den Zögling zu einem Abbild der Idee macht, sondern er ist dieser Teil immer schon." (LENZEN 1994, 79)

In der Konsequenz bedeutet dies, daß durch die Erkenntnis dieser Teilhabe die Möglichkeit der Entwicklung auf der Basis einer *Autopoiese* zu bestimmen ist. Man könnte dies auch als die Selbstverwirklichung bezeichnen, weil die Realisierung in der Spontaneität des Menschen liegt. Ein Bezug zwischen Erzieher und Zögling muß dabei genauso negiert werden wie zwischen dem Subjekt und dem Objekt des Erkenntnisschemas. Autopoietische Systeme sind eben autonom und benötigen keine Hilfe von außen. Die einzige Möglichkeit dieser im System sich verwirklichenden Beeinflußung erreicht man durch die Gestaltung der Umgebung oder der Lebenswelt. Dies sprengt aber eigentlich die Abgeschlossenheit autopoietischer Systeme im Sinne von J. PIAGET auf.

„Vor diesem Hintergrund dürfte die Aufgabe von Erziehung weniger darin liegen, von den Menschen etwas Bestimmtes zu wollen, als vielmehr zuzulassen, daß sie, als selbstorganisierende Organismen gedacht, Autopoiese durch eine Teilhabe an der Fülle von Wirklichkeit vollziehen können, um so den Raum der Individualisierungsmöglichkeiten zu erweitern." (LENZEN 1994, 83)

Damit rückt die Pädagogik von jeglicher Einflußnahme ab und muß letztlich das sich selbstrealisierende System akzeptieren. Der Pädagoge muß dann den *Mäeutiker* spielen, der die Selbstorganisation durch die Bereitstellung des Umfeldes in seiner Weise beeinflußen kann, aber auch durch die Komplexität dieser Umwelt zu einer besseren Entwicklung beitragen kann. Dieses aber liegt dann schon für D. LENZEN im Bereich der Kunst, weil dies von der Wissenschaft her nicht mehr entschieden werden kann. Es kommt zu einer "Transgression von Wissenschaft in die Richtung der Kunst" (LENZEN 1994, 87), weil es jetzt dem Dichter, dem *Poietes,* anheimgestellt wird, was hier zu tun sei. Das herstellende Tun des *Poietes* kreist aber auch um das Erhabene. Das Erhabene freilich - von der Postmoderne wiederum akzentuiert - ist das Verborgene, das sich nicht darstellen läßt. Es verbindet sich hier noch mit dem Grausamen als der Bedrohung des Menschseins und hält dieses präsent, um den Menschen den Abgrund ihres Daseins zu zeigen und ihnen durch die Teilhabe am Grausamen die Bedrohung des Menschseins in seiner Humanität bewußt zu machen.

2.8.4 Lehren und Lernen als Unterricht aus der Sicht des radikalen Konstruktivismus

Danach verläuft jegliches menschliches Lernen als Prozeß im Bewußtsein durch Ausbildung von kognitiven Strukturen, die durch die *Autopoiese* sich ergeben. Diese Entwicklung des menschlichen Denkens kann zwar Anstöße von außen her empfangen, die Verarbeitung und die Ausgestaltung der Prozesse selbst obliegt aber dem einzelnen Subjekt. Daher kann auch das Lehren nicht einen direkten Einfluß auf das Lernen haben, weil es nicht über die Kenntnis verfügen kann, auf welchem Niveau gerade der kognitive Level des einzelnen Individuums sich befindet, um daraus auch die nötigen Anstöße zu einer Weiterentwicklung zu geben. Die Grenzen des Lernens und der Lernfähigkeit können hier kaum ausgemacht werden, sondern werden nur erfahren. Ob es sich dabei um die echten, d.h. wirklichen, unüberschreitbaren Grenzen handelt, muß einfach dahingestellt bleiben.

Am Beispiel des Physikunterrichts versuchen ST.v. AUFSCHNAITER, H. E. FISCHER und H. SCHWEDES zu zeigen, wie man sich diese Vermittlung in einem konkreten Fach vorstellen kann. Die Physik ist für die Autoren eine Disziplin, die durch kooperatives Handeln und konsensuelles Beschreiben hervorgegangen sei (AUFSCHNAITER u.a. 1992, 383). Der Physikunterricht in der Schule hat nun die Aufgabe, an jenen kognitiven Level anzuknüpfen, der sich bei den einzelnen Kindern zeigt, bzw. den man im Umgang mit ihnen ermitteln kann. Jede Instruktion in diesem Fach hat die Aufgabe, daran anzuknüpfen und das wird eben in einer Schulklasse verschieden sein. Wenn aber davon eine optimale Entwicklung physikalischen Verständnisses und Wissens abhängt, erscheint es notwendig diese Individualisierung des Lernens zu realisieren. Jeglicher Frontalunterricht erscheint unter diesen Prämissen als vergeblich. So wird sich der Lehrer die Fragen stellen müssen:

„1. Welche Lernumgebungen im Physikunterricht (...) bei Schülern Trial- und Errorprozesse auslösen 'können', die die Entwicklung des 'erwünschten' subjektiven Erfahrungsbereiches in Gang setzen,

2. wie sich die 'physikalischen' subjektiven Erfahrungsbereiche durch den Physikunterricht entwickeln und schließlich

3. wie läßt sich die Entwicklung eines subjektiven Erfahrungsbereiches beobachten, damit die beiden oben erwähnten Punkten möglich werden?" (AUFSCHNAITER u.a. 1992, 395)

Zusammenfassung

Die Grundlage der Entwicklungstheorie von J. PIAGET bildet seine Theorie der Handlung, die den Menschen immer schon mit seiner Umwelt verbindet. Handlung konstituiert sich aus den Prozessen der Assimiliation und Akkomodation, die als gegenläufige Prozesse ihren Ausgleich in der Äquilibration finden. Im Laufe der Entwicklung werden die Handlungen zu Operationen verinnerlicht und Schemata sowie Strukturen aufgebaut. Die Erziehungstheorie basiert auf dieser Grundlage und bevorzugt die Handlung als Ausdruck der optimalen Erziehungsprozesse, d.h. der Selbsttätigkeit. Die ganzheitliche Sicht verbindet die Intelligenz mit den sensomotorischen Prozessen.

Darauf kann dann eine reflexive Erziehungswissenschaft aufbauen, deren Intention die Akzeptanz der *Autopoiese* des Subjekts ist.

Dies konkretisiert sich im Unterricht, in dem das Lehren und Lernen eine besondere Ausrichtung am selbsttätigen Subjekt nehmen muß.

Aufgabe einer reflexiven Erziehungswissenschaft ist die Kritik der bestehenden Konzeptionen von Erziehungswissenschaft, die sich allzu leichtgläubig Technologien, Mythen und Alternativlösungen hingeben. Hingegen muß bewußt gemacht werden, daß unter ästhetischem Aspekt die platonische Teilhabe (*Methexis*) an den Ideen wieder zu berücksichtigen ist. Für den Unterricht bedeutet das die Differenzierung der Umgebung und die Einsicht in die Begrenzung jeglichen Lehrens im Frontalunterricht.

2. 9 Das Wissenschaftsverständnis der kritischen Erziehungswissenschaft

Das folgende Kapitel informiert Sie über
- *die Konzeption einer kritischen Erziehungswissenschaft,*
- *die Verbindung von Gesellschaft und Erziehung,*
- *den Konflikt in der Erziehung,*
- *die Integration der empirisch-analytischen und der geisteswissenschaftlichen Pädagogik in der kritischen Erziehungswissenschaft,*
- *die Erziehung als kommunikatives Handeln,*
- *die Beziehung zwischen Bildung und Emanzipation,*
- *die Sprache als Diskurs (herrschaftsfreie Kommunikation).*

Die Rezeption der kritischen Theorie der FRANKFURTER SCHULE in der Pädagogik führte zur wissenschaftstheoretischen Auseinandersetzung mit den bestehenden Positionen innerhalb der Pädagogik. Die kritische Erziehungswissenschaft setzt sich sowohl von der geisteswissenschaftlichen, der empirisch-analytischen, der phänomenologisch-deskriptiven und der transzendentalphilosophischen Erziehungswissenschaft ab. Je nachdem, ob sich die Vertreter dieser Richtung an den Ansatz M. HORKHEIMERs oder J. HABERMAS' anlehnen, entsteht eine kritische Distanz zur traditionellen Theorie oder zur Zuweisung der bisherigen Ansätze in bestimmte vorgezeichnete Grenzen. Es kommt noch hinzu, daß sich einige ehemalige Vertreter der geisteswissenschaftlichen Pädagogik der kritischen Theorie zuwandten und in ihr einen weiteren Ansatz sahen als den, den sie bisher vertreten hatten. Vor allem führt dies zur Kritik des Autonomieanspruchs der Pädagogik als Wissenschaft, wie ihn die GÖTTINGER SCHULE vor allem proklamierte, weil Autonomie Loslösung von den die Erziehungswirklichkeit tragenden gesellschaftlichen Bedingungen bedeutet. Die Ausrichtung am dialektischen Gesellschaftsbegriff und sein Einfluß auf die erzieherischen Phänomene bilden eine der Gemeinsamkeiten dieser Vertreter. Deshalb wird die Erziehungswissenschaft unter die Sozialwissenschaften eingeordnet, und die verschiedenen Einflüsse, die in die Erziehungswirklichkeit aus der Gesellschaft einfließen, werden herausgestellt und mitthematisiert. Jede Theorie der Erziehung, die Erziehung in einem gesellschaftlichen Schonraum ansiedelt und damit den für sie relevanten politischen Einfluß ausklammert, wird genauso kritisiert, wie die Ausklammerung des Konflikts aus der Erziehung. Als Ziel der Erziehung wird die Emanzipation des Menschen angestrebt, was immer darunter verstanden wird.

Der Entwurf einer Bildungstheorie, der von J. HABERMAS konzipiert wurde, wird von einigen Vertretern der kritischen Erziehungswissenschaft übernommen. Neben dem Konflikt, der Emanzipation, der Rationalität und der Handlung steht der Kommunikationsbegriff im Mittelpunkt des Interesses. Die Theorie des Diskurses bei J. HABERMAS bildet einen wichtigen Meilenstein in der Ausbildung dieser Position. Die Weiterführung in der Theorie des kommunikativen Handelns, wie sie J. HABERMAS in den letzten Jahren entwickelt hat, findet in diese Diskussion kaum Eingang. Die Grundorientierung kann an folgendem Zitat abgelesen werden:

„Kritische Wissenschaft (...) macht die steuernden Interessen der empirisch-analytischen und der historisch-hermeneutischen Disziplinen ebenso sichtbar, wie ihr eigenes Leitmotiv, an dem sie sich als ihrem Wahrheitskriterium orientiert; das emanzipatorische Interesse fordert sowohl empirisch-analytische Informationen (...) als auch historisch-hermeneutische Interpretationen - als Bedingungen der kommunikativen Emanzipation in der Gesellschaft - es fördert darum rationalere Erkenntnisse zutage als die beiden anderen Interessen." (LEMPERT, 1971, 323)

Die Grundbeziehung zwischen Subjekt und Objekt vermittelt sich dialektisch in dreifacher Weise in der Arbeit, in der Interaktion und in der Sprache. Es gibt keinen Dualismus von Subjekt und Objekt, daher auch keine Trennung in Subjektivismus und Objektivismus, denn jede Erkenntnis ist durch das Subjekt und die mit ihm verbundene Gesellschaft dialektisch vermittelt. Erziehung als kommunikatives Handeln auf materialistischer Grundlage vollzieht sich in Situationen, deren Kontext normativ durch die verschiedenen gesellschaftlich ökonomischen Komponenten geprägt ist.

Zentral bleibt die Thematisierung der Sprache für die Diskurse, die in einer idealen Kommunikationsgemeinschaft als kontrafaktischer Norm erzieherisches Handeln bestimmen. Dies zeigt die Konzeption des Dialogs bzw. des Diskurses bei J. HABERMAS, der bei vielen Vertretern in irgendeiner Weise mit berücksichtigt wird.

Methodisch gesehen beruft man sich auf Methodenvielfalt, wenn es gilt, Erziehung als kommunikatives Handeln zu erfassen. Die Einbeziehung der negativen Dialektik gilt als eine Überhöhung und Begründung aller Versuche, Wissenschaft allein auf der Basis der Logik zu begründen. Die Hermeneutik und die empirischen Methoden werden ausgewählt, zugelassen. Als die zentrale Methode wird die kritische oder transzendentale Hermeneutik in den Mittelpunkt gestellt.

Der systematische Zusammenhang zeigt sich in der Zentrierung um die Probleme der Gesellschaft und der Kommunikation.

Das Verhältnis von Allgemeinem und Besonderem erfährt die synthetische Vermittlung gemäß des HEGELschen existierenden Begriffs, in dem das Allgemeine und das Besondere in der sie umfassenden *Synthesis* des besonderen Allgemeinen aufbewahrt und aufgehoben sind.

Je nach der zentralen Fragestellung der einzelnen Vertreter wird die Pädagogik als kritische Erziehungswissenschaft auf materialistischer Basis allgemein angesprochen, oder es wird von einer emanzipatorischen Erziehungswissenschaft gesprochen, wenn der Begriff der Emanzipation als zentraler Inhalt der Pädagogik angesehen wird. Aber auch die Bezeichnung einer ideologiekritischen Erziehungswissenschaft findet Verwendung.

2.9.1   Erziehungswissenschaft als kritische Theorie

Den Ausgangspunkt bildet die gängige wissenschaftstheoretische Diskussion um die Erziehungswissenschaft als historisch-hermeneutische und empirisch-analytische Disziplin. Die 'neue' Sicht wird folgendermaßen entworfen:

"Jede erziehungswissenschaftliche Forschung verändert das 'Objekt' Erziehung, weil dieses 'Objekt' gar nicht außerhalb der Sinn-Intentionen einer Kommunikationsgemeinschaft existiert, die sich fortwährend über den 'Gegenstand' Erziehung neu verständigt." (MOLLENHAUER 1968, 15)

Damit wird das Verhältnis von Subjekt und Objekt als eine sich wechselseitig bedingende Beziehung erfaßt. Gleichzeitig wird der Objektbereich in seiner Beziehung zur Kommunikationsgemeinschaft bestimmt, d. h. er liegt nicht als Substrat vor, sondern wandelt sich mit dem Erkenntnisprozeß. In ihm konstituiert sich Wahrheit im Konsens der Kommunikationsgemeinschaft.

Die beiden Bedingungen, die die kritische Erziehungswissenschaft als wissenschaftliche Kriterien von den bisherigen Richtungen übernimmt, bestehen nach E. BLANKERTZ in der 'intersubjektiven Überprüfbarkeit' und dem Aufweis, daß es Probleme 'überempirischen Charakters' gibt (BLANKERTZ 1966, 71). Dies zeigt sich in der Intention einer Wissenschaft, der es um die Emanzipation des Menschen und die Aufhebung seiner Selbstentfremdung geht. Dieses Interesse bezieht sich nicht nur auf ein Subjekt oder ein Individuum, sondern ist zugleich und in erster Linie ein gesellschaftliches Anliegen. Damit wird ein Ziel gesetzt, das als Sollen alles pädagogische Handeln begleitet. "Eine so verstandene Theorie gewinnt die Maßstäbe der Kritik durch ihr Interesse an der Aufhebung von Verdinglichung und Selbstentfremdung des Menschen." (a. a. O., 74) Menschliche Selbstbestimmung schließt sich an die Rationalität als Vernünftigkeit an, wie sie I. KANT in seinem kategorischen Imperativ formulierte.

Damit sieht E. BLANKERTZ die Intentionen einer kritischen Pädagogik eher mit der normativen Pädagogik verbunden, wenn auch auf dem Boden einer kritischen Theorie, die ihre Ausrichtung an M. HORKHEIMER nimmt. Die empirischen oder erfahrungsgewinnenden Methoden kommen innerhalb dieses Rahmens in einem eingegrenzten Bereich zur Geltung, während die Hermeneutik durch die kritische Erziehungswissenschaft überhöht werden soll. Die normative Pädagogik des Neukantianismus innerhalb der Pädagogik hält als traditionelle Theorie die Antithese zur kritischen Theorie; deren Ziel wird bei HORKHEIMER als das Ziel "einer vernünftigen Gesellschaft, das heute freilich nur in der Phantasie aufgehoben scheint" (HORKHEIMER 1970, 63), aufgezeigt, das in jedem Menschen wirklich angelegt ist.

W. KLAFKI, der sich als geisteswissenschaftlicher Pädagoge der kritischen Erziehungswissenschaft zuwendet, übernimmt den J. HABERMAS'schen Ansatz. Für ihn bedeutet die kritische Theorie nicht eine Aufhebung der verschiedenen in der Pädagogik geltenden Richtungen, sondern eine Integration durch eine erweiterte Sicht. So schließen sich nach ihm die hermeneutischen und empirischen Methoden nicht aus, sondern beziehen sich wechselseitig aufeinander.

Man kann das Verhältnis als einen ständigen dynamischen Rückkoppelungsprozeß beschreiben: von hermeneutischer Entwicklung der Fragestellung und Hypothesen über die erfahrungswissenschaftliche Überprüfung dieser Hypothesen zur hermeneutischen Interpretation der so gewonnenen Ergebnisse und zur Herleitung neuer Hypothesen für neue empirische Untersuchungen (KLAFKI 1971, 374).

Die Aufgabe der kritischen Erziehungswissenschaft besteht in ihrer ideologiekritischen Funktion in Hinsicht auf beide Ansätze. Die kritische Theorie steht unter dem Programm einer Hermeneutik, die sich nicht mit der Hermeneutik der geisteswissenschaftlichen Pädagogik deckt, sondern als transzendentale Hermeneutik den Unterschied ausdrückt, der in der Diskussion zwischen J. HABERMAS und H.G. GADAMER zum Vorschein kam.

"Hermeneutik bleibt dann nicht auf die immanente oder historische Interpretation beschränkt, sondern wird darüber hinaus zu einer aus solchen Interpretationen heraus planenden und hypothetisch entwerfenden wissenschaftlichen Methode." (a. a. O., 384)

Die empirischen und hermeneutischen Methoden bekommen zusammen mit der Ideologiekritik denselben legitimen Platz in der Pädagogik als Wissenschaft. Erziehungswissenschaft als kritische Theorie intendiert nach W. KLAFKI eine Veränderung der Praxis mit der Ausrichtung auf die Demokratisierung und Emanzipation des Menschen als leitende Ziele.

"In diesem Erkenntnisinteresse [braucht] solange keine Beeinträchtigung der Objektivität der Forschung und der Theoriebildung zu liegen (...), wie man eben dieses eigene Interesse selbst reflektiert, also das Bewußtsein der eigenen Position selbst diskutierbar und kritisierbar macht." (a. a. O., 264)

Die Einbettung der Erziehung in den gesellschaftlichen Raum und damit in den politischen Prozeß setzt aber voraus, daß auf dem Boden der dialektischen Gesellschaftstheorie der FRANKFURTER SCHULE die Frage nach den Möglichkeiten und Realisierungschancen von Selbstbestimmung und Emanzipation gestellt werden muß.

W. LEMPERT, dem es in erster Linie um die Bildungsforschung geht, sieht Praxis und Theorie eng miteinander verbunden, weil im Subjekt-Objekt-Verhältnis ein gemeinsamer Konstitutionszusammenhang gegeben ist, der nicht nur die Erkenntnisse über Objekte, sondern zugleich die Erkenntnis des Erkennenden mit umfaßt. Die Gleichsetzung von Erziehungswissenschaft und Bildungsforschung setzt die wechselseitige Bestimmung und Beziehung von Erziehung und Bildung voraus. In Bildungsprozessen geht es um die Veränderung von Einstellung, Erziehung bemüht sich um intellektuelle Forschritte (LEMPERT 1971, 312).

Dies führt zu einem wechselseitigen Beeinflußungsprozeß beider Bereiche. Die Verknüpfung der Forschung als Erkenntnisprozeß mit den Interessen bildet die Voraussetzung für die Bildungsforschung, so daß diese mit thematisiert werden müssen. Die Basis, auf der nach W. LEMPERT allein Bildungsforscshung verstanden werden kann, bildet die Einbeziehung des emanzipatorischen Forschungsinteresses. Das Interesse als soziologische Kategorie bezieht sich auf 'situationsbedingte Verhaltensorientierungen' (a.a.O., 314).

In der Beziehung zwischen Erkenntnis und Interesse schließt W. LEMPERT sich an die Dreiteilung von J. HABERMAS an. Er bemüht sich, Kriterien für das emanzipatorische Erkenntnisinteresse zu finden, und sieht diese in der Erkenntis, der Ideologiekritik und der Selbstreflexion; das Erkenntnisinteresse ist dadurch bestimmt, daß es rationaler ist als die Interessen der empirisch-analytischen und historisch-hermeneutischen Wissenschaften, und das schlägt sich in der Argumentation der Aussagen der kritischen Wissenschaft nieder. Die Rationalität trägt auch dazu bei, daß darüber ein Konsens erreicht werden kann und mit dem Konsens eine Überprüfbarkeit gegeben ist.

"Bildungsprozesse in emanzipatorischer Absicht zu untersuchen bedeutet vor allem: die faktische pädagogische Verdrängung sozial unterdrückter Bedürfnisse ermitteln und kausal zu analysieren, die derart gewonnenen Gesetzesaussagen in den Verständnishorizont der Individuen, für die sie gelten, hineininterpretieren und den Einstellungswandel, den ihre Mitteilung bei diesen Individuen hervorruft, experimentell prüfen." (a. a. O., 328)

Diese Forschungsabsicht umreißt eine Konzeption, die als Bildungsforschung unter dem erkenntnisleitenden Interesse der Emanzipation steht und in Hinsicht auf den Beruf, der eng mit der Arbeit verbunden ist, als Lebensverhältnis das technische Interesse der empirisch-analytischen Wissenschaften bestimmt. Die Arbeit als Berufsarbeit sieht er von der Entfremdung des Menschen bestimmt.

Hier habe die Bildungsforschung einzusetzen. So artikuliert er die Frage nach der Verbindung von Sprache und Berufsrollenaneignung. Den Indikator bildet die sprachliche Sozialisation, die am Gebrauch als restringierter und elaborierter Code - Termini, die B. BERNSTEIN verwendet - feststellbar ist. W. LEMPERT unterscheidet einen analytischen Sprachgebrauch als Übernahme standardisierter Symbole und einen reflexiven Sprachgebrauch, der durch die Einbeziehung der Reflexion bereits einen distanzierteren, bewußteren Sprachgebrauch darstellt.

"Der analytische Sprachgebrauch gipfelt im geschlossenen Kalkül (...). Folglich versagt die Sprache als analytische Sprache auch vor dem Problem der Übersetzung, der Vermittlung zwischen mehreren sprachlichen Systemen. Dieses Unvermögen zeigt sich beispielsweise in manchen Diskussionen zwischen Vertretern verschiedener wissenschaftlicher Disziplinen: In dem Maße, in dem die Beteiligten im Horizont ihrer Fachterminologie argumentieren, reden sie aneinander vorbei. Nur der reflexive Sprachgebrauch überbrückt die Differenzen zwischen den verschiedenen Rollen und Motiven sowohl verschiedener als auch identischer Personen." (a. a. 0., 207)

Damit aber wird die Sprache als emanzipatorische Kraft für die berufliche Sozialisation entscheidend, denn eine rigide oder eine flexible Aneignung der Berufsrollen führt zu unterschiedlichen Sprachkompetenzen.
Eine etwas modifiziertere Auffassung der kritischen Theorie kommt bei K. MOLLENHAUER in seinen 'Theorien zum Erziehungsprozeß' zum tragen. Erziehung als kommunikatives Handeln fordert von der Erziehungswissenschaft nicht nur die Bedingungen dieses Handelns in Form eines aus dem Materialismus entlehnten Erklärungsmodells, sondern auch die Zuwendung zu diesen Kommunikationsprozessen selbst herauszuarbeiten.

Kommunikation
Kommunikation ist jene wechselseitige Beziehung (Interaktion) zwischen Menschen, in der Sinn übermittelt wird. Unter Kommunikation wird nicht nur die verbale, sondern auch die nonverbale Kommunikation verstanden. Für jede Kommunikation ist sowohl der Inhalts- als auch der Beziehungsaspekt konstitutiv.

"Die Frage nach der Vermittlung von pädagogischer Kommunikation und materiellem Substrat [muß] im Hinblick auf das Ganze der pädagogischen Vorgänge gestellt werden." (MOLLENHAUER 1972, 177)

Als das entscheidende Problem stellt sich die Frage, ob in allen Fällen der pädagogisch anzusprechenden Kommunikation

„sich ein Prinzip Geltung verschafft, von dem behauptet werden kann, daß es einerseits die Struktur der Interaktion organisiert, andererseits aber auch zurückgeführt werden kann auf die historische Gestalt einer Gesellschaft, deren materielles Substrat die bürgerlich-kapitalistische Produktionsweise und ihre Verkehrsformen sind" (a. a. O., 178).

Dieses Prinzip, das sowohl allgemein aufgefaßt werden kann, als auch in die einzelnen pädagogischen Handlungen hineinwirkt, findet in der Tauschabstraktion seinen Ausdruck. Der Tausch abstrahiert in bezug auf die austauschbare Ware vom Warencharakter und läßt sich auf die zwischenmenschlichen Beziehungen als Tauschhandlung übertragen. „Daß die Tauschhandlung abstrakt ist, bedeutet also, daß in ihr von den Merkmalen möglichen Gebrauchs von Waren abgesehen wird." (a. a. O., 181) In der Tauschhandlung geht es immer um Handlungen, die gegenseitig etwas Gleichwertiges gegen ein anderes Gleichwertiges einhandeln. Übertragen auf die zwischenmenschlichen Beziehungen bedeutet dies einen 'praktischen Solipsismus', wie K. MOLLENHAUER in Anlehnung an SOHN-RETHEL formuliert. Jeder verfolgt für sich seine Interessen im Sinne einer Privatheit als Egoismus. Der andere interessiert mich dann nicht mehr als Mensch, sondern als Mittel zum Zweck der Befriedigung meiner Bedürfnisse. Pädagogisches Handeln wäre aber dann monologisches Handeln, wenn solch ein Befund für eine Gesellschaft zutreffen sollte. Die Bewährung dieser Zentralthese zur Bestimmung materialistischer Erziehungswissenschaft müßte den Beweis für die Praxis in 'empirischen Operationen' (a. a. O., 182) bringen. Im Lichte einer transzendentalen Hermeneutik kann dann aufgezeigt werden, daß dieser praktische Solipsismus die Bedingung für die gestörte Kommunikation im Erziehungsprozeß ist. Das Vorkommen der gestörten Kommunikation wäre aber der Beweis für die Geltung dieses Prinzips im pädagogischen Handeln. Um aber gestörte Kommunikation im pädagogischen Feld aufzuzeigen, benötigt man die Psychoanalyse allerdings in der Umformung, wie sie LORENZER in seiner materialistischen Sozialisationstheorie als Vermittlung von Sozialisation und Subjektivität dargestellt hat.

„Hinter die Bedingungen der in der Interaktion sich darstellenden, in ihr erscheinenden Subjektivität kommen wir nur, wenn wir in dem entscheidenden Medium der Interaktion, den Symbolen, die Dimensionen ermitteln, in denen das Prinzip gesellschaftlicher Synthesis auch in die intimsten Interaktionen hineingerät." (a. a. O., 183 f.)

Das bedeutet für die Erziehungswissenschaft die Aufgabe einer Analyse der pädagogischen Beziehungen in doppelter Weise:

„Sie müßte auf der Ebene der Erscheinungen eine Phänomenologie derjenigen Beziehungen im pädagogischen Feld erstellen, für die hypothetisch unterstellt werden kann, daß sie der Tauschabstraktion unterworfen sind; dabei wären zunächst diejenigen Dimensionen pädagogischer Kommunikation auszumachen, in denen sich die Fruchtbarkeit jenes heuristischen Prinzips erweisen könnte. Sie müßte zweitens die ermittelten Formen der Kommunikation im Hinblick auf ihre Genese im Kontext von Produktion, Zirkulation und Konsumtion prüfen." (a. a. O., 186)

Ein Anpassungssystem der Erziehung, das auf den Warentausch zurückgeht, reduziert die Sprache zum Medium in Analogie zum Geld, das als Symbol des Warentausches fungiert. Der Zirkel, in dem sich unter diesen Voraussetzungen Erziehung befindet, ergibt sich aus der Anpassung an die bestehenden (Tausch-) Verhältnisse im 'Funktionskreis von Produktion, Zirkulation und Konsumtion' (a. a. O., 190). Die Befreiung aus diesem Zusammenhang vollbringt die Sprache als kritische Instanz, indem sie durch die Reflexion dieses Funktionssystem durchschaut und die Verdinglichung aufhebt. Diese Thesen waren als ein mögliches für die Erziehungswissenschaft erst zu realisierendes Programm gedacht. Es holt sich seine Anregungen aus der herangezogenen Literatur, kann aber seine Annahmen nicht beweisen. So bleibt es ein hypothetisches Konstrukt.

2.9.2 Bildung und Emanzipation

Bei J. HABERMAS verbindet sich der Bildungsprozeß eines Subjekts mit der Reflexion auf seine Lebensgeschichte. Die Selbstreflexion hat emanzipatorische Kraft,

„die das Subjekt in dem Maße, als es in seiner Entstehungsgeschichte transparent wird, an sich erfährt. Die Erfahrung der Reflexion artikuliert sich inhaltlich im Begriff des Bildungsprozesses, methodisch führt sie zu einem Standpunkt, von dem aus die Identität der Vernunft mit dem Willen zur Vernunft zwanglos sich ergibt. In der Selbstreflexion gelangt eine Erkenntnis um der Erkenntnis willen mit dem Interesse an Mündigkeit zur Deckung; denn der Vollzug der Reflexion weiß sich als Bewegung der Emanzipation" (HABERMAS, 1968, 244).

Dieser Weg der Selbstreflexion bezieht die FREUD'sche Psychoanalyse als Möglichkeit der Reflexion auf die eigene Lebensgeschichte mit ein, um die aus der primären Sozialisation herrührende Internalisation von Normen und Werten im frühkindlichen Stadium der eigenen Lebensgeschichte zu erheben und bewußt zu machen. So sind in der Lebensgeschichte aller Menschen die dialektisch vermittelten Sozialisationsprozesse von Indidividuum und Gesellschaft im Unbewußten miteinander verbunden. Emanzipation bedeutet die Überwindung aller, durch Herrschaftsverhältnisse gegebenen Fremdbestimmungen, um die Selbstbestimmung des Handelnden zu erreichen. Nicht die eigene Lebensgeschichte allein, sondern die in ihr mitthematisierten gesellschaftlichen Bedingungen sollen dabei bewußt gemacht werden und in der Selbstreflexion zur Aufhebung von gestörter Kommunikation und Entfremdung führen. Dadurch realisiert sich der Sinn für das menschliche Leben.

„Es handelt sich um einen Sinn, wie er sich durch kommunikatives Handeln bildet und als lebensgeschichtliche Erfahrung artikuliert: er konstituiert sich im Rahmen von Bildungsprozessen." (HABERMAS 1967, 188)

Bindet sich so der Bildungsprozeß an die Selbstreflexion und nimmt seinen Ausgang und seine Orientierung am Sozialisationsprozeß, in dem individuelle und gesellschaftliche Prozesse zusammenwirken, dann erscheint er in einem umfassenden Sinn erst durch die Bestimmung des Subjekts als besondere Allgemeinheit als existierender Begriff in Anlehnung an G.W.F. HEGEL. An die Stelle eines transzendentalen Subjekts, das in der Subjekt-Objekt-Beziehung der traditionellen Theorie Erkenntnis konstituiert, tritt „eine unter kulturellen Bedingungen sich reproduzierende, und d. h.: in einem Bildungsprozeß sich selber erst konstituierende Gattung" (HABERMAS 1968, 240). Der Lebenszusammenhang, auf dem jegliches Erkenntnisinteresse basiert, wird als Bildungsprozeß der Menschengattung verstanden.

„Eine Geschichte hat Anfang und Ende. Der Anfang kann nur anthropologisch aus den fortdauernden Bedingungen der Existenz vergesellschafteter Individuen als ein Anfang der Menschengattung rekonstruiert werden. Das Ende kann nur situationsgebunden aus der Erfahrung der Reflexion vorweggenommen werden. Deshalb behält der allgemeine Interpretationsrahmen, wie immer er durch vorgängige hermeneutische Erfahrungen gesättigt und wie sehr er in Einzelinterpretationen sich bewährt hat, ein hypothetisches Moment: die Wahrheit des historisch gerichteten Funktionalismus bestätigt sich nicht technisch, sondern allein praktisch in der gelingenden Fortsetzung und Vollendung eines Bildungsprozesses." (HABERMAS 1967, 194 f.)

Das Kriterium, ob ein Bildungsprozeß als gelungen oder mißlungen bezeichnet werden kann, zeigt sich im Kontext, d. h. aus der Analyse vorliegender Bildungsprozesse, in denen der Mensch die Welt erfährt und erkennt. Die Verbindung zwischen Bildung und Emanzipation liegt im Erkenntnisinteresse, und das Interesse der Pädagogik als Wissenschaft liegt in der Emanzipation des Menschen als des von und aus der Entfremdung befreiten Menschen.

Für K. MOLLENHAUER haben Erziehung und Bildung des Menschen ihren „Zweck in der Mündigkeit des Subjekts" (MOLLENHAUER 1968, 10). Daher muß das „erkenntnisleitende Interesse der Erziehungswissenschaft das Interesse an der Emanzipation" sein (ebenda). Emanzipation heißt aber Aufhebung der Verdinglichung und Selbstentfremdung des Menschen. Alle pädagogischen Ansätze, die den Menschen verdinglichen oder in Selbstentfremdung bringen, stehen im Widerspruch zu der hier konzipierten Auffassung von Pädagogik. Emanzipation bindet das menschliche Bewußtsein an Rationalität und bekommt so einen Maßstab, um Verdinglichungs- und Entfremdungserscheinungen in der Erziehung beurteilen zu können.

Darüber hinaus lassen sich verschiedene Bestimmungen von Emanzipation bei den Vertretern dieser Richtung finden. Die Schwierigkeit besteht in der Konkretisierung dessen, was Emanzipation für den je konkreten pädagogischen Akt bedeutet, d. h. wann ein solcher unter dem Prinzip der Emanzipation steht und wann nicht. Dadurch wird das Anliegen als solches verschleiert, das sich in seinen Grundintentionen mit allgemeinen Humanisierungsbestrebungen verknüpft, die immer zum Auftrag der Pädagogik gehört haben.

2.9.3 Sprache als Diskurs

Die Ausrichtung des Interesses an der Sprache im Zusammenhang mit der Gesellschaft führt zur Forderung nach herrschaftsfreier Kommunikation, und diese wird zuerst von J. HABERMAS als Dialog, in seinen späteren Schriften als Diskurs bezeichnet. Im Dialog als herrschaftsfreier Kommunikation sieht er die „komplementäre Vereinigung entgegengesetzter Subjekte, die wiederhergestellte Sittlichkeit" (HABERMAS 1968, 81), in der sich Logik und Lebenspraxis vermitteln. Erst dadurch wird der Mensch durch den Anderen als Mensch angenommen und anerkannt, indem sich die Herrschaft über den anderen in ein „Sicherkennen-im-Anderen" verändert. Im Dialog wird die intersubjektive Beziehung als Identifikation und Distanz als, symmetrische Kommunikation gesehen, wie sie sich im praktischen und im instrumentellen Handeln zeigt.

„Die Entstellung des dialogischen Verhältnisses steht unter der Kausalität abgespaltener Symbole und vergegenständlichter, d. h. der öffentlichen Kommunikation entzogener, nur mehr hinter dem Rücken der Subjekte geltender und so zugleich empirisch zwingender grammatischer Beziehungen." (HABERMAS 1968, 81),

Dieser Konzeption liegt die Konsensustheorie der Wahrheit zugrunde, d. h. die Wahrheit entsteht aus der Übereinstimmung der an einem Diskurs beteiligten Subjekte, wobei die Argumentation rational verlaufen muß und nicht einer Willkür ausgesetzt werden darf. Die Herstellung des Konsens aber gelingt durch Gespräch und Selbstreflexion. Der Diskurs umfaßt daher nur solche Gesprächssituationen, in denen über grundlegende Normen und Werte ein Konsensus herbeigeführt werden soll. Die Geltungsansprüche von Normen und Werten werden darin problematisiert, und somit die naiv vorausgesetzte „Geltung von Sinnzusammenhängen", wie sie im kommunikativen Handeln als eine Form der umgangssprachlichen Kommunikation vorherrscht, bewußt gemacht (HABERMAS 1971, 115). Doch dazu gehören die Kriterien, die bestimmen, unter welchen Bedingungen erst von Diskurs gesprochen werden kann und diese sieht er in der idealen Sprechsituation gegeben, die den wahren vom falschen Konsens unterscheidet.

„Ideal nennen wir im Hinblick auf die Unterscheidung des wahren vom falschen Konsensus eine Sprechsituation, in der die Kommunikation nicht nur nicht durch äußere kontingente Einwirkungen, sondern auch nicht durch Zwänge behindert ist, die aus der Struktur der Kommunikation selbst sich ergeben." (a.a. O., 137)

Zwangfreie Kommunikation ist herrschaftsfreie Kommunikation, und die Chancen zur Kommunikation müssen gleich verteilt sein. Die weiteren Bedingungen ergeben sich aus der Intentionalität und der Legitimität. Intentional einer Norm folgen, bedeutet absichtlich, bewußt folgen, und die Legitimität heißt Rechtfertigung, warum man einer Norm folgt. In der Erweiterung der Diskurstheorie spricht er in den späteren Schriften von verschiedenen Diskursen. Hier jedoch geht es um den praktischen Diskurs.
Die Übernahme dieses ersten Entwurfs einer Diskurstheorie von J. HABERMAS in die Erziehungswissenschaft durch K. MOLLENHAUER bestimmt die Diskursfähigkeit zum Ziel der Erziehung. Sie wird normierend für die im Erziehungsprozeß stattfindenden Kommunikationen. Die Hereinnahme des Diskurses in die Definition von Erziehung zeigt dies deutlich.

Diskurs
Diskurs bedeutet jene ideale Sprechsituation, in der herrschaftsfreie Kommunikation der Diskursteilnehmer über Sachverhalte hergestellt werden soll. Als Metakommunikation über die Kommunikation normiert der Diskurs (als kontrafaktisches Ideal) jede Kommunikation, indem er geltende Ansichten als eingespielte Kommunikationsmuster durch Selbstreflexion auf die Lebensgeschichte der Diskursteilnehmer in Frage stellt.

„Erziehung [kann] nur verstanden werden als ein kommunikatives Handeln, dessen Ziel darin liegt, eine Kommunikationsstruktur zu etablieren, die den Erwerb von Fähigkeiten zum Diskurs ermöglicht. Unter konkreten, die Realisierungschancen dieses Postulates historisch einschränkenden Bedingungen kann das nichts anderes heißen als: Erwerb von Fähigkeiten einer kritischen Beteiligung am 'praktischen Fortschritt', des Kampfes gegen Diskurs-einschränkende Bedingungen. Kein pädagogischer Akt kann unabhängig von diesem Legitimationskontext wahrhaft gerechtfertigt werden." (MOLLENHAUER 1972, 67f.)

Der Diskurs bestimmt damit auch die Formulierung von Erziehungszielen und Lernzielen kritisch mit, weil jedes Ziel daran gemessen werden kann, inwiefern es Handlungen begünstigt, die die Selbstbestimmung und Diskursfähigkeit des Menschen fördern oder hemmen. Die Verhinderung der Diskursfähigkeit führt zu Störungen in der Kommunikation. Die Feststellung von Kommunikationsstörungen in der erzieherischen Situation verweist auf die Analyse der „kognitiven Struktur, der Beziehungsdefinitionen, der Inhalte von Kommunikationen, sowie der symbolischen Kommunikationsmittel" (a.a. O., 81). Hier verwendet K. MOLLENHAUER die Unterscheidung, die in der Kommunikationstheorie von P. WATZLAWICK als inhaltlicher Aspekt und als Beziehungsaspekt gemacht wird und übernimmt von G.H. MEAD die Konzeption wechselseitigen Beziehung als symbolische Interaktion. Die Herausstellung der kognitiven Struktur orientiert sich an der Selbstreflexion. Eine Reflexion auf die Kommunikationsstrukturen im pädagogischen Feld problematisiert diese im Zusammenhang von Selbstverständlichkeiten und fungiert so als Metakommunikation. Die unproblematisierte Praxis, nennt er „Interaktion" als eine Ebene, über die er die andere Ebene als metakommunikative Ebene des Diskurses überhöhend aufstuft. „Eine relative Sicherheit in der Kommunikation muß vorausgesetzt werden, wenn Diskurs als reales Ereignis wahrscheinlich werden soll." (MOLLENHAUER 1972, 82)
Interaktion und Diskurs müssen mit den Bedingungsfaktoren des pädagogischen Feldes als Situationszusammenhang gesehen werden. Als solche fungieren die

Sozialwelt, die Objektwelt und die Welt der projektiven Gehalte. Die letzteren sind die das pädagogische Feld bedingenden Sinnzusammenhänge. Die Sozialwelt als Feld der sozialen Beziehungen oder Interaktionen basiert auf der Intersubjektivität, die Objektwelt auf der Welt der geordneten Sachverhalte und die Welt der projektiven Gehalte als Perspektivität auf der geschichtlichen Dimension, die immer schon jede Lebenswelt bedingt.

Zusammenfassung

Pädagogik ist eine Sozialwissenschaft und als diese eine Handlungswissenschaft. Sie nimmt ihren Ausgang von einem dialektischen Gesellschaftsbegriff, in dem und durch den der Einzelne mit dem Gesellschaftsganzen vermittelt ist. Pädagogik kann sich als Wissenschaft nicht gegen diesen Lebenszusammenhang abgrenzen, sondern muß diese Zusammenhänge in ihre Wissenschaftskonzeption mit aufnehmen. Dies geschieht durch die Einbeziehung des Erkenntnisinteresses in die Erkenntnis der Erziehungswirklichkeit. Das leitende Erkenntnisinteresse der Erziehungswissenschaft bildet das emanzipatorische Erkenntnisinteresse.

Die Subjekt-Objekt-Beziehung darf weder von einem Objektivismus noch von einem Subjektivismus her verstanden werden, sondern beide sind vermittelt durch den Begriff der Arbeit, der Interaktion und der Sprache. Diese Vermittlung schafft die enge Beziehung von Theorie und Praxis, von Wissenschaft und Lebenswelt. Diese Subjekt-Objekt-Beziehung umfaßt und überhöht die auf dem technischen und praktischen Interesse beruhenden Beziehungen der empirisch-analytischen und der historisch-hermeneutischen Wissenschaftskonzeptionen.

Die Anwendung von empirischen und hermeneutischen Methoden geschieht unter Rücksichtnahme auf ihre kritische Anwendung im Blickwinkel einer transzendentalen Hermeneutik, die den Ermöglichungsgrund für die Anwendung dieser Methoden bildet.

Im System integriert die Pädagogik als kritische Theorie die verschiedenen Erkenntnisse, ihre Ergebnisse und ihre Interessen kritisch-reflexiv durch die Herausstellung ihrer Lebensbezüge. Die Sprache als Diskurs basiert auf der Selbstreflexion. Der Diskurs als Metakommunikation ist das reflexive Medium herrschaftsfreier Kommunikation über Handlungsnormen, um im rationalen Konsens der Diskursteilnehmer Normen für das Handeln zu begründen.

Literatur (im Text verwendet)

Adorno, Th. W.(1962) Zur Logik der Sozialwissenschaft. In: KZfSS 14, 249-263.

Albert, H. ([2. A.]1967) Probleme der Wissenschaftslehre in der Sozialforschung. In: König, R. (Hrsg.) Handbuch der empir. Sozial-Forschung Bd. 1, Stuttgart.38-63

Albert, H. (Hrsg.) ([2. verb. A.]1972) Theorie und Realität, Tübingen.

Apel, K. O. (1967) Einführung: Der philosophische Hintergrund der Entstehung des Pragmatismus bei Charles Sanders Peirce. In: Peirce, Ch. S. Schriften I, Zur Entstehung des Pragmatismus, Frankfurt a. M., 13-154.

Apel, K. O. (1970 / 71) Wissenschaft als Emanzipation? In: Z. f. allg. Wiss.th. I / II.

Arendt, H. ([5. A.]1987) Vita activa oder vom tätigen Leben, München.

Aufschnaiter, St. v. / Fischer, H. E. / Schwedes, H. (1992) Kinder konstruieren Welten. Perspektiven einer konstruktivistischen Physikdidaktik. In: Schmidt, S. J.(Hrsg.) Kognition und Gesellschaft, Frankfurt, 380-424.

Beck, U. (1974) Objektivität und Normativität, Reinbek bei Hamburg.

Blankertz, H. (1966) Pädagogische Theorie und empirische Forschung. In: Heitger, M. (Hrsg.) Zur Bedeutung der Empirie für die Pädagogik als Wissenschaft. Neue Folge d. Erg. Hefte d. Vj. f. w. P. H. 5, Bochum. 65-78

Bollnow, O. F. (1965) Die anthropologische Betrachtungsweise in der Pädagogik, Essen.

Bollnow, O. F. (1966 a) Sprache und Erziehung, Stuttgart.

Bollnow, O. F. (1966 b) Krise und neuer Anfang, Heidelberg.

Bollnow, O. F. (1968 a) Existenzphilosophie und Pädagogik, Stuttgart.

Bollnow, O. F. (1968 b) Der Erfahrungsbegriff der Pädagogik. In: Z. f. P. 14. 221-252

Bollnow, O. F. (1969) Der Wissenschaftscharakter der Pädagogik. In: Bollnow, O. F., Erziehung in anthropologischer Sicht, Zürich.15-50

Brezinka, W. (1968) Von der Pädagogik zur Erziehungswissenschaft. In: Z. f. P. 14, 435-475.

Brezinka, W. (1974) Grundbegriffe der Erziehungswissenschaft, München-Basel.

Brezinka, W. ([3.verb.A.] 1975) Von der Pädagogik zur Erziehungswissenschaft, Weinheim.

Brezinka, W. ([4.vollst.bearb.A.] 1978) Metatheorie der Erziehung, München.

Bühler, K. ([2.A.]1965) Sprachtheorie, Stuttgart.

Dahmer, I. (1968) Theorie und Praxis. In: Dahmer, I. / Klafki, W. (Hrsg.) Geisteswissenschaftliche Pädagogik am Ausgang ihrer Epoche - E. Weniger Festschrift Weinheim - Basel 35-80

Carnap, R. (1958) Induktive Logik und Wahrscheinlichkeit, Wien.

Carnap, R. (2. A. 1961) Der logische Aufbau der Welt, Hamburg.

Carnap, R. (2. A. 1968) Logische Syntax der Sprache, Wien - New York.

Cohn, J. (1919) Vom Geist der Erziehung, Leipzig.

Derbolav, J. / Roth, H. (Hrsg.) (1959) Psychologie und Pädagogik, Heidelberg.

Derbolav, J. (1970) Frage und Anspruch, Wuppertal-Ratingen.

Derbolav, J. (1975) Pädagogik und Politik, Stuttgart.

Derbolav, J. (Hrsg.) (1976) Kritik und Metakritik der Praxeologie, Kastellaun.

Derbolav, J. (1984) Thesen zu einer praxeologischen Grundlegung der Pädagogik. In: P. Rdsch. 38, 503-509.

Derbolav, J. (1987) Grundriß einer Gesamtpädagogik, Frankfurt.

Diemer, A. (1964) Was heißt Wissenschaft? Meisenheim.

Diemer, A. (Hrsg.) (1970) Der Wissenschaftsbegriff, Meisenheim.

Dilthey, W. (4.A. 1964) Gesammelte Schriften, Bd. 1, Leipzig-Berlin.

Dilthey, W. (1962) Gesammelte Schriften, Bd. 5, Göttingen.

Dilthey, W. (2. A. 1965) Gesammelte Schriften, Bd. 6, Göttingen.

Dilthey, W. (1961) Gesammelte Schriften, Bd. 7, Göttingen.

Dilthey, W., Gesammelte Schriften. Bd.9 Göttingen.

Dolch, J. (1966) Der Erfahrungsbegriff der Erziehung - Versuch einer Explikation. In: Z. f. Päd. 12. 213 - 237

Feyerabend, P. (1965) Wissenschaftstheorie. In: Hdwb. d. Soz. wiss. Bd.12, Göttingen, 331-336.

Feyerabend, P. (1976) Wider den Methodenzwang, Frankfurt.

Feyerabend, P (1995) Zeitverschwendung, Frankfurt - München.

Fischer, A. (1950) Deskriptive Pädagogik. In: Fischer, A. Leben und Werk, Bd. 2, München. 137-154

Fischer, F. (1975) Darstellung der Bildungskategorien im System der Wissenschaften, Kastellaun.

Flach, W. (1970) Die wissenschaftstheoretische Einschätzung der Selbstbiographie bei Dilthey. In: Archiv f. Gesch.d.Philosophie 52, 172-186.

Foerster, H. v. (1987) Erkenntnistheorien und Selbstorganisation. In: Schmidt, S. J. (Hrsg.) Der Diskurs des radikalen Konstruktivismus, Frankfurt, 133-158.

Foerster, H .v. u. a. (2.A. 1995) Einführung in den Konstruktivismus, München - Zürich.

Gadamer, H. G. (1960) Wahrheit und Methode, Tübingen.

Glasersfeld, E. v.([2.A.]1995) Konstruktion der Wirklichkeit und des Begriffs der Objektivität. In: Ders u.a., Einführung in den Konstruktivismus, München, 9-40.

Götz, B. (1973) Erfahrung und Erziehung, Freiburg.

Groothoff, H. H. (1988) Wege und Umwege der neueren Theorie-Praxis Diskussion in der wissenschaftlichen Pädagogik. Zum Problem der Pädagogik als einer Theorie erzieherischer und unterrichtlicher Praxis. In: P. Rdsch. 42., 23-34.

Habermas, J. ([2.A.]1965) Analytische Wissenschaftstheorie und Dialektik. In: Topitsch, E. (Hrsg.) Logik der Sozialwissenschaften, Köln - Berlin, 291-314.

Habermas, J. (1967) Zur Logik der Sozialwissenschaften. In: Phil. Rdsch. Beiheft 5., Tübingen.

Habermas, J. (1968) Erkenntnis und Interesse, Frankfurt a. M.

Habermas, J. / Luhmann, N. (1971) Theorie der Gesellschaft oder Sozialtechnologie, Frankfurt a. M.

Habermas, J. ([3.A.]1974) Theorie ünd Praxis, Neuwied - Berlin.

Häberlin, U. (1975) Empirische Analyse und pädagogische Handlungsforschung. In: Z f P. 21, 653-676.

Heidegger, M. ([3.A.]1931) Sein und Zeit, Halle a. d. S.

Hejl, P. M. ([2.A.]1995) Konstruktion der sozialen Konstruktion. Grundlinien einer konstruktivistischen Sozialtheorie. In: Foerster, H. v. u. a., Einführung in den Konstruktivismus, München, 109-146.

Herzog, W. (1987) Wissenschaft und Wissenschaftstheorie. Versuch einer Neubestimmung ihres Verhältnisses am Beispiel der Pädagogik. In: Z. f. allg. Wiss.th. XVIII, 134-164.

Hönigswald, R. (1914) Über die Grundlagen der Pädagogik, München.

Hönigswald, R. ([2.umg.A.] 1925) Denkpsychologie, Leipzig - Berlin.

Hönigswald, R. (1966) Studien zur Theorie pädagogischer Grundbegriffe. Darmstadt.

Hönigswald, R. (1970) Philosophie und Sprache. Darmstadt.

Horkheimer, M. (1970) Traditionelle und kritische Theorie. Frankfurt a. M.

Husserl, E. (1929) Formale und transzendentale Logik, Halle a. d. S.

Husserl, E. ([2.A.]1958) Gesammelte Werke (Husserliana). Bd. 2., Den Haag.

Jörgensen, J. / Reichenbach, H. (1937 / 38) Imperativs and Logic. In: Erkenntnis 7.

Kamlah, W. / Lorenzen, P. (1976) Logische Propädeutik, Mannheim.

Kanning, F. (1953) Strukturwissenschaftliche Pädagogik, Heidelberg.

Kerschensteiner, G. (1926) Theorie der Bildung, Leipzig-Berlin.

Klafki, W. u. a. (1971) Erziehungswissenschaft 3 (Funk-Kolleg), Frankfurt.

König, E. (1975) Theorie der Erziehungswissenschaft Bd. 1 Wissenschafts-theoretische Richtungen der Pädagogik, München.

König, E. (1975) Theorie der Erziehungswissenschaft, Bd. 2 Normen und ihre Rechtfertigung, München.

König, E. (1978) Theorie der Erziehungswissenschaft, Bd. 3 Erziehungswissen-schaft als praktische Disziplin, München.

Koring; B. (1988) Professionalisierung der Erziehungswissenschaft? Untersu-chungen zur Permanenz des Theorie Praxis Problems. In: Z.f. ew. F. 22, 39-86.

Krohn, W. / Küppers, G. (Hrsg.) (1990) Selbstorganisation. Aspekte einer wis-senschaftlichen Revolution, Braunschweig.

Kraft, V. (1968) Der Wiener Kreis, Wien - New York.

Lauth, R. (1967) Von der Notwendigkeit einer transzendentalen Begründung der Pädagogik. In: Mühlherr, R. / Fischl, J. (Hrsg.) Gestalt und Wirklichkeit, Berlin, 305-316.

Lay, W. A. ([4.verb.A.]1920) Experimentelle Didaktik, Leipzig.

Lempert, W. (1971) Leistungsprinzip und Emanzipation, Frankfurt a. M.

Lenzen, D. (1984) Delegitimation durch Praxisorientierung. Zum Motivwandel praxisbezogener Studien in der erziehungswissenschaftlichen Ausbildung. In: P. Rdsch. 38, 47-59.

Lenzen, D. (1987) Mythos, Metapher und Simulation. Zu den Aussichten Syste-matischer Pädagogik in der Postmoderne. In: Z.f.P. 33, 41-60.

Lenzen, D. (1994) Reflexive Erziehungswissenschaft am Ausgang des postmo-dernen Jahrzehnts oder why should anybody be afraid of red,yellow and blue? In: Z.f.P Beiheft 29, 75-91.

Liebrucks, B. (1964) Sprache und Bewußtsein, Bd. 1 Einleitung. Spannweite des Problems, Frankfurt.

Liebrucks, B. (1966) Sprache und Bewußtsein, Bd. 3 Wege zum Bewußtsein, Frankfurt.

Litt, Th. (1918) Geschichte und Leben, Leipzig.

Litt, Th. (1921) Die Methodik des pädagogischen Denkens. In: Kantstudien 26, 17-51.

Litt, Th. ([3.A.]1926) Individuum und Gemeinschaft, Berlin.

Litt, Th. ([2.A.]1949) Einleitung in die Philosophie, Stuttgart.

Litt, Th. ([2.A.]1968) Mensch und Welt, Heidelberg.

Litt, Th. (1962) Freiheit und Lebensordnung, Heidelberg.

Litt, Th. ([7.A.] 1968) Führen und Wachsenlassen, Stuttgart.

Lochner, R. (1969) Zur Grundlegung einer selbständigen Erziehungswissenschaft. In: Nicolin F.(Hg.)Pädagogik als Wissenschaft.Darmstadt 404-426

Lochner, R. (1963) Deutsche Erziehungswissenschaft, Meisenheim .

Lochner, R. (1964) Deskriptive Pädagogik, Darmstadt.

Lorenzen, P. (1968) Methodisches Denken, Frankfurt a. M.

Lorenzen, P. (1974) Konstruktive Wissenschaftstheorie, Frankfurt a. M.

Lorenzen, P. (1987) Lehrbuch der konstruktiven Wissenschaftstheorie, Mannheim.

Marotzki, W. (1990) Entwurf einer strukturalen Bildungstheorie, Weinheim.

Maturana, H. / Varela, F. ([3.Aufl.] 1987) Der Baum der Erkenntnis, Hamburg.

Menze, C. (1966) Die Hinwendung der deutschen Pädagogik zu den Erfahrungswissenschaften vom Menschen. In: Heitger, M. (Hrsg.): Zur Bedeutung der Empirie für die Pädagogik als Wissenschaft. Neue Folge der Erg. Hefte z. Vj. f. wiss. Päd. Heft 5., Bochum. 26-52

Meumann, E. (1914) Abriß der experimentellen Pädagogik, Leipzig - Berlin.

Mill, J. St. (1868) System der deductiven und inductiven Logik. 2 Teile, Braunschweig.

Mollenhauer, K. (1968) Erziehung und Emanzipation, München.

Mollenhauer, K. (1972) Theorien zum Erziehungsprozeß, München.

Natorp, P. (1909) Philosophie und Pädagogik, Marburg.

Natorp, P. (1910) Die logischen Grundlagen der exakten Wissenschaften, Leipzig - Berlin.

Nohl, H. (1949) Pädagogik aus dreißig Jahren, Frankfurt a. M.

Nohl, H. ([5.A.] 1961) Die pädagogische Bewegung in Deutschland und ihre Theorie, Frankfurt a. M.

Nüse, R. ([2.A.] 1995) Über die Erfindungen des radikalen Konstruktivismus, Weinheim.

Oelkers, J. (1976) Die Vermittlung zwischen Theorie und Praxis in der Pädagogik, München.

Oelkers, J. (1984) Theorie und Praxis? In: N. Sammlg 24, 19-39.

Oevermann, U. u. a. (1979) Die Methodologie einer „objektiven Hermenutik" und ihre allgemeine forschungslogische Bedeutung in den Sozialwissenschaften. In: Soeffner, H. G. (Hrsg.) Interpretative Verfahren in den Sozial und Textwissenschaften, Stuttgart, 352-434.

Oevermann, U. (1983) Hermeneutische Sinnrekonstruktion: Als Therapie und Pädagogik mißverstanden, oder: Das notorische strukturtheoretische Defizit pädagogischer Wissenschaft. In: Garz, D. / Kraimer, K. (Hrsg.) Brau-

231

chen wir andere Forschungsmethoden? Beiträge zur Diskussion interpretativer Verfahren, Frankfurt, 113- 155.

Piaget, J. (1973) Einführung in die genetische Erkenntnistheorie, Frankfurt.

Piaget, J. (1974) Theorien und Methoden der modernen Erziehung, Frankfurt.

Petzelt, A. (1961) Grundlegung der Erziehung, Freiburg.

Petzelt, A. (2.erw.A. 1962) Von der Frage, Freiburg.

Pöggeler, O. (Hrsg.) (1972) Hermeneutische Philosophie, München.

Popper, K. R. (2.A. 1966) Logik der Forschung., Tübingen.

Popper, K. R. / Eccles, J. C. (1982) Das Ich und sein Gehirn. München - Zürich.

Popper, K. R. (4.A. 1984) Objektive Erkenntnis. Ein evolutionärer Entwurf, Hamburg.

Prondczynsky, A. v. (1993) Pädagogik und Poesis, Opladen.

Rickert, H. (2.n.bearb.A. 1913) Die Grenzen der naturwissenschaftlichen Begriffsbildung, Tübingen.

Rickert, H. (4.A. 1921) Kulturwissenschaft und Naturwissenschaft, Tübingen.

Rickert, H. (3.erw.A. 1915) Der Gegenstand der Erkenntnis, Tübingen.

Sayler, W. M. (1968) Das Verhältnis von Theorie und Praxis in der Pädagogik, München - Basel.

Schmied-Kowarzik, W. (1975) Dialektische Pädagogik. In: Ellwein, Th. u. a. (Hrsg.) Erziehungswissenschaftliches Handbuch, Bd. 4., Berlin. 89-145.

Schmied-Kowarzik, W (1970) Theorie und Praxis. In: Speck, J. / Wehle, G. (Hrsg.) Handbuch pädagogischer Grundbegriffe, Bd. II, 590-623.

Schmidt, J. S. (Hrsg.) (1987) Der Diskurs des radikalen Konstruktivismus, Frankfurt.

Schmidt, J. S. (Hrsg.) (1992) Kognition und Gesellschaft, Frankfurt.

Schmitz, H. (1980) Neue Phänomenologie, Bonn.

Schmitz, H. (1989) Leib und Gefühl. Materialien zu einer philosophischen Therapeutik, Paderborn.

Schmitz, H. (1994) Neue Grundlagen der Erkenntnistheorie, Bonn.

Schütz, A. (1971) Gesammelte Aufsätze I. Das Problem der sozialen Wirklichkeit, Den Haag.

Schulz, W. (1972) Philosophie in der veränderten Welt, Pfullingen.

Spranger, E. (8.A. 1950) Lebensformen, Tübingen.

Stegmüller, W. (1958) Art.: Wissenschaftstheorie. In: Diemer, A. (Hrsg.) Philosophie, Frankfurt a. M. 327-353

Stegmüller, W. (3.erw.A. 1965) Hauptströmungen der Gegenwartsphilosophie, Stuttgart.

Stegmüller, W. (1984) Evolutionäre Erkenntnistheorie, Realismus und Wissenschaftstheorie. In: Spaemann, R. u. a. (Hrsg.) Evolutionstheorie und menschliches Selbstverständnis, Weinheim, 5 - 34.

Trapp, E. Ch. (1930) Versuch der Pädagogik, Leipzig.

Watzlawick, P. u. a. (1969) Menschliche Kommunikation, Bern.

Watzlawick, P. ($^{2.A.}$ 1995) Wirklichkeitsanpassung oder angepaßte „Wirklichkeit"? Konstruktivismus und Psychotherapie. In: Foerster, H. v., u. a., Einführung in den Konstruktivismus, München, 89-108.

Weniger, E. (1953) Die Eigenständigkeit der Erziehung in Theorie und Praxis, Weinheim.

Winnefeld, F. (1970) Erziehungswissenschaft - Utopie oder Wirklichkeit? In: P. Rdsch. 24, 1-20, 77-89.

Wolzogen, Ch. v. (1985) Theorie - Praxis Vermittlung. Zur systematischen Stellung der Poiesis in der Spätphilosophie P. Natorps. In: Pleines, J. P. (Hrsg.) Kant und die Pädagogik, Würzburg, 117-123.

Weiterführende Literatur

1.1 Wissenschaftstheorie

Apel, K. O. (1973) Transformation der Philosophie, Band I, Sprachanalytik, Semiotik, Hermeneutik, Frankfurt a. M.

Apel, K. O. (1973) Transformation der Philosophie, Band II, Das Apriori der Kommunikationsgemeinschaft, Frankfurt a. M.

Apel, K. O. (1979) Die Erklären - Verstehen Kontroverse in transzendentalpragmatischer Sicht, Frankfurt a. M.

Bialas, V. (1990) Allgemeine Wissenschaftsgeschichte, Wien - Köln.

Bunge, M. (1983) Epistemologie. Aktuelle Fragen der Wissenschaftstheorie, Mannheim.

Chalmers, A. F. (1986) Wege der Wissenschaft. Einführung in die Wissenschaftstheorie, Berlin.

Clauss, F.-J. (1980) Synthetische Wissenschaftstheorie, Berlin.

Diemer, A. (Hrsg.) (1965) Beiträge zur Entwicklung der Wissenschaftstheorie, Mannheim.

Essler, W. K. (1970) Wissenschaftstheorie I. Definition und Reduktion, Freiburg.

Essler, W. K. (1971) Wissenschaftstheorie II. Theorie und Erfahrung, Freiburg.

Essler, W. K. (1973) Wissenschaftstheorie III. Wahrscheinlichkeit und Induktion, Freiburg.

Guntau, M. / Laitko, L. (Hrsg.) (1987) Der Ursprung der modernen Wissenschaften. Studien zur Entstehung wissenschaftlicher Disziplinen, Berlin.

Heintel, E. (²·ᴬ·1975) Einführung in die Sprachphilosophie, Darmstadt.

Holzkamp, K. (1968) Wissenschaft als Handlung. Versuch einer neuen Grundlegung der Wissenschaftstheorie, Berlin.

Hönigswald, R. (1912) Zur Wissenschaftstheorie und -systematik. In: Kantstudien 17. 28 -84.

Hoffmann, D. (Hrsg.) (1991) Bilanz der Paradigmendiskussion in der Erziehungswissenschaft, Weinheim.

Janich, P. (Hrsg.) (1981) Wissenschaftstheorie und Wissenschaftsforschung, München.

Kuhn, T. S. (1973) Die Struktur wissenschaftlicher Revolutionen, Frankfurt a. M.

Kuhn, T. S. (1977) Die Entstehung des Neuen. Studien zur Struktur der Wissenschaftsgeschichte, Frankfurt a. M.

Kutschera, F. (1972) Wissenschaftstheorie, 2 Bde, München.

Lange, H. (1973) Die transzendentale Logik als Grundform aller Wissenschaftslehre, nebst einigen Betrachtungen mathematischer und physikalischer Probleme sowie der existentiellen Zeit, Berlin

Leinfellner, W. (1965) Einführung in die Erkenntnis- und Wissenschaftstheorie, Mannheim.

Mittelstrass, J. (1988) Die Philosopohie der Wissenschaftstheorie. Über das Verhältnis von Wissenschaftstheorie, Wissenschaftsforschung und Wissenschaftsethik. In: Z.f.allg. Wiss.th XIX, 308-327.

Piaget, J. (1973) Erkenntnistheorie der Wissenschaften vom Menschen, Frankfurt a. M.

Radnitzky, G. / Andersson, G. (Hrsg.) (1980) Fortschritte und Rationalität der Wissenschaft, Tübingen.

Radnitzky, G. / Andersson, G. (Hrsg.) (1981) Voraussetzungen und Grenzen der Wissenschaft, Tübingen.

Rombach, H. (Hrsg.) (1974) Wissenschaftstheorie, Bd. 1, Probleme und Positionen der Wissenschaftstheorie, Freiburg - Basel - Wien.

Rombach, H. (Hrsg.) (1974) Wissenschaftstheorie, Bd. 2, Struktur und Methode der Wissenschaften, Freiburg - Basel - Wien.

Sandkühler, H. J. (1991) Die Wirklichkeit des Wissens. Geschichtliche Einführung in die Epistemologie und Theorie der Erkenntnis, Frankfurt a. M.

Schmidt - Biggemann, W. (1992) Sinn-Welten - Welten-Sinn. Eine philosophische Topik, Frankfurt a. M.

Schwarz, R. (1974) Interdisziplinarität der Wissenschaften als Problem und Aufgabe heute. In: Int. Jb. f. interdisz. Forsch., Bd. 1, Teil I, Berlin.

Speck, J., (Hrsg.) (1980) Handbuch wissenschaftstheoretischer Begriffe, Bd. 1-3, Göttingen.

Stegmüller, W. (1980) Neue Wege der Wissenschaftsphilosophie, Berlin.

Ströcker, E. (1973) Einführung in die Wissenschaftstheorie, Darmstadt.

Thiel, Ch. (1972) Grundlagenkrise und Grundlagenstreit, Meisenheim am Glan.

Thiel, M. (1958) Die Umstilisierung der Wissenschaft und die Krise der Welt, Heidelberg.

Topitsch, E. (Hrsg.) (1960) Probleme der Wissenschaftstheorie, Wien.

Toulmin, St. (1953) Einführung in die Philosophie der Wissenschaft, Göttingen.

Ulmer, K. (1966) Die Wissenschaften und die Wahrheit, Stuttgart.

Weingart, P. (Hrsg.) (1975) Wissenschaftsforschung, Frankfurt a. M.

Weingart, P. (1984) Anything goes - rien ne va plus. Der Bankrott der Wissenschaftstheorie. In: Kursbuch 78, 61-75.

1.2.1 Die phänomenologisch-hermeneutische Wissenschaftstheorie

Abel, G. (1993) Interpretationswelten, Frankfurt.

Aguirre, A. (1970) Genetische Phänomenologie und Reduktion. Zur Letztbegründung der Wissenschaft aus der radikalen Skepsis im Denken E. Husserls, Den Haag.

Apel, K. O. (1955) Das Verstehen. In: Arch. f. Begriffsgesch, Bd. I, Bonn.

Apel, K. O. u. a. (1971) Hermeneutik und Ideologiekritik, Frankfurt a. M.

Apel, K. O. (1965) Die Entfaltung der „sprachanalytischen" Philosophie und das Problem der „Geisteswissenschaften". In: Phil. Jahrb. 72, 239-289.

Boehm, R. (1968) Vom Gesichtspunkt der Phänomenologie, Den Haag.

Bollnow, O. F. (1936) Dilthey, Leipzig-Berlin.

Bubner, R. / Cramer, K. / Wiehl, R. (Hrsg.) (1970) Hermeneutik und Dialektik, 2 Bde., Tübingen.

Coelln, v. H. (1989) Was ist und was heißt Dialektik ? Eine Frage nach dem Sein, Essen.

Diemer, A. (²·ᵛᵉʳᵇ·ᴬ· 1965) Edmund Husserl, Meisenheim am Glan .

Diemer, A. (1976) Elementarkurs Philosophie: Dialektik, Düsseldorf.

Diemer, A. (1977) Elementarkurs Philosophie. Hermeneutik, Düsseldorf.

Eley, L. (1972) Transzendentale Phänomenologie und Systemtheorie der Gesellschaft, Freiburg.

Frank, M. (1977) Das individuelle Allgemeine. Textstrukturierung und - interpretation nach Schleiermacher, Frankfurt.

Frank, M. (1986) Die Unhintergehbarkeit von Individualität, Frankfurt.

Funke, G. (1966) Phänomenologie - Metaphysik oder Methode? Bonn.

Gadamer, H. G. (1971) Replik. In: Apel, K. O. u. a. Hermeneutik und Ideologiekritik, Frankfurt a. M. 283-317

Gadamer, H. G. ($^{2.A.}$1975) Wahrheit und Methode, Tübingen.

Gadamer, H. G. (1966) Die Universalität des hermeneutischen Problems. In: Phil. Jb. 73. 215-225

Henrichs, N. (1968) Bibliographie der Hermeneutik und ihrer Anwendungsbereiche seit Schleiermacher, Düsseldorf.

Holenstein, E. (1976) Linguistik, Semiotik, Hermeneutik, Frankfurt a. M.

Joas, H. (1992) Die Kreativität des Handelns, Frankfurt.

Johach, H. (1974) Handelnder Mensch und objektiver Geist. Zur Theorie der Geistes- und Sozialwissenschaften bei W. Dilthey, Meisenheim.

Krausser, P. (1968) Kritik der endlichen Vernunft, Frankfurt a. M.

Landgrebe, L. (1928) Wilhelm Diltheys Theorie der Geisteswissenschaften. In: Jahrb. f. phil. und phän. Forschung 9.

Lipps, H. (1938) Untersuchungen zu einer hermeneutischen Logik, Frankfurt a. M.

Lohmann, J. (1965) Philosophie und Sprachwissenschaft, Berlin.

Misch, G. (1967) Lebensphilosophie und Phänomenologie, Darmstadt.

Pöggeler, O. (Hrsg.) (1972) Hermeneutische Philosophie, München.

Renthe-Fink, L. (1964) Geschichtlichkeit: Ihr terminologischer und begrifflicher Ursprung bei Hegel, Haym, Dilthey und York, Göttingen.

Riedel, M. (1970) Das erkenntniskritische Motiv in Diltheys Theorie der Geisteswissenschaften. In: Bubner, R. / Cramer, K. / Wiehl, R. (Hrsg.): Hermeneutik und Dialektik, Bd,1 Tübingen. 233-255

Riedel, M. (1994) Hören auf die Sprache. Die akroamatische Dimension der Hermeneutik, Frankfurt a. M.

Rothacker, E. (1953) Die traditionellen Spannungen zwischen Natur- und Geisteswissenschaften. In: Stud. Gen. 6. 383-391

Rothacker, E. (1954) Die dogmatische Denkform in den Geisteswissenschaften und das Problem des Historismus, Wiesbaden.

Rothacker, E. (1965) Logik und Systematik der Geisteswissenschaften, München.

Schmitz, H. (1994) Neue Grundlagen der Erkenntnistheorie, Bonn.

Stegmüller, W. (1969) Der Phänomenalismus und seine Schwierigkeiten, Darmstadt.

Wach, J. (1929 / 1933) Das Verstehen, 3 Bde, Tübingen.

Wagner, H. J. (1984) Wissenschaft und Lebenspraxis. Das Projekt der objektiven Hermeneutik, Frankfurt a. M. - New York.

Wagner, H. J. (1993) Strukturen des Subjekts. Eine Studie im Anschluß an G. H. Mead, Opladen.

1.2.2 Die empirisch-analytische Wissenschaftstheorie

Haller, R. (1993) Neopositivismus. Eine historische Einführung in die Philosophie des Wiener Kreises, Darmstadt.

Kraft, V. (1956) Die Einheit der Wissenschaften. In: Stud. Gen. 9, 333-339.

Kraft, V. (1970/71) Das Problem der Induktion. In: Z. f. allg. Wissth. I./II.

Lakatos, I. (1971) Popper zum Abgrenzungs- und Induktionsproblem. In: Lenk, H. (Hrsg.): Neue Aspekte der Wissenschaftstheorie, Braunschweig.

Pap, A. (1955) Analytische Erkenntnistheorie, Wien.

Reichenbach, H. ([2.A.]1968) Der Aufstieg der wissenschaftlichen Philosophie, Braunschweig.

Schlick, M. (1926) Erleben, Erkennen, Metaphysik. In: Kantstudien XXXI.

Schnädelbach, H. (1971) Erfahrung, Begründung und Reflexion, Versuch über den Positivismus, Frankfurt a. M.

Stegmüller, W. (1969) Probleme und Resultate der Wissenschaftstheorie und Analytischen Philosophie, Band I, Wissenschaftliche Erklärung und Begründung, Berlin.

Stegmüller, W. (1970) Probleme und Resultate der Wissenschaftstheorie und Analytischen Philosophie, Band II, Theorie und Erfahrung, Berlin.

Vetter, H. (1967) Wahrscheinlichkeit und logischer Spielraum, Tübingen.

Wandschneider, D. (1975) Formale Sprache und Erfahrung. Carnap als Modellfall, Stuttgart - Bad Cannstadt.

1.2.3 Die Wissenschaftstheorie des kritischen Rationalismus

Albert, H. (1962) Der moderne Methodenstreit und die Grenzen des Methodenpluralismus. In: Jahrbuch für Sozialwissenschaft 13, 143ff.

Albert, H. (1965) Wertfreiheit als methodisches Prinzip. In: Topitsch, E. (Hrsg.): Logik der Sozialwissenschaften, Köln - Berlin. 181-210

Albert, H. (1968) Traktat über kritische Vernunft. Tübingen.

Albert, H. (1970 / 71) Theorie, Verstehen, Geschichte. In: Z. f. allg. Wissth. I / II, 3-23.

Albert, H. (1971) Plädoyer für kritischen Rationalismus, München.

Bayertz, K. (1987) Wissenschaftsentwicklung als Evolution? Evolutionäre Konzeptionen wissenschaftlichen Wandels bei E. Mach, Karl Popper und St.Toulmin. In: Z.f.allg.Wiss.th. XVIII, 61-89.

Carl, W. (1982) Sinn und Bedeutung. Studien zu Frege und Wittgenstein, Königstein.

Popper, K. R. (1965) Das Elend des Historizismus, Tübingen.

Popper, K. R. (1971) Die offene Gesellschaft und ihre Feinde, 2 Bde, Bern.

Topitsch, E. (Hrsg.) (1960) Probleme der Wissenschaftstheorie, Wien.

Wellmer, A. (1967) Methodologie als Erkenntnistheorie. Zur Wissenschaftslehre K. R. Poppers, Frankfurt a. M.

Wellmer, A. (1969) Kritische Gesellschaftstheorie und Positivismus, Frankfurt a. M.

Janich, P. / Kambartel, F. / Mittelstrass, J. (1974) Wissenschaftstheorie als Wissenschaftskritik, Frankfurt a. M.

Kambartel, F. (1968) Erfahrung und Struktur, Frankfurt a. M.

Kambartel, F. (Hrsg.) (1974) Praktische Philosophie und konstruktive Wissenschaftstheorie, Frankfurt a. M.

Kambartel, F. / Mittelstrass, J. (Hrsg.) (1973) Zum normativen Fundament der Wissenschaft, Frankfurt a. M.

Kamlah, W. (1960) Wissenschaft, Wahrheit, Existenz, Stuttgart.

Kamlah, W. (1973) Philosophische Anthropologie - sprachliche Grundlegung und Ethik, Mannheim.

Lenk, H. (1993) Philosophie und Interpretation. Vorlesungen zur Entwicklung konstruktivistischer Interpretationsansätze, Frankfurt a. M.

Lorenzen, P. / Schwemmer O. (1973) Konstruktive Logik, Ethik und Wissenschaftstheorie, Mannheim.

Lorenzen, P. / Lorenz, K. (1978) Dialogische Logik, Darmstadt.

Riedel, M. (1978) Verstehen oder Erklären? Stuttgart.

1.2.5 Der radikale Konstruktivismus

Krohn, W. / Küppers, G. (1989) Die Selbstorganisation der Wissenschaft, Frankfurt a. M.

Varela F. J. / Thompson, E. / Rosch, E. (1992) Der mittlere Weg der Erkenntnis. Die Beziehung Ich und Welt in der Kognitionswissenschaft - der Brückenschlag zwischen wissenschaftlicher Theorie und menschlicher Erfahrung, München - Wien.

1.2.6 Die kritische Theorie der Frankfurter Schule

Adorno, Th. W. (1966) Negative Dialektik, Frankfurt a. M.

Bubner, R. (1971) Was ist kritische Theorie? In: Apel, K. O. u. a. Hermeneutik und Ideologiekritik, Frankfurt a. M., 16-209.

Habermas, J. (1981) Theorie des kommunikativen Handelns. 2 Bd., Frankfurt a. M.

Holzkamp, K. (1968) Wissenschaft als Handlung, Berlin.

Rohrmoser, G. (1970) Das Elend der kritischen Theorie, Freiburg.

Schnädelbach H. (1977) Reflexion und Diskurs, Frankfurt a. M.

Theunissen, M. (1969) Gesellschaft und Geschichte, Berlin.

2. 1 Die Diskussion um den Wissenschaftscharakter der Pädagogik

Becker, H. (1964) Über Wesen und Gliederung wissenschaftlicher Pädagogik, Ratingen.

Benner, D. (1973) Hauptströmungen der Erziehungswissenschaft, München.

Bokelmann, H. (1970) Pädagogik: Erziehung, Erziehungswissenschaft. In: Speck, J. / Wehle, G. (Hrsg.) Handbuch pädagogischer Grundbegriffe, Bd. II., München. 178 - 267

Brüggen, F. (1980) Strukturen pädagogischer Handlungstheorie, Freiburg - München.

Derbolav, J. (1956) Die gegenwärtige Situation des Wissens von der Erziehung, Bonn.

Dolch, J. (1968) Erziehung und Erziehungswissenschaft in Deutschland und Deutschösterreich von 1900-1930, Darmstadt.

Drechsler, J. (1962) Das Wirklichkeitsproblem in der Erziehungswissenschaft, Heidelberg.

Drerup, H. (1979) Wissenschaftstheorie und Wissenschaftspraxis, Bonn.

Fölling, W. (1978) Wissenschaftswissenschaft und erziehungswissenschaftliche Forschung, Oldenburg.

Hoffmann, D. (1980) Erziehungswissenschaft, Stuttgart.

König, E. / Zedler, P. (Hrsg.) (1982) Erziehungswissenschaftliche Forschung. Positionen, Perspektiven, Probleme, München.

Langeveld, M. J. (1971) Erziehungskunde und Wirklichkeit, Braunschweig.

Menze, C. (1967) Erziehungswissenschaft und Erziehungslehre. In: Holtkemper,.F. J. (Hrsg.): Pädagogische Blätter, Ratingen. 303-332

Mühlbauer, R. (1971) Wissenschaftstheoretische Grundlegung der Pädagogik. In: Debl, H. (Hrsg.) Die Pädagogik im Dialog mit ihren Grenzwissenschaften, München.

Nicolin, F. (Hrsg.) (1969) Pädagogik als Wissenschaft, Darmstadt.

Paschen, H. (1979) Logik der Erziehungswissenschaft, Düsseldorf.

Ritzel, W. (1980) Philosophie und Pädagogik im 20. Jahrhundert, Darmstadt.

Röhrs, H. (Hrsg.) (1964) Erziehungswissenschaft und Erziehungswirklichkeit, Frankfurt a. M.

Roth, L. (Hrsg.) (1978) Methoden erziehungswissenschaftlicher Forschung, Stuttgart.

Ruhloff, J. / Schaller, K. (Hrsg.) (1991) Pädagogische Einsätze. Festschrift f. Th. Ballauff, St Augustin.

Schaller, K. (Hrsg.) (1979) Erziehungswissenschaft der Gegenwart, Bochum.

Schöneberg, H. (1963) Situation als pädagogisches Problem, Essen.

Seiffert, H. (1969) Erziehungswissenschaft im Umriß, Stuttgart.

Skowronek, H. / Schmied, D. (Hrsg.) (1977) Forschungstypen und Forschungstrategien in der Erziehungswissenschaft, Hamburg.

Travers, R. M. W. (1972) Einführung in die erziehungswissenschaftliche Forschung, München-Wien.

Wagner, J. (1928) Die wissenschaftsmethodischen Richtungen der gegenwärtigen Pädagogik, Erfurt.

Wagner, J. (1925) Wissenschaftsstruktur der Pädagogik, Berlin.

Wulff, Ch. (1977) Theorien und Konzepte der Erziehungswissenschaft, München.

2.2 Das Theorie-Praxis-Problem als Grundbeziehung für die Bestimmung des Wissenschaftscharakters der Pädagogik

Benner, D. (1966) Theorie und Praxis, Wien-München.

Buck, G. (1973) Das Theorie-Praxis-Problem und die Pädagogik. In: Päd. Rdsch. 27.

Dahmer, I. (1968) Theorie und Praxis. In: Dahmer, I. / Klafki, W. (Hrsg.) Geistes- wissenschaftliche Pädagogik am Ausgang ihrer Epoche - Erich Weniger, Weinheim. 35 -81

Heyde, J. E. (1960) Das Verhältnis von Theorie und Praxis in der Pädagogik. In: Heyde, J. E., Wege zur Klarheit, Berlin.

Hilgenheger, N. (1971) Erziehungswissenschaft und praktische Pädagogik. In: Päd. Rdsch. 25. 425-434.

Kamper, D. (1974) Hermeneutik - Theorie einer Praxis? In: Z. f. allg. Wissth. V. 39 -53

Kroh, O. (1927) Theorie und Praxis in der Pädagogik, Erfurt.

Lohmann, J. (1970) Theorie und Praxis im Lichte der europäischen und der allgemeinen Begriffsgeschichte. In: Engelhardt, P. (Hrsg.) Zur Theorie der Praxis, Mainz, 1-26.

Oelkers, J. (1976) Die Vermittlung zwischen Theorie und Praxis in der Pädagogik, München.

Schmied-Kowarzik, W. (1970) Theorie und Praxis. In: Wehle, G. / Speck, J. (Hrsg.) Handbuch pädagogischer Grundbegriffe, Bd. II, München. 590 - 623

Winnefeld, F. ([4.A.] 1967) Pädagogischer Kontakt und pädagogisches Feld, München - Basel.

2.3 Die geisteswissenschaftliche Pädagogik

Bartels, K. (1958) Die Pädagogik H. Nohls in ihrem Verhältnis zum Werk W. Diltheys und zur heutigen Erziehungswissenschaft, Weinheim.

Buck, G. (1981) Hermeneutik und Bildung, München.

Döpp-Vorwald, H. (1961) Uber den »hermeneutisch-pragmatischen« Wissenschaftscharakter der Pädagogik. In: P. Rdsch. 15.

Flitner, W. ([4.A.] 1957) Allgemeine Pädagogik, Stuttgart.

Frischeisen-Köhler, M. (1912) Wissenschaft und Wirklichkeit, Leipzig-Berlin.

Frischeisen-Köhler, M. ([2.A.] 1962) Philosophie und Pädagogik, Weinheim.

241

Froese, L. (1965) Voraussetzungen der geisteswissenschaftlichen Pädagogik. In: Landgrebe, L. (Hrsg.) Beispiele, Den Haag. 277-290

Funke, G. (1966) Möglichkeit und Grenze des hermeneutischen Ansatzes für die wissenschaftliche Pädagogik. In: N. F. d. Erg. Hefte z. Vj. f. wiss. Päd. Heft 4, Bochum.

Kiel, G. (1967) Zur Geschichte und Problematik der geisteswissenschaftlichen Pädagogik. In: P. Rdsch. 21. 801 - 812

Klafki, W. (1958) Pädagogisch-dialektische oder anthropologisch-existenzphilosophische Grundlegung der Erziehungswissenschaft. In: Z. f. P. 4.

Lichtenstein, E. (1966) Zur Entwicklung des Bildungsbegriffs von Meister Eckhart bis Hegel, Heidelberg.

Linke, W. (1968) Aussage und Deutung in der Pädagogik, Heidelberg.

Mühlbauer, K. R. / Tschamler, H. u. a. (1985) :Erziehung zwischen Anspruch und Wirklichkeit, Oettingen.

Ott, E. H. (1971) Grundzüge der hermeneutisch-pragmatischen Pädagogik in Deutschland, Göppingen.

Rutt, Th. (1971) Die hermeneutische Dimension der Erziehungswirklichkeit. In: Warnach ,Viktor (Hg.),Hermeneutik als Weg heutiger Wissenschaft. Salzburg,München 113-125

Sünkel, W. (1974) Friedrich Schleiermachers Begründung der Pädagogik als Wissenschaft, Ratingen.

Uhle, R. (1976) Geisteswissenschaftliche Pädagogik und kritische Erziehungswissenschaft, München.

Xochellis, P. (1974) Erziehung am Wendepunkt? München.

Zabeck, J. (1978) Paradigmapluralismus als wissenschaftstheoretisches Programm. Ein Beitrag zur Überwindung der Krise in der Erziehungswissenschaft. In: Brinkmann, W. (Hrsg.) Tradition und Neuorientierung in der Berufs- und Wirtschaftspädagogik, Hamburg.

2.3.1 Die geisteswissenschaftliche Pädagogik W. Diltheys und der GÖTTINGER SCHULE

Groothoff, H. H. (1966) Über Diltheys Entwurf einer wissenschaftlichen Pädagogik. In: N. T. d. Erg.-Hefte z. Vj. f. wiss. Päd. Heft 4, Bochum.

Herrmann, U. (1971) Die Pädagogik Wilhelm Diltheys, Göttingen.

Neubert, W. ([3.A.] 1932) Das Erlebnis in der Pädagogik, Göttingen.

Ohlof, G. P. (1961) Das Verhältnis von Theorie und Praxis in der Pädagogik W. Diltheys. In: Bild. u. Erz. 14.

2.3.2 Die Kultur- und Wertpädagogik E. Sprangers und G. Kerschensteiners

Bähr, H. W. / Wenke, H. (Hrsg.) (1964) Eduard Spranger, sein Werk und sein Leben, Heidelberg.

Bosshart, E. (1934) Die systematischen Grundlagen der Pädagogik E. Sprangers, Leipzig.

in der Erziehung. Heidelberg.

Englert, L. (Hrsg.) (1966) G. Kerschensteiner und E. Spranger. Briefwechsel 1912-1931, München.

Götz, B. (1973) Erfahrung und Erziehung. Prinzipien der pragmatischen Erziehungstheorie, Freiburg - Basel - Wien.

Kerschensteiner, G. ([14.A.] 1961) Begriff der Arbeitsschule, München.

Kerschensteiner, G. ([10.A.] 1964) Das Grundaxiom des Bildungsprozesses, München.

Kollmann, R. (1972) Bildung - Bildungsideal - Weltanschauung, Ratingen-Düsseldorf.

Neu, Th. (1958) Bibliographie Eduard Spranger, Tübingen.

Spranger, E. ([3.A.] 1964) Der Sinn der Voraussetzungslosigkeit in den Geisteswissenschaften, Heidelberg.

Spranger, E. (1951) Pädagogische Perspektiven, Heidelberg.

Spranger, E. (1960) Ernst Troeltsch über Pädagogik als Universitätsfach. In: Derbolav, J. / Nicolin, F. (Hrsg.) Erkenntnis und Verantwortung, Düsseldorf.

Spranger, E. (1962) Vom Wissenschaftscharakter der Pädagogik. In: Spranger, E. Das Gesetz der ungewollten Nebenwirkungen.

Wehle, G. ([2.A.] 1964) Praxis und Theorie im Lebenswerk G. Kerschensteiners, Weinheim.

Wehle, G. (Hrsg.) (1979) Georg Kerschensteiner, Darmstadt.

Wilhelm, Th. (1957) Die Pädagogik G. Kerschensteiners.Vermächtnis und Ve hängnis, Stuttgart.

2.3.3 Die Pädagogik als dialektisch-hermeneutische Wissenschaft

Benner, D. (Hrsg.) (1977) Aspekte und Probleme einer pädagogischen Handlungswissenschaft, Kastellaun.

Derbolav, J. (1951) Grundlagenprobleme der Erziehungstheorie. In: Bildg. u. Erz. 4. 330 - 347

Derbolav, J. (1970) Die Entwicklungskrise der deutschen Pädagogik. In: Bokelmann, H. / Scheuerl, H. (Hrsg.) Der Aufbau erziehungswissenschaftlicher Studien und der Lehrberuf, Heidelberg.

Derbolav, J. (1966) Das Problem einer philosophischen Grundlegung der Pädagogik. In: Stolte, D. / Wisser, R. (Hrsg.) Integritas, Tübingen.

Derbolav, J. (1970) Frage und Anspruch, Wuppertal-Ratingen.

Derbolav, J. (1971) Systematische Perspektiven der Pädagogik, Heidelberg.

Derbolav, J. (Hrsg.) (1976) Kritik und Metakritik der Praxeologie, Kastellaun.

Fischer, F. (1975) Darstellung der Bildungskategorien im System der Wissenschaften, Ratingen.

Klafki, W. (1964) Dialogik und Dialektik in der gegenwärtigen Erziehungswissenschaft. In: Z. f. Päd. 10, 513-537.

Klafki, W. (1982) Die Pädagogik Th. Litts, Königstein.

Lassahn, R. (1968) Das Selbstverständnis der Pädagogik Theodor Litts, Ratingen - Wuppertal.

Lippitz, W. (1976) Dialektische Bildungstheorie in dialektischer Kritik. Bern - München.

Litt, Th. (1957) Erziehungstheorie und Wertphilosophie. In: Bähr, H. W. (Hrsg.) Erziehung zur Menschlichkeit, Tübingen (E. Spranger-Festschrift). 9 - 22

Zimbrich, F. (1977) Über einige Antinomien der pädagogischen Reflexion und ihre Aufhebung in der Sprachlichkeit der Erziehung. In: P.Rdsch. 31, 289-301.

2.3.4 Die hermeneutisch-existenzphilosophische Richtung

Ballauff, T. (1966) Philosophische Begründungen der Pädagogik, Berlin.

Bollnow, O. F .([3.A.] 1968) Die pädagogische Atmosphäre, Heidelberg.

Bollnow, O. F. (1969) Erziehung in anthropologischer Sicht, Zürich.

Bollnow, O. F. / Guardini, R. ([4.A.] 1965) Begegnung und Bildung, Würzburg.

Bollnow, O. F. (1971) Empirische Wissenschaft und hermeneutische Pädagogik. In: Z. f. P. 17. 683 -708

Bollnow, O. F. (1970) Philosophie der Erkenntnis, Stuttgart.

Buck, G. (1983) Rückwege aus der Entfremdung. Studien zur Entwicklung des neuzeitlichen Bildungsbegriffs, Paderborn.

Loch, W. (1984) Die Wenden des pädagogischen Bewußtseins als Herausforderung einer phänomenologischen Pädagogik. In: Bildg u.Erz. 37, 119-130.

2.4 Der transzendentalphilosophische Wissenschaftsbegriff einer normativen Pädagogik

Cohn, J. (1965) Theorie der Dialektik, Darmstadt.

Cohn, J. (1970) Vom Sinn der Erziehung, Paderborn.

Feil, H. D. (1977) Erziehungswissenschaft zwischen Empirie und Normativitat, Stuttgart.

Fischer, W. Erziehungswissenschaft und systematische Pädagogik.Bemerkungen zu ihrem Verhältnis untereinander. In: Z.f.P., 411-424.

Fischer, W. (1989) Unterwegs zu einer skeptisch-transzendentalkritischen Pädagogik, St.Augustin.

Johannsen, H. (1925) Der Logos der Erziehung, Jena.

Johannsen, H. (1925) Kulturbegriff und Erziehungswissenschaft, Leipzig - Berlin.

Krawitz, R. (1980) Pädagogik als Handlungsorientierung. Die Bedeutung des transzendental-kritischen Aspekts der Pädagogik, München.

Lange, H. (1973) Die transzendentale Logik als Grundform aller Wissenschaftslehre, Berlin.

Natorp, P. ([6.A.] 1925) Sozialpädagogik, Stuttgart.

Natorp, P. ([3.A.] 1927) Allgemeine Pädagogik in Leitsätzen, Marburg.

Schneider, P. (1930) Das Problem der Erziehungswissenschaft in der Kulturphilosophie der Gegenwart, Langensalza.

Schneider, P. K. (1965) Die wissenschaftsbegründende Funktion der Transzendentalphilosophie, Freiburg - München.

Schurr, J. (1969) Die Bedeutung der Transzendentalphilosophie für die Grundlegung -der Pädagogik als Wissenschaft. In: Vj. f. wiss. Päd. 45, 85-97.

Strauss, W. (1982) Allgemeine Pädagogik als transzendentale Logik der Erziehung, Frankfurt a. M.

2.5 Die phänomenologisch-deskriptive Pädagogik

Gstettner, P. (1981) Die Eroberung des Kindes durch die Wissenschaft. Aus der Geschichte der Disziplinierung, Reinbeck.

Hoffmann, D. u. a. (1972) Realistische Erziehungswissenschaft, Berlin - Darmstadt (Heinrich Roth-Festschrift).

Kiel, G. (1966) Phänomenologie und Pädagogik. In: P. Rdsch. 20, 525-538.

Langeveld, M. J. (1971) Erziehungskunde und Wirklichkeit, Braunschweig.

Lichtenstein, E. (1961) Bemerkungen zu einer Phänomenologie der Erziehungsweise. In: Brezinka, W. (Hrsg.) Weltweite Erziehung, Freiburg - Basel - Wien.

Naumann, H. (Hrsg.) (1973) Der moderne Strukturbegriff, Darmstadt.

Petersen, P. / Petersen, E. (1965) Die pädagogischeTatsachenforschung, Paderborn.

Slotta, G. (1962) Die pädagogische Tatsachenforschung P. und E. Petersens, Weinheim.

Strasser, St. (1964) Phänomenologie und Erfahrungswissenschaft vom Menschen, Berlin.

Strasser, St. ([3.A.]1965) Erziehungswissenschaft - Erziehungsweisheit, München.

Strasser, St. (1972) Pädagogische Gesamttheorie als praktische Wissenschaft. In: Z. f. P. 18.

Treml, A. K. (1982) Theorie struktureller Erziehung, Weinheim.

2. 6 Der empirisch-analytische Ansatz der Erziehungswissenschaft.

Achtenhagen, F. (1969) Erziehungswissenschaft und empirisch-analytische Wissenschaftstheorie. In: P. Rdsch. 23.

Alisch, L. M. / Rössner, L. (1978) Erziehungswissenschaft als technologische Disziplin, München.

Brezinka, W. ([2.A.]1973) Die Pädagogik der Neuen Linken, Stuttgart.

Brezinka, W.(1969) Über Absicht und Erfolg der Erziehung, Konstanz.

Burger, E. (1918) Die experimentelle Pädagogik in ihrer Entwicklung zur Neudeutschen Pädagogik, Wien - Leipzig.

Deuchler, G. (1926) Möglichkeit und Grenzen der experimentellen Pädagogik, Langensalza.

Heitger, M. (Hrsg.) (1966) Zur Bedeutung der Empirie für die Pädagogik als Wissenschaft. N. F. d. Erg. H. z. Vj. f. wiss. Päd. Heft 5, Bochum.

Klauer, K. J. (1973) Revision des Erziehungsbegriffs, Düsseldorf.

Loch, W. (1967) Empirisches Erkenntnisinteresse und Sprachanalyse in der Erziehungswissenschaft. In: Bildg. u. Erz. 20.

Nezel, I. (1976) Strukturalistische Erziehungswissenschaft, Weinheim.

Roth, H. (1958) Die Bedeutung der empirischen Forschung für die Pädagogik. In: Heckel, H. u. a. (Hrsg.) Pädagogische Forschung und Pädagogische Praxis, Heidelberg. 5 - 57

Seiler, H. (1969) Moderne Forschungstheorie und Erziehungswissenschaft. Bemerkungen zum Programm einer empirischen Pädagogik. In: Z. f. P. 15.

Zirz, A. (1979) Kritischer Rationalismus und Erziehungswissenschaft, München.

2.7 Erziehungswissenschaft als konstruktiv normative Theorie für die Praxis

Brüggen, F. (1980) Strukturen pädagogischer Handlungstheorie, Freiburg - München.

Drerup, H. (1979) Konstruktive Wissenschaftstheorie als Grundlage einer Praxis der Erziehungswissenschaft-Analyse von Vermittlungsversuchen. In: P. Rdsch. 33. 23ff.

Herzog W. (1987) Wissenschaft und Wissenschaftstheorie. Versuch einer Neubestimmung ihres Verhältnisses am Beispiel der Pädagogik. In: Z.f.allg. Wiss. Th. XVIII, 134-164.

Kambartel, F. (Hrsg.) (1974) Praktische Philosophie und konstruktive Wissenschaftstheorie, Frankfurt.

König, E. / Ramsenthaler, H. (Hrsg.) (1980) Diskussion Pädagogische Anthropologie, München.

König, E. (1989) Körper - Wissen - Macht. Studien zur historischen Anthropologie des Körpers, Berlin.

König, E. (1990) Bilanz der Theorieentwicklung in der Erziehungswissenschaft. In:Z.f.P. 36, 919-936.

Künzli, R. (Hrsg.) (1975) Curriculumentwicklung, München.

2.8. Der radikale Konstruktivismus und seine pädagogische Rezeption.

Luhmann, N / Schorr, K. E. (Hrsg.) (1986) Zwischen Intransparenz und Verstehen. Fragen an die Pädagogik, Frankfurt.

Krohn, W. (³·ᴬ· 1991) Grundwissen der Pädagogik, München - Basel.

2.9 Das Wissenschaftsverständnis der kritischen Erziehungswissenschaft

Adorno, T. W. (1971) Erziehung zur Mündigkeit, Frankfurt a. M.

Berndt, H. / Adorno, Th. W. (1978) Seine Gesellschaftstheorie als ungeschriebene Erziehungslehre, Bonn.

Blankertz, H. (1971) Pädagogik unter wissenschaftstheoretischer Kritik. In: Oppolzer, S. (Hrsg.) Erziehungswissenschaft zwischen Herkunft und Zukunft der Gesellschaft, Wuppertal. 20 - 33

Claussen, B. (Hrsg.) (1979) Konzepte einer kritischen Erziehungswissenschaft, München - Basel.

Döbert, R. / Habermas, J. / Nunner-Winkler, G. (Hrsg.) Entwicklung des Ich,. Köln.

Feuerstein, T. (1973) Emanzipation und Rationalität einer kritischen Erziehungswissenschaft, München.

Gamm, H. J. (1972) Das Elend der spätbürgerlichen Pädagogik, München.

Gamm, H. J. (1974) Einführung in das Studium der Erziehungswissenschaft, München.

Groothoff, H. H. (1985) Zur Bedeutung der Diskursethik von J.Habermas. In: P Rdsch 39, 275-298.

Gruschka, A. (1988) Negative Pädagogik. Einführung mit kritischer Theorie, Wetzlar.

Herrmann, U. (1991) Pädagogisches Argumentieren und erziehungswissenschaftlichen Forschung. Zur Verhältnisbestimmung von Pädagogik und Erziehungswissenschaft. In: Hoffmann, D. (Hrsg.) Bilanz der Paradigmendiskussion in der Erziehungswissenschaft, Weinheim, 185-198.

Hoffmann, D. (1978) Kritische Erziehungswissenschaft, Stuttgart.

Hornstein, W. (1984) Neue soziale Bewegungen und Pädagogik. Zur Ortsbestimmung der Erziehungs- und Bildungsproblematik in der Gegenwart. In: Z.f. P. 30, 147-167.

Huisken, F. (1991) Die Wissenschaft von der Erziehung. Einführung in die Grundlügen der Pädagogik, Hamburg.

Löwisch, D. J. (1974) Erziehung und Kritische Theorie, München.

Moser, H. (1972) Programmatik einer kritischen Erziehungswissenschaft. In: Z. f. P. 18.

Paffrath, F. H. (1992) Die Wendung aufs Subjekt. Pädagogische Perspektiven im Werk Th.W.Adornos, Weinheim.

Prondczynski, A. v. (1992) Macht und Ohnmacht des pädagogischen Diskurses. Zur Thematisierung disziplinärer Identitätsproblematiken in der Erziehungswissenschaft im Anschluß an M. Foucault. In: Vj.f.w.Päd 68, 241-259.

Rössner, L. (1974) Erziehungswissenschaft und kritische Pädagogik, Stuttgart.

Schäfer, K. / Schaller, K. ($^{2.A.}$1973) Kritische Erziehungswissenschaft und kommunikative Didaktik, Heidelberg.

Schaller, K. (1974) Einführung in die kritische Erziehungswissenschaft, Darmstadt.

Stein, G. (1980) Ansätze und Perspektiven kritischer Erziehungswissenschaft, Stuttgart.

Stein, G. (Hrsg.) (1979) Kritische Pädagogik: Positionen und Kontroversen, Hamburg.

Uhle, R. (1976) Geisteswissenschaftliche Pädagogik und kritische Erziehungswissenschaft, München.

Witschel, G. (1973) Die Erziehungslehre der kritischen Theorie, Bonn.

Wenke, K. G. (1972) Pädagogik - Kritische Instanz der Bildungspolitik? München.

Autorenverzeichnis

Adorno, T. W. 82 f.
Albert, H. 59, 64f
Apel, K. O. 23, 46, 115
Arendt, H. 117
Aristoteles 15, 117
Aufschnaiter, St. v. 210

Ballauff, T. 122, 172
Benner, D. 155
Bernstein, B. 217
Blankertz, H. 122, 214
Bollnow, O. 34, 122, 156 ff.
Brentano, F. 41
Brezinka, W. 47, 51ff. 57, 104, 184ff.
Bühler, K. 18 ff.
Buber, M. 122

Carnap, R.47, 51 ff., 57,
Cohn, J. 163, 165
Culloch, Mc.W. 73

Derbolav, J. 115ff., 119, 122, 147f.,152 ff.
Descartes, R. 20, 85, 166
Dewey, J. 26
Diemer, A. 15 f.
Dilthey, W. 22, 30, 35 ff., 44, 52, 96, 120, 122ff., 171, 180

Eccles, J. 79
Ebner, F. 122

Feigl, H. 47
Feyerabend, P. K. 17, 101

Fichte, J. G. 15, 35, 148, 163 f, 165f. 171
Fischer, A 172 ff.
Fischer, F. 118
Fischer, H.E. 210
Flitner, W.137
Foerster, v. H. 73 f .
Freud, S. 220
Frischeisen-Köhler, M. 120, 122

Gadamer, H. G.17, 22, 44 f.,47, 98 f., 215
Gehlen, A. 122, 157
Glasersfeld, E.v. 73 f.,77, 79

Habermas, J. 20, 33, 81 ff., 88 ff., 95, 106,114 f., 117, 212 ff., 215, 219f.,221
Häberlin, U. 114
Hartmann, N. 43, 147
Hegel, G.W.F. 35, 69, 81, 121, 133, 134, 137, 145, 147 f., 153, 213, 220
Heidegger,M. 22, 34, 43 f.,47, 85, 121 f., 156, 172
Hejl, P.M. 78
Heraklit 85
Herbart, J. F.93, 118, 146, 181,
Herder, J. G.160
Homans, G. C.183
Hönigswald, R. 18, 40, 163, 165, 168 f.
Horkheimer, M.81 ff., 114, 117, 212, 214 f
Hume, D. 15, 49
Husserl, E. 22, 30, 34, 41, 46, 84 f.,

88, 147, 171, 177

Jaspers, K 85, 121, 156, 160
Jantsch, E. 76
Jauss, H.R. 118

Kambartel, F. 67
Kanning, F. 172,176 ff.
Kant, I. 15, 26, 30, 35, 117, 144, 148, 163, 171, 181, 214
Kerschensteiner, G. 121 f., 138, 143 ff., 146
Kierkegaard, S. 85, 121, 156,
Klafki, W. 122, 215
König, E. 195 ff.
Kohlberg, L.91
Kraft, V. 47, 49
Künzli 195

Langeveld, M. J. 172
Lauth, R.166 f.
Lay, W. A. 180 ff.
Leibniz, G. W. 166, 168
Lempert, W. 216 ff.
Lenzen, D. 205, 208 f.
Lewin, K183
Liebrucks, B. 18
Litt, Th. 115, 121 f., 147 ff.
Loch, W. 122
Lochner, R.104, 172 f.
Lorenzen, P.67 ff., 196
Lorenzer   218 f.
Lotze, H. 35

Mach, E. 47
Mannheim, K.81, 104, 119
Marx, K. 81, 104, 119
Maturana, H. 73, 77f.

Mead, G. H.223
Meinong, A. 43, 121

Merleau Ponty, M. 34, 172
Meumann, E. 180
Mill, J. St. 35,179 f.
Mollenhauer, K. 122, 214, 217 f., 221 ff., 224
Morris, Ch. 15, 18, 26

Natorp, P.163, 165, 167
Neurath, P. 47
Nohl, H. 120, 122, 135 f.

Parmenides 85
Peirce, Ch.S. 15, 18, 23, 26, 46
Petersen, P. 165
Petzelt, A.165, 168 ff.
Pfänder, A. 43, 121, 163, 172
Piaget, J. 73, 79, 91, 205 ff., 209, 211
Plato 148, 169
Plessner, H. 122, 157
Popper, K. R. 25, 59 ff., 79, 188
Powers, W. T. 79
Prigogine, I. 76
Prondczynsky A.v. 118

Reichenbach, H 57
Rickert, H 36, 46, 69, 121, 138, 143
Rombach, H. 34, 118
Rosenzweig, F. 122

Sartre, J. P.34, 75, 156,
Sayler, W.M. 122 ff.
Scheler, M.34, 121, 157
Schelling, F. W.35
Schleiermacher, F. 38,136

Schlick, M.47
Schmied-Kowarzik, W. 116
Schmitz, H. 34, 42
Schütz, A. 45, 117
Schulz, W. 24
Schwedes, H. 210
Simmel, G.70
Spranger, E. 120,f., 122, 134, 138 ff.,146
Stegmüller, W.21, 50 ff., 54, 56, 94
Strasser, St. 172

Toennies, F. 82
Trapp, E. 179

Varela, F. 73

Watzlawick, P. 73, 77, 223
Weber, M. 185

Weniger, E. 112, 122
Windelband, W.36, 46, 186
Winnefeld, F.182 ff.
Wittgenstein, L. 46

Sachverzeichnis

Abduktion, 25
Abgrenzungskriterium, 63
Allgemeine, 37
Allgemeingültigkeit, 49
Alltagssprache, 60
Anthropologie 157 ff.
Arbeit, 33, 86, 213
Ausdruck, 36
Aussagenlogik, 48, 61
Aussagensystem, 48
Axiome, 60
Autopoiese 73, 75 ff., 209 f.

Basisnormen, 196
Basissätze, 59 ff.
Begegnung, 159 f.
Begriff 27 f., 103
Begriffssystem, 27
Beobachtung, 179, 181
Bewußtsein, wirkungsgeschichtliches 45
Bezug, pädagogischer, 127, 135 f.
Bildungstheorie 143 ff., 150, 152 ff., 167 f., 216 f., 219 f.

Deduktion, 25, 51, 56 f., 85, 187
Definition, 28
Denkmethoden, 25
Deskription, 103, 126, 174 f.
Dialektik, 24, 82 f., 147 f., 148, 153
Dialektik, negative 83
Dialog, 90, 221

Diskurs 83, 90 f., 198, 213, 221 ff.
Disposition, 186, 199

Einheitswissenschaft, 50, 59
Elementaraussage, 68
Elementarerlebnis, 51, 54
Emanzipation, 83 f., 90
Empirismus, 83
Entfremdung, 86
Erfahrung, 30
Erkenntnisinteresse, 33, 88 ff., 115, 215 f.
Erkenntnislogik, 59
Erkenntnistheorie, 29
Erlebnis, 30, 36, 39, 63, 126, 140, 175
Erlebnis, intentionales 176
Erziehung, 97 ff.
Erziehungswissenschaft, 100, 185 ff.
Erziehungsziel, 127, 223
Ethnomethodologie, 114
Evidenzerlebnis, 34
Existenzphilosophie, 132, 179, 181 f.
Experiment, 132, 179, 181 f.
Experimentiergemeinschaft, 23
Explikandum, 59 f.
Explikans, 59 f.

Falsifikation, 30, 49, 60, 187
Feldtheorie, 183
Formalobjekt, 23
Forschungslogik, 59
Forschungsmethoden, 25
Funktionalismus, 27

Ganzheiten, 34, 82, 132
Gegenstand, 51 ff.
Gehirn, 78 f.

Geistbegriff, 133, 140, 141
Geisteswissenschaft, 30, 33, 35, 96, 124 ff.
Geschichtlichkeit, 34, 43, 132 f.
Gesellschaft, Theorie der, 33, 81 ff., 115
Gesetz, 186
Grundgesetz, noogenetisches, 69

Handeln, kommunikatives,213 f.
Handlungsfeld, 101
Handlungsforschung,114
Handlungstheorie,206
Handlungswissenschaft, 147, 150
Hermeneutik, 30, 39 f., 43 ff., 46, 69, 72, 74, 98 f., 120 f., 215
Historiographie der Erziehung, 189 f.
Horizont, 45
Hypothese, 58 f.

Idealtypen, 139
Individualtheorie, 202 f.
Individuelle 37, 125
Induktion, 25, 51, 56, 85, 179 f., 187
Information, 77
Interaktion, 33, 90, 213, 223
Interesse, 33, 144 f.
Interpersonaltheorie, 1643 f.,166
Intersubjektivität,196 f.
Intentionalanalyse, 17

Kalkülsprache, 21
Kognition, 210f.
Kognitionstheorie, biologische, 73
Kommunikationsgemeinschaft, 23, 214
Kommunikation, herrschaftsfreie,221 f.

Konsensus, 83, 90
Konsensustheorie der Wahrheit, 222
Kultur, 36, 69, 139, 141, 167
Kulturpädagogik, 37, 96, 138
Kulturwissenschaft, 36
Kybernetik, 73, 75

Lebenskategorien, 125
Lebensphilosophie, 125 f., 128
Lebenswelt, 45 ff., 67, 69, 117, 125
Lebenszusammenhang, 39, 125, 175.
Logik, 21 f., 50
Logik,induktive 56 ff.
Logistik, 22, 51
Logos, 85, 169

Materialobjekt, 23
Metatheorie, 21, 191 ff., 196
Modell, 104

Nachprüfbarkeit, 49
Naturwissenschaft, 132, 179
Neopositivismus, 47 f.
Neuhegelianismus, 121
Neukantianismus, 47, 121, 138 f., 163 f.
Noologie, 152
Norm, 70, 72 f., 83 f.

Objektbereich, 23, 28
Objektivismus, 23, 62, 74, 79 f., 88, 213
Operationen, 206
Operationalisierung, 200 f.
Orthosprache , 71 ff.

Pädagogik, deskriptive / normative, 94 ff.

Pädagogik, praktische, 192 f.
Parasprache, 71 f.
Phänomenologie, 26, 30, 34, 41 ff., 44, 74, 121, 147, 158
Philosophie, sprachanalytische, 191
Philosophie,normative, 191 f.
Poiesis, 118
Positivismus, 48
Prädikatoren, 69
Pragmatik,20
Pragmatismus, 25
Praxeologie, 116 f.
Praxis, 67 f., 94, 107 ff.
Prinzipienwissenschaft, 94
Protoko!lsätze, 49, 54
Psychoanalyse, 220

Rahmentheorie, 202 f.
Rationalismus, kritischer, 179, 187
Realwissenschaft, 48, 50
Reduktion, 26, 172, 174, 177
Reflexion, 70, 79, 83, 147, 208
Reflexionsstufen, 147 ff., 150
Relation, 52, 54
Relationenkalkül, 48, 52 f.

Sachallgemeines, 148 f.
Satz, 27
Satzsysteme, 27, 55 f.
Satz, analytischer u. synthetischer, 30,55
Schichtenmodell, 159 ff
Selbstentfremdung, 214
Selbstreferenz, 208
Selbstreflexion, 92, 115 f., 222,
Semantik, 20
Semiotik, 20
Sensomotorik, 207

Sinn, 38, 39
Sinnallgemeines, 148 f.
Sinnkriterium, empiristisches, 49
Sinnzusammenhang, 69
Situation, 70 ff., 183 f., 202 f.
Situationsanalyse, 116
Sprachanalyse 20, 53
Sprache, 17, 33, 38, 45 f.,67 ff., 77 ff., 160 ff., 168, 213
Sprachlichkeit, 45
Struktur, 126 f., 207
Strukturtheorie, 52
Struktur, kognitive, 79
Subjekt, transzendentales, 88
Subjektivismus, 73, 79 f., 213
Syntaktik, 20
System, 16, 26 f., 63, 77, 102, 164,
System , selbstreferentielles, 79
Systemtheorie, 73

Tatsachenforschung, pädagogische, 173 ff.
Technologie der Erziehung, 188 f.
Teleologie des Seelenlebens, 127, 129 ff.
Theorie, 94, 107 ff.
Theorie, kritische, 81 f., 87
Transzendentalphilosophie, 94, 121, 162 ff.
Typologie, 183

Unterricht, 170
Umgangssprache, 21, 67

Verhältnis, erzieherisches, 128
Verifikation 49, 187
Vernunft, praktische 70, 163
Vernunft theoretische 70, 163

Verstehen, 36, 40, 45, 132 f. 190
Vollkommenheit, 131

Wahrscheinlichkeitstheorie, 56 f.
Wertbasis, 196
Werterlebnis, 143
Wertfreiheit, 49, 64
Wertpädagogik, 37, 96, 138, 140
Wertphilosophie, 138
Werturteil, 65

Werturteilsfreiheit, 65, 187
Wissenschaft, 15, 16, 23
Wissenschaftslogik, 30, 55 f.
Wissenschaftsmethodologie, 30
Wissenschaftssprache, 55 f.

Zeichentheorie, 18 f., 55 f.
Zeitlichkeit, 124
Zirkel, hermeneutischer, 44
Zweck-Mittel-Verhältnis, 185